漫话叶浅予

包立民　编著

學苑出版社

图书在版编目(CIP)数据

漫话叶浅予/包立民编著. --北京:学苑出版社,
2011.10

ISBN 978-7-5077-3878-0

Ⅰ.①漫… Ⅱ.①包… Ⅲ.①叶浅予(1907~1995)
—人物研究 Ⅳ.①K825.72

中国版本图书馆 CIP 数据核字(2011)第 216192 号

出 版 人: 孟 白
责任编辑: 许 力
出版发行: 学苑出版社
社 址: 北京市丰台区南方庄 2 号院 1 号楼
邮政编码: 100079
网 址: www.book001.com
电子信箱: xueyuan@public.bta.net.cn
销售电话: 010-67675512、67678944、67601101(邮购)
经 销: 全国新华书店
印 刷 厂: 北京信彩瑞禾印刷厂
开本尺寸: 710×1000 1/16
印 张: 19.5
字 数: 200 千字
版 次: 2011 年 10 月北京第 1 版
印 次: 2011 年 10 月北京第 1 次印刷
定 价: 45.00 元

我的私淑老师(代序)

叶浅予先生是我敬重的美术前辈,也是我一未拜过门,二未学过画,三未上过课的私淑老师。私淑什么?私淑他刚正不阿的高贵品质,私淑他自强不息的治艺精神,私淑他对现当代美术家及其作品的精当评述。也许有人要反问:叶老是现当代的大画家——既是漫画大师,又是国画名家,还是中央美术学院的国画系主任,教的是中国画创作,从来没有听说他开过现当代美术史论课,你这个自称私淑叶老的弟子从何而来?不是冒牌货又是什么,还不从实招来!

诚然,当今冒牌货——冒名牌大学,冒名牌教授,冒名人名家名流的学生,不胜枚举。但是我不是冒牌,也没有必要冒牌。因为我从未在叶老生前,在人前、或名片简历上亮过叶老私淑弟子的牌子。可以说这是第一次白纸黑字公开的亮相。为什么我要亮相,且听我如实道来。

我与叶老相识于1983年,机缘是访谈。访谈什么?访谈张大千。

1983年4月2日,张大千病逝于台北,消息传来,中国文化部、中国文联闻风而动,委托中国美协、中国画研究院、中国美术馆联合筹办"张大千遗作展暨张大千艺术研讨会",并将研讨会主持人的任务落实到张大千的老友、中国美协副主席、中国画研究院副院长叶浅予的身上。这是新中国成立后张大千的作品第一次在中国美术馆公开亮相,也是官方第一次主办名为研讨、实为纪念性质的张大千(艺术)研讨会。作为文联(现为作协)机关报——《文艺报》的一名记者,近水楼台,我自然捷足先登。电话中向叶老提出了采访的要求,得到了他的允诺。

记得是6月初的一个下午,我应约来到东城甘雨胡同的叶老家中,年逾古稀的叶老刚从济南举办画展和讲学归来,风尘仆仆,白发苍苍,但双目炯炯有神,十分健谈。在他的画室中,我们进行了两个多小时的长谈。

交谈中，他发现我对张大千的艺事活动知之甚详，惊讶地问我多大年纪。我说刚过不惑之年。他低头想了一想，睁大眼睛盯着我问："四十来岁，怎么知道张大千这么多事？"我告诉他，因为喜欢张大千的艺术，对他传奇般的人生又颇感兴趣，所以从张氏在京的友人和门人处多方采集他的艺事诗文。他听了大为高兴："真没有想到《文艺报》还有这样一个人才。"然后又用手拍了一下画案道："我正在筹备一个座谈会，既然你人头熟悉，就来做我的联络员，联络会务活动。"不容分说，初次见面就给我分派了任务。

访谈回来，我将录音整理成一篇四千多字的《叶浅予谈张大千》的文章，发表在《文艺报》上。6 月 13 日，研讨会在美术馆东厅举行。这一天也是"张大千遗作展"的开幕之日。当天观摩画展的人十分踊跃，正所谓摩肩接踵、人头攒动。与会者坐在东厅，厅中央用长桌拼成一张大会议桌，桌上清茶一杯。与会者有来自各地的张氏亲友、门人二十来人，还有在京文艺界知名人士，总共四十多人。从上午到下午，开了一整天，发言紧凑、有血有肉又有感情，叶老十分满意。会后，他又要求我把每位与会者的发言整理成文，编辑成书，联系出版社出版发行，我遵照吩咐，在他的指导下，在黄苗子先生的协助下，编辑成《张大千的艺术》交由三联书店出版。这是我踏上研究张大千道路的第一步，可是叶老却对我寄予厚望，私下鼓励我继续努力多写，还把我的文章推荐到香港《大成》杂志发表。《大成》主编沈苇窗是张大千生前老友，与叶浅予也多有交往。我要感谢已故的沈先生，是他提供版面，让香港和海外读者在《大成》杂志上不时读到我撰写的有关张大千艺术圈的文章。

我生也晚，与张大千先生缘悭一面，无法当面向他访谈求教，故写作他的艺术交往文章有些困难。当事人缺席，怎么办？只得求助于报刊资料。上世纪三四十年代的还好办，可以去北京、上海两地的图书馆查阅，50 年代至 70 年代的就难办了，大陆报刊一片空白，只得求助于海外的剪报或图书出版物。其中，对我帮助最大的一是叶老，二是黄老（苗子先生）。叶老不仅是张大千的老友，是大千艺术圈中的人，而且对张氏交往中的艺友（诸如徐悲鸿、齐白石等人）也多有往来，可以指点。叶黄二老的海外友人多，故港台出版的画册、传记、评论、纪念文章及有关信息资料，每有寄赠，便供我参阅。正是在叶、黄二老的帮助下，才使我顺利完成《张大千艺术圈》的写作和出版。

叶老不仅在张大千研究及中国画领域方面引我登堂入室，而且引导我走近上世纪 30 年代的上海漫画圈，让我先后结识了鲁少飞、华君武、张乐平、黄苗子、丁聪、陆志庠、廖冰兄、胡考、王乐天等一批老漫画家。在叶老的协助下，我以《文艺报》编辑部的名义召集过一次座谈会，请他们白首话当年，回顾半个多世纪的漫画生涯，叶老还兴致勃勃地为在座的每位老漫友分别画了漫像，我则写了一篇《老漫友欢聚文艺报》，先后刊发在《文艺报》和上海张乐平主编的《漫画世界》上。叶老是抗日战争时期"漫画宣传队"的龙头，由此，我萌发了一个想法：以叶老为中心，写作他与这批老漫友的艺术交往，类似《张大千艺术圈》似的，一章一章写下去，最后结集成一部《叶浅予艺术圈》的专著。

要写叶老的艺术交往，除了分头访谈外，还要读30年代的漫画刊物、读漫画作品，可是上哪里去找当年的漫画刊物呢？我向叶老咨询，叶老笑道："远在天边，近在眼前，可以到范老板家里去找。"我知道范老板是范用先生的爱称，他出任过三联书店的经理，故有此称号。当年他住在东总布胡同，离叶老新家不远，故有"远在天边，近在眼前"之说。正是在叶老的引荐下，我来到了范先生家中，向他说明借阅漫画刊物的用意。他听说是叶老介绍的，满口答应，马上找出他珍藏的30年代成套的漫画刊物，诸如《漫画生活》、《漫画界》、《独立漫画》及鲁少飞主编的《时代漫画》（叶浅予参与主编的《上海漫画》似乎未见到），我喜出望外，惊奇地问道："这批宝贝'文革'中怎能安然无恙？"他回道："哪里无恙，照抄不漏，这是劫后余生，后来发还的，已经不齐了。"他让我写了借条，把要借的成套刊物，用旧报纸分别包扎好让我带走。

说句实话，采写叶老与老漫友的艺术交往难度倒不算大，主要是听他口述回忆与某某的交往，如某某健在，尚可分头访谈，访谈前后翻阅有关刊物作品。当年叶老正是暂封画笔，集中精力撰写回忆录的时期，每天写千把字。我要访谈的内容，又正是他写作需要回忆思考的问题。他记忆力很好，遇有记不清楚的地方，就利用清晨与丁聪、陆志庠一起散步的机会，请他们帮助回忆。因此他的《细叙沧桑记流年》回忆录写作进程很快。我的访谈也很顺利，边谈边写边发表，先后在北京的《美术之友》、香港的《大成》杂志上刊发了。也许是比较顺利，没有压力，总认为叶老就在身边，他不会老，只要有选题，不用电话预约，可以随时登门访谈。加上我又另辟蹊径，征集画家自画漫像，着手编著《百美图》（《百美图》的创意也来自叶老为老漫友画漫像和30年代他们的互画漫像），一心两用，放慢了访谈的节奏，断断续续，只写了十来章。谁知叶老也会老，也会病，也会走，一走就再也唤不回来了。构想中的《叶浅予艺术圈》只写了十来万字，严格来说，只写了半部，还有不少该入围的访谈对象，就此中断。

怎么办呢？十来万字结集，不但分量轻，而且内容也单薄，不足以反映30年代漫画界一代老漫友的深厚情谊，不足以显示叶老在读者（包括亲友）心目中的真实而美好的形象，也不能表达我这个私淑学生的写作初衷。

叶老逝世两年后，北京人民美术出版社编辑孟庆江，根据叶老女儿叶明明提供的剪报，将有关亲友、学生撰写的回忆、怀念、悼念文章，以《叶浅予》为书名，作为纪念文集印行出版。这部书稿出版后，我的半部书稿也放了下来，心想找机会补写一些文章再说，这一放就放了十来年。

回想当初，采写叶老艺术交往的访谈文稿，是有的放矢，有问有答，一鼓作气，紧扣主题，顺藤摸瓜，写作很顺利，几乎一气呵成。而今时过境迁，连访谈对象都没有了，怎么补写？难怪岁月蹉跎，一晃就是十来年。十来年中，倒也曾想过，既然出不成自己的专著，何不从叶老老友中选几篇他们交往的文章，有著有编，编著一部《叶浅予艺术圈》呢？于是有意物色了几篇，诸如台北张佛千在台北《传记文学》上刊发的《忆浅予》、黄苗子在《画坛师友录》中的《我与浅予》一章；另有上海魏绍昌、台北林海音、北京黄苗子三人谈梁白波文章。他们都是叶老的老友，又是写作高手，写得都很精采，很适合我要编著“艺术圈”的要求，何况这几篇文稿，“人美”版中又未曾收入。当我读完这些文章后，也分头与他们打过我要编书的招呼，并征得了他们的授权承诺。可是杂事烦忙，始终未能抓紧进行。

2007年3月31日，是叶老百年诞辰的纪念日。我本想赶在百年诞辰的日子，将自己编著的《叶浅予艺术圈》出版，作为奠礼献给我的私淑老师，可是偏又撞上了中国文联出版社新出的《论叶浅予》。封面注明是纪念叶浅予先生诞辰一百周年，孟庆江是叶老的老学生，既然他要表示纪念老师的心意，我只得又放下，一放又是四年。

要感谢学苑出版社，在书业市场竞争激烈的当下，接纳了我这部半著半编的不太像样的书稿，了却我心头多年的心愿。本书顺利出版，可以遥寄叶老夫子的在天之灵！

包立民

2011年7月

目　录

漫画人生

造型细胞从何而来

古今中外所有的造型艺术家都有一个问题需要回答:你的造型细胞从何而来?由何发芽?我想每个答案是不会完全相同的。

那么叶浅予的造型细胞是从何而来,由何发芽的呢?要回答这个问题,还得从他的家庭出身谈起。

叶浅予,1907 年 3 月 31 日出生于浙江省桐庐县太平桥叶家厅,生肖属羊,所以小名阿羊,学名纶绮。祖父是教书先生,父辈兄弟四人,只有二伯继承了祖父的教书职业,大伯、三伯和父亲均经商。父亲爱好书画,母亲擅长刺绣,姑父是桐庐有名的书法家,表姐胡家芝擅长民间剪纸,是20 世纪全国著名的剪纸艺术家。从他的直系亲属来看,祖父是教书先生,父亲是一位爱好书画的商人,用今天的话来称呼,叫做儒商,母亲擅长刺绣女红,由此可见叶浅予是出生在一个带有艺术气息的家庭。这样的家庭未必都能造就出艺术家来,但是从遗传学的观点来看,叶浅予的造型细胞与父母身上的艺术细胞是有一定关系的,也就是说他的造型细胞中有一部分是先天的,从娘胎里带来的,但只是一部分,而绝不是全部。

叶浅予的造型细胞,除了与生俱来的一小部分外,更多的来自后天的艺术熏陶。那么,究竟是什么制造或激发了叶浅予的造型细胞,使他对绘画造型艺术如痴如醉,一发不可收拾,最后走上了漫画创作的道路呢?话要从他在童年时代是一个小戏迷说起。

叶浅予自幼就是个戏迷,迷的是什么戏?是芦茨戏。请看他在《老笔忆童年》中的一段自白:"叶氏聚族而居的地段叫太平桥,太平桥头有个庙叫太平庙,供的是太平老爷。……庙前有个戏台,台前是广场,可容纳几百人站着

看戏。记得每年的二月初二和八月十八是太平老爷的什么节日，规定要演几场戏，演期短，不闹猛（上海方言：不热闹）。过了端午节，请三十里外的芦茨老相公到县里来做客显灵，各路戏班子轮流登台，连演一个月，那才热闹哩。这位老相公红脸黑胡子，据说是烧炭佬出身，因为火烧不旺，就一脚伸进窑洞里，他的炭窑就变成收成最大的炭窑，于是他就成为远近闻名而有求必应的菩萨，有邪压邪，求福得福。

“芦茨戏演了一个月，家家户户要准备鸡鱼肉三牲福礼拜一次老相公，加上四乡进城的信徒，这笔开支相当大，受惠者是各家店铺。从我这个小戏迷受益来看，是放手提倡戏剧文化的大运动。因为看了戏，在大表姐的影响下，我学会剪纸做生旦净丑等人型手工，学会拉胡琴，敲锣鼓，参加小演出队，学会画戏演戏。”

芦茨戏（叶浅予作）

叶氏的这段自白，道出了他的造型细胞最初是从戏剧舞台上来，从舞台上的生旦净丑的演员表演中来。但是如何将舞台上的戏剧人物变成他手下的人物造型（最初是人型手工，而后是画脸谱，画戏剧人物）？如果把舞台上的戏剧人物比作制造或激发小戏迷叶浅予造型细胞的艺术土壤的话，那么在这块土壤上帮助他播种、耕作，将戏剧人物最后变成他手下的造型人物的又是谁呢？是他的大表姐胡家芝。关于这一点，叶浅予直言不讳，而且他坦陈胡家芝是他的艺术引路人，是他的启蒙老师。1985 年 10 月，年近八旬的叶浅予写信为年近九旬的大表姐的《胡家芝剪纸艺术集》作序，序中写道：

“你也许记得，在你跟随你母亲到外婆家看芦茨戏的日子里，你用五彩手工纸剪糊成戏文里的小旦，用描花小笔给他开脸，我站在你身旁看得入了迷，心里想着，盼望有一天我也能像表姐那样心灵手巧，做个纸菩萨玩玩。不久，我也真照样做了一个，而且扩大了你的手艺，做成生、旦、净、丑几个角色，蹲在八仙桌下，给姐妹们表演自编的戏文。由于你的启发，喜爱造型的细胞在我身上发了芽。因而，当有人问我什么时候开始学画时，我乐于提起这件事，认为你是我的启蒙老师。你比我大十岁，你那时已是个待嫁的大姑娘，我还是个不满十岁的小娃娃。理所当然，你是我走向艺术的引路人。”

关于这一点，笔者有幸保存着叶老晚年的一件画证。那是 1991 年，叶老 84 岁生日前夕，他说要补写《老笔忆童年》，以续创作回忆录——《细叙沧桑记流年》之缺。我请叶老在我的一部大册页上画一开“童年印象”，画一画他童年印象中最深的事物。他欣然允诺。在这开册页上他画了两个芦茨戏中的舞台人物，一个红脸绿袍，头戴红球盔，背插雉翎，手持月牙青龙大刀，俨然是关云长；另一个穿粉红衣裤，头戴绿球巾，想必是刘备的二夫人了，若是，这出戏必出自《三国演义》中的《关云长千里走单骑》一回。奇怪的是这幅戏剧人物，一反他过去的国画技法，而是以剪纸人物法绘之，每个人物下还画有一根木棍，也许正是他童年时代蹲在八仙桌下，举着他用红绿手工字纸剪糊成的生旦人物，给姐妹们表现他自编自演的《三国演义》呐。在画的右侧和盘托出了画旨：“我的造型细胞从这儿开始发芽！”这句题词，题出了叶浅予的造型细胞是从观看剪糊戏剧人物（亦即剪纸人物）上发的芽，也就是将舞台上的戏剧人物形象变成手下的“人型手工”。

《老笔忆童年》中，叶浅予还画了 24 幅插图，其中有一幅《孔孟之道》（图见本书第 34 页），画的是一位小学校长，为了维护师道尊严，举起戒尺，正在处罚两个淘气学生，有一个刚被打过手心，正在掉泪哭泣；另一个戏装尚未卸去，被校长一把捉住，他挣扎着伸出手心，忍痛挨打。这个扮包公的大概就是淘气鬼阿羊（叶浅予的小名），而那张包公脸谱，也许也是他造型细胞的发芽物吧。

学画学艺生涯

叶浅予学画，严格来说是从杭州盐务中学开始的。他在这所四年制的类似中专的职业中学只读了三年，就辍学投考厦门大学。好高骛远，当然前途

不佳,所以他自嘲地称自己是“品学皆劣”的中学生。不过在绘画方面倒有他的长处。他曾在一篇《漫画和速写》答读者问中这样写道:

“中学里有图画课,一星期只一次,不过瘾,一有空就站在图画老师窗外看老师画,老师发现了我这个小画迷,吸收我参加他的课外图画小组,他教我用铅笔和水彩对实物写生,我开始懂得用眼睛测量对象的比例透视关系。教我写生的老师姓楼,每逢星期天,带我们几个爱画的学生到西湖去画水彩风景。我们在教室里画几只花瓶和几只苹果,似乎有点把握,现在站在大自然面前,吓得不知所措,所以只好站在老师画架后面看他画,要说学画,我就是在这种状况下开始的,当时我十六岁。”

大学未考上,父亲经商又破产,他不得不自谋生活。偶然从《申报》上看到一则广告,三友实业社招考练习生。投考资格是中学程度、学过现代会计和历史地理常识。投考者可自投作业,等候评审。据亲戚告知,这家三友实业社最近创制了“自由布”,上海极为流行。他拿来布样一看,灵机一动,想起了在“盐中”课余美术班学会的铅笔写生和静物水彩画法,如果画张自由布的广告寄去,也许录取机会会多一些。他用心仿照报上的广告模式,画了一幅穿一身自由布的女装广告画,初次展示了他的造型能力。果然,广告画一炮打中,他当上了三友社的练习生。

三友实业社地处南京路,是上海的商业中心。他当了一年练习生,从站柜台到画广告,走上了他从事美术工作的第一步。但是三友社毕竟是一家商社,从事商业广告经销活动,局限性太大。在一位赏识他绘画才能的大朋友的开导和引荐下,他进入了中原书局。

中原书局的前身是一家翻印石印本古籍和绣像小说的老店,后因教科书有利可图,遂跻身于教科书出版商行列。书店有个大门市部,门市部有个大橱窗。叶浅予进入书店后,被分到编辑室,给一套教科书画插图,同时兼为大橱窗画广告。在中原书局,他又干了一年,因书局改变经营方针,停出教科书而被辞退。这一年对他来说,收获颇大,一是为教科书画插图,逼着他在人物造型上狠下工夫,从而使他在造型能力方面有所长进;二是书店是个文化机构,地处棋盘街新闻文化中心,使他有机会进入了文化事业圈子,提高了文化修养,开阔了视野。

在这一年里,他试着把平时在游乐场所的所见、所感画成漫画,向新出版的两种画报投寄。有一幅漫画,画的是一个赤身裸体的跳舞女郎立在一枚两毛钱的银角子上,以嘲讽在西洋镜里解眼馋的观众。这幅画被投到《三日画报》,主编张光宇发现后,不仅将之发表,还亲自找他谈话,鼓励他继续投稿。谈话时,在座的还有张光宇的弟弟张正宇。应该说,张光宇是发现和指引他走上漫画创作的伯乐。

从此以后,叶浅予就常去位于浙江路渭水坊的《三日画报》社串门,认识了当时颇负盛名的政治讽刺画家黄文农及王敦庆、鲁少飞等活跃在漫画界的人物,逐渐步入了漫画圈,加入了最早创立的只有十来人的上海漫画会。叶浅予的漫画生涯由此起步,时在1926年。

平生夙谊师兼友

叶浅予交往的艺术圈里,有两位他最敬重的人物,一位是张光宇,另一位是黄文农。张光宇是叶浅予上海创业期间认识最早的老一辈漫画家。他不仅慧眼识英雄,发现了叶浅予的漫画才能,而且在叶浅予濒于困境、失业在家的时候,伸出援助之手,招聘他到《三日画报》,手把手地教他编排、画版式等一整套编辑业务;后来又在叶浅予与王敦庆等人创办《上海画报》首战告败、走投无路之际,伸出智慧之手,使《上海画报》妙手回春,旧貌换新颜,为20年代以黑白图文为主的上海报业,增添了一朵色彩缤纷的漫画奇葩。正是这位老大哥,使叶浅予走上了编辑、创作双管齐下的漫画之路,使他不仅成为主编画刊画报的行家里手,而且成为创作长篇连环漫画的高手。可以毫不夸张地说,没有张光宇,也就没有叶浅予。对于这位曾经提携培育过他的老大哥,叶浅予终生感念,没齿不忘。他对这位老大哥崇拜不已,甚至连自己的笔名浅予,也学"光宇"将二字拆开横写成"小兀山于",而把"浅予"二字拆开横写成"三戈戈マ丁"。这个洋里洋气的怪名曾出现在他的长篇连环漫画《王先生》的署名上。

如果说,在漫画道路上,张光宇是他的引路人的话,那么黄文农则是他漫画创作的启蒙老师。叶浅予没有进过美术院校,没有经过科班训练(事实上漫画也没有美术科班),因此他自称是草台班子里出来的。但是草台班子也不是无师自通,不是从石头里蹦出来的,而是有老师指点的。叶浅予的老师就是黄文农。

叶浅予结识黄文农,是在张光宇的《三日画报》编辑部,时间上稍晚于张光宇。但是,据叶氏在回忆录中写道:"我知道漫画界有黄文农,早在20年代读《东方杂志》时期。1925年在三友实业社时,我便注意到这位大师的每一幅

画，除了《晶报》，还有《三日画报》。”由此可见，叶氏神交黄文农要早于张光宇，而且在当时叶氏心目中，黄文农已是一位漫画大师级的人物了，所以黄文农的每幅画他必读。叶浅予的漫画细胞从何发芽？也许正是从神交黄文农作品时就开始萌芽了。20 年代中期，黄文农是报业界的活跃人物，隔三天要到《晶报》编辑部坐班，趴在写字台上完成下一期所需的政治讽刺画，据叶氏回忆：“自从和我认识之后，他常常约我到《晶报》看他作画，每次至多花一小时就把任务完成了，思路之敏，用笔之快，使我惊讶。”请读者注意，黄文农常常带叶浅予到《晶报》看他作画的时期，正是叶氏漫画的起步阶段，作为一个苦于无师教授的“艺徒”来说，正希望有一位高手教他如何构图，如何用笔，乃至如何构思，这个高手却常常在他面前作画示范，叶浅予焉有不学之理？民间艺人有“师徒相授”的传统教学之法，师徒相授，有时口授，有时身授，叶氏常看黄氏作漫画，实际上就是一种身授。

黄文农生于 1901 年，比叶浅予大 6 岁，比张光宇小 1 岁。从年龄上来说，他俩比叶浅予大不了六七岁，够不上一代，但是在艺龄上，有时六七年就可以隔代。因此在叶氏心目中，张光宇和黄文农都是他最敬重的前辈老大哥朋友，借用一句唐诗来说，是“平生夙谊师兼友”。正是在张光宇和黄文农的指引下，叶浅予稳步走上了漫画创作的道路。

王先生与小陈

王先生和小陈是叶浅予的成名作长篇连环漫画《王先生》中的两个主要人物。若要探本溯源，《王先生》的创作起因与美国长篇连环漫画“怕老婆的故事”有关。这部连环漫画发表在上海的一份英文日报（中文名叫《大陆报》）每周附送的美国长篇漫画专版上。这个专版很受读者欢迎，而那篇怕老婆的故事又是全版最叫座的一篇。1928 年，刚创办的《上海漫画》为了吸引读者，打算仿照这个长篇，创作一部中国的漫画长篇。编辑部商量由叶浅予来执笔，因为他年轻肯卖力，又无家庭拖累，可以专心一意画长篇。最初定名为《上海人》，王敦庆说，这个题目在已失败的《上海漫画》试刊中用过（原作由黄文农执笔），题材太狭窄，又不吉利，干脆改为《王先生》，可以随便做文章。王敦庆还帮他设计主角的具体形象——瘦长条、尖鼻子、两撇小胡子，像个久住上海的乡下财主；给他配个矮胖太太，加上个爱打扮的女儿阿媛。至于他的朋友小陈，是个富家子弟，配上个凶神恶煞般的老婆。五个角色各具形神，不仅在人物造型上拉开距离，而且在性格上也各具特点，较之美国的那部怕老婆的漫画所表现的内容也丰富一些。可是他当时年纪还轻，只有 21 岁，缺少社会阅历和生活经验，为人又老实，画来画去总跳不出王、陈两家的男女关系。直到 1930 年后，他创作了《晨报》的《王先生别传》，思想才开始活跃，题材内容扩展到社会的多方面，扩大了读者圈子。王先生和小陈逐渐成为上海市民阶层家喻户晓、妇孺皆知的漫画人物。

30 年代初，《晨报》在上海出现，这是国民党夺取舆论和文化阵地的一项重大措施。《晨报》筹办之初，三友实业社同事季小波向主管《晨报》的潘公展献计，主张每逢周末随报附送画报一张，用以招徕读者，并推荐叶浅予，将他的漫画长篇《王先生》移到《晨报》上来，填补停刊的《上海漫画》的空缺。可是《上海漫画》出满百期刚告吹，张氏兄弟又与邵洵美、曹涵美联手办起了时代图书公司，又让叶浅予接编《时代画报》（半月刊），《王先生》也继续连载，这样，《晨报》每月四组，《时代》每月两组，每月总共要画六组连环漫画。为了与《王先生》有所区别，《晨报》的王先生定名为《王先生别传》，王先生的打扮也有所变动，原来穿西装的，改为白长衫和黑马甲（背心），头上仍戴白盔帽，其他人物照旧。形式上由原来的九格（一组）改为八格，顺序由左行改为右行。从此除了兼任《时代画报》编务外，叶浅予把主要精力集中在创作《王先生》和《王先生别传》上。《晨报》主编对“别传”内容从不过问，任作者自由发挥，使叶浅予在创作上十分舒畅。

喂！那里去？
坐在家裏，不要坐死你的！
喂！買鷄蛋！
鷄蛋鴨蛋要哇？
鷄蛋祇賣三個銅板一個 便宜不便宜？
那個浦東女人有些靠不住，我們來點一點數目。
這樣又大又新鮮的鷄蛋，為什麼賣得這樣便宜？
你看天快下雨了，她得緊要回到浦東去！
共計一百〇八個，半個也不缺。……再會！

圈套

唉！一家三口 叫我如何養活她們？
老先生缺錢用吧？請你將這個皮夾留着
天下無不勞而獲的錢財，此公大概留錢要我料理後事，倒很幽默
先將屍首撈着，再作道理
送到泰山銀行去也許可得額外賞格呢
行銀山泰
清理宣告
嗳！你沒有付車錢！
這些十元鈔票你留着吧

钱包

相比之下《小陈留京外史》的命运就不如《王先生别传》。《小陈留京外史》是1936年叶浅予为南京《朝报》画的长篇漫画，每天四格一组，创作量比《时代》、《晨报》的总和还要多。在这部长篇中，叶浅予认为“王先生是封建型的破落地主，不宜在官场鬼混，小陈则是上海殖民地出身的富家子弟，和南京官场有各种裙带关系。所以我把这两个丑角分了家，安排小陈单独进京去捞世界”。画家通过小陈进京来表现南京小官僚的嘴脸，从中揭示堂堂首都的官场生活。《小陈留京外史》的开篇，画的是小陈乘夜车从上海到南京，清晨在和平门下车，遭到宪兵巡警检查行李，小陈大模大样地打开衣箱，衣服上面躺着几封八行书介绍信，收信人不是某局长便是某部长，小陈仰着头似理非理，宪兵巡警只得盖好箱盖，用粉笔画上“已查”的字样。小陈便坐上来迎接他的汽车，扬长而去。说来也巧，这个素材正是画家抵达南京车站时的亲眼目睹，他便顺手取来表现小陈进京的威风。

进京不久，小陈捞了个不大不小的局长头衔。上任第三天，要做总理纪念周，纪念周上要背总理遗嘱，小陈练了三天，睡觉做梦背遗嘱，坐在马桶上也背遗嘱。临上场，“余致力国民革命凡……凡……”把“四十年”忘得一干二净，出足洋相。这组《留京外史》触犯了权贵当局，说是有意丑化总理遗嘱，《朝报》老板受到警告，便与他商量，别画小陈了，还是请王先生登场吧。《留京外史》只画了半年便被腰斩，改画《王先生到农村去》。半年以后，农村题材又出了毛病，说是触犯了地方政府的农业政策，不得不请王先生离开农村，到夫子庙茶馆书场当老板，把王的女儿阿媛送到书场卖唱又卖相。七七事变卢沟桥炮声一响，王先生才不得不退出舞台。

在中国漫画史上，《王先生》是第一部横跨十年之久的长篇连环漫画，历时之长，影响之大，笔触之泼辣，造型之反差，形象之鲜明，只有张乐平的《三毛》差可比拟。顺便再提一句，从30年代到40年代电影公司将王先生搬上银幕，改拍电影达11部之多。漫画改编电影数量如此之多，怕也是漫画史上独一无二的奇观。有人问画家，是什么触发了灵感创造出这么一个典型的现代小市民典型形象？叶浅予的回答是：“我把自己的灵魂融化在王先生的个性中，王先生就是我，我就是王先生。”

王先生和小陈(1928－1937 年)

叶浅予与王先生

《小陈留京外史》

从旅行漫画到浅予速写

1933 年，墨西哥漫画家柯佛罗皮斯访问上海，叶浅予在陪同访问的时候，发现柯佛罗皮斯的口袋里总是装着一本速写本和一支铅笔，走到哪里画到哪里，画了不少社会速写草稿。他觉得这种速写方法很好，于是有意识地学了起来。开始画速写时，确有笔不随意、手不从心之感，很难将眼中之物画下来。可是他坚持写生，由不熟练到熟练、不随意到随意、不从心到从心，乃至达到外出活动本不离身、笔不离本的程度，几十年如一日。

写生首先是练笔，练笔要有对象。叶浅予的写生对象就是社会生活，说得具体一点，就是发生在他眼前和身边引起他注意的、让他感兴趣的人和生活场景，他的写生对象十分宽泛，十里洋场、十字街头，豫园城隍城庙为他提供了丰富的素材。

1935 年春季，受津浦铁路局的邀请，他偕同梁白波，带着速写本，登上津浦铁路北上的卫生宣传列车，在华北大地旅行。梁白波是他新结识的女友，两人一见钟情，坠入情网。她曾在上海新华艺专和西湖艺专上过学，学的是油画，后来在菲律宾一所华侨中学教画，近年才回国，当时正处于失业状态。在《时代漫画》编辑部，叶浅予碰到了梁白波。他从鲁少飞处看到了她的漫画稿，发现她有非凡的漫画细胞和造型能力，这在清一色的上海男漫画家群体中，是绝无仅有的，难怪会一见倾心。用他自己的话来说是“鬼使神差，我篡夺了《时代漫画》编者（鲁少飞）的权（当时叶是《时代画报》的主编），和这位女画家打交道了”。

闲话少说，且说叶、梁乘坐的卫生宣传列车向天津驶去，第一站浦口，第二站蚌埠，第三站徐州，第四站泰安，第五站济南，第六站沧州，第七站天津。每到一大站，停下来开群众大会，他们画的大幅宣传画在大会上悬挂，铁路局技术人员则为站上的卧车车厢做封闭消毒。例行活动做完，他们就游览名胜古迹，在蚌埠看了安徽的黄梅戏，在泰安登泰山，在济南游趵突泉，在沧州看半截埋在土里的大铁狮。这一路见识不少，同时也增加了生活的乐趣，丰富了写生素材。最后又畅游北平三日，他以上海漫画家的身份结识了北平画家、记者、摄影家，梁白波以他女友的身份周旋。白天游故宫、天坛、天桥、颐和园，晚上看京剧名角演出，有杨小楼和郝寿臣同台，有荀慧生和言菊朋同台，有杨宝森和程砚秋同台，又有王又宸和王瑶卿同台，演出十分精彩，对这个小戏迷来说，北平三夜，过够了看北平名角的戏瘾。他耳听眼观，手里也不闲着，不停地画着戏剧人物速写，梁白波平时不画速写，在他的影响下，也拿起速写本画起戏来。毕竟是科班出身，加上天赋聪颖，梁白波速写上手也很快。他俩同游北平，每次出游，叶浅予似乎打足了气，出手飞快，画了几百张速写，回沪后印了两本画集，一本是《旅行漫画》，另一本是《浅予速写》。由此，叶浅予的漫画中又增添了一种新的门类“速写漫画”。

梁白波笔下的叶浅予(1936 年)

算命先生(叶浅予 1936 年作)

何谓速写漫画？叶氏曾作过如下说明：“每一幅画配上一句俏皮诙谐的话，点明形象所反映的人物性格或社会面貌，既是速写，又是漫画。”关于速写漫画的由来，叶氏也坦陈是受了柯佛罗皮斯访问上海时所作的社会速写草稿的影响，不过柯氏是将速写作为书刊插图的参考，而他则是变其法而用之，直接把速写原稿当作了漫画创作。从这个意义上来说，浅予速写可以说是一种创作。1963 年到 1980 年，他先后出了 8 本速写集。

速写，在叶浅予的艺术道路上，是至关重要的一环，对漫画创作而言，是一种升华和飞跃，而对中国画创作来说，则又是转折的媒介或载体。他的戏剧舞蹈人物，正是从写生速写入手的。由此可以看出，速写是叶浅予艺术的核心和精华所在。

抗日漫画宣传队

继卢沟桥一声炮响，上海也爆发“八一三”战火。共产党抵御外侮的宣言和国民党共赴国难的号召，促成了上海文化艺术界的大联合，成立了中国文艺界救亡协会。在救亡协会的旗帜下，各派漫画组织彼此消除了门户之见，携起手来，共同为抗日救国大业出力，以上海漫画协会的名义，出版了《救亡漫画》五日刊。叶浅予从南京来到上海，看到戏剧界纷纷组织演剧队，到外地去做发动群众共赴国难的宣传工作，认为首都南京在宣传工作方面是个空白，漫画家应该去填补空白。于是他与协会负责人鲁少飞商量，组织一些漫画家进军南京，开展抗日宣传活动，这个倡议马上受到上海漫画战友的响应，一天之内就成立起漫画宣传队，报名参加的有张乐平、陆志庠、特伟、胡考、梁白波、宣文杰、陶今也、席与群等，大家推举叶浅予当领队龙头。漫画宣传队得到了其他抗日团体的资助，于8月31日登上了沪宁快车，向南京进发。

在南京市国民党宣传部的支持下，漫画宣传队队员在一个大厅里合作努力，以两星期的时间高速度、高标准地筹备了一个抗日漫画展览会，筹备期间陶谋基和张仃也加入了进来，使展览会又增添了两员大将。大家在一起敲定画展主题内容，分工负责，落实选题。其中，一大幅抗战形势图由多人合作；《松花江上》巨幅宣传画，围绕《九·一八》歌词内容展开。因为张仃是辽宁人，他弃家流浪北平，因此有切身感受，这个选题就交给了张仃。其他画题采取宣传海报形式，按“抗日暴行”、“全民动员”、“抗日英雄”、“汉奸丑相”、“时事讽刺”等不同内容，根据个人特长作了分工。叶浅予根据报上发表的照片，画了一幅上海空袭黄浦江敌舰的空军英雄形象。

1937年9月底，抗日漫画展在南京新街口大华电影院开幕，受到了南京广大市民的关注。正巧有几个空军战士来参观，其中有一个就是叶浅予笔下的空军英雄乐以琴，叶氏得知，便邀请他一起合影留念。乐以琴参观画展不久，即在一次空战中壮烈牺牲。

画展不久，南京陷落，漫画队受令先撤往武汉，在国民党中宣部政训处的领导下，只用了一个月的时间，就完成了二十余幅抗战宣传招贴画，彩色套印，贴满了武汉桥头。又利用武汉较好的印刷条件和上海杂志公司迁武汉复业的机会，协商出版漫画期刊，双方一拍即合，指定叶浅予和宣文杰两人负责筹备。创作班子是现成的，只用了两天两夜，就赶出了一期画稿，取名为《抗战漫画》半月刊。编辑、出版、跑印刷都是老手，武汉纸张存货又充足，石印套色虽质量稍逊于上海，其作用却超过上海。这里是全国交通网络中心，通过这本刊物，使全国漫画家有了一个联络中心，也有了共同作战的阵地。截至1938年10月漫画队撤离武汉，总共出了12期。

从香港到桂林

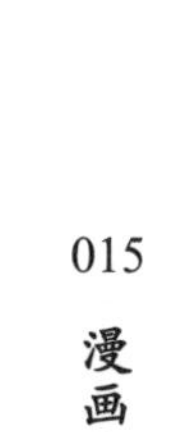

蒋介石的大本营从南京迁到武汉后，根据第二次国共合作的新形势，蒋氏仿照北伐编制，重新成立了政治部，部长由亲信陈诚出任，特邀共产党的周恩来和农工民主党的黄琪翔当副部长，象征国民党的“统一战线”。周恩来推荐郭沫若当第三厅厅长，主持内外文化宣传。郭沫若吸收刚从南京监狱释放出来不久的田汉、阳翰生进三厅，阳翰生为秘书长、田汉为六处艺术处处长。六处下设戏剧、电影、音乐、美术四科，人才济济。原定徐悲鸿当美术科科长，未到任，由倪贻德接替。漫画宣传队加入三厅编制，也归倪贻德负责。田汉要叶浅予兼任美术科工作，给了一个中校军衔的科员主任的职位。叶浅予把个人所得的中校饷银全部并入漫画宣传的活动经费，与大家同甘共苦。这种生活作风一直保持到武汉撤退、他暂时脱离宣传队赴香港编印《日寇暴行录》为止。

日寇占领南京后，大发兽性，疯狂残杀南京人民，消息很快传到了武汉，东南前线从日寇身上搜到了不少的此类照片，汇集到政治部，政治部决定编印一本画册向国内外揭露这一惨无人道的滔天罪行。这个任务交给了三厅，由六处、七处抽派冯乃超、史东山、马彦祥、叶浅予等五人紧急投入工作。他们把这类照片分为“烧、杀、淫、劫”几类，编成16开画册，并搜集日本和外国报刊已发表过的同类照片作为补充，由叶浅予携带原稿专程赶赴香港，委托商务印书馆印刷厂代印，将近一个月，印成一万册，交广州铁路局急运武汉。第一批样书由叶浅予随身带到武汉，交代完毕，他才与留湖北的几名队员特伟、梁白波、廖冰兄、宣文杰、黄茅等会合。

宣传队还有几名队员到哪里去了？原来叶浅予在赴港前，江西上饶的三战区司令部政治部主任谷正纲提出也要组织一个漫画宣传队，经大家商议后，决定由张乐平领队，率领陆志庠、陶谋基和新队员叶岗、麦非前往上饶。老队员胡考参加《新华日报》工作，张仃、陶今也去西安开辟新阵地。在抗日的烽火中，宣传队全体队员，经受了血与火的考验，他们走出十里洋场，走出六朝古都，走出北伐发源地羊城，走出大城市的亭子间和小阁楼，走到抗日中心，走到山区边城，走到广大军民中间。思想感情起了变化，艺术表现的内容和形式也自然而然会发生变化，由漫画到宣传画，由轻松幽默到强烈爱憎，由冷嘲热讽到痛斥怒吼。叶浅予也不例外。诚如他在一篇《答读者问》中写道：“十年漫画创作生活，在我的人生观中孕育了一种‘玩世’的思想，在艺术观中形成了一种‘丑极即美，美极即丑’的观念，自从抗日战争爆发以后，拯救民族的爱国情感冲垮了这种小市民的趣味，毅然走上了抗日斗争的大道，促使我的思想境界豁然开阔起来，认识到丑恶的东西固然应该坚决揭露，美好的东西尤其应该大力歌颂。”

另辟创作新路

40年代，叶浅予在贵州惠水苗区采风写生期间，画过一幅自我讽刺画——他躲在大树后，偷画一位苗族姑娘，而这位姑娘用手遮住脸不让他画。为什么不让画？一是害羞，二是怕画家把她画丑了。事隔几十年，叶浅予旧事重提，以此来说明他为什么要从漫画转向国画创作。

猎画

叶浅予到苗区采风的动因是想实现考察苗族妇女服饰的计划。他为什么对苗族妇女的打扮这么感兴趣呢？这要回到30年代初期，他曾在一家名叫“云裳”的时装店当过设计师，还为一家英国花布进口公司办过一次时装表演会。时装设计，是叶浅予漫画创作之外的又一职业，连商务印书馆的《妇女》杂志也约他画过一套时装设计图。正是基于这个原因，他对五彩缤纷、争鲜斗艳的苗族女服饰产生了考察的愿望。

在苗区住了两个月，他白天出门采访，画速写，晚间琢磨如何表现苗区生活。首先考虑的是形式问题，还用《战时重庆》那种漫画速写形式吗？显然，造型带有夸张变形的漫画速写，不符合他在苗区感受到的自然而朴质的美。他还发现苗族妇女非常善于打扮，每逢赶集，人人都把漂亮的衣裙首饰穿戴上，集场上五彩缤纷，百花争艳，任何画家见了都会动心。可是他那枝惯于夸张变形之笔，对着真正美妙的形象，只能瞠目而不知所措。几次尝试，逐渐明白了漫画手法已不适用，便下决心从漫画式的夸张手法中解脱出来，另找塑造人物形象的新手法，另辟新路，这就是他向中国画人物传统画法追求的

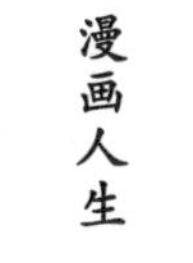

开始。

苗区采风结束，他又有机会以“访问记者”的名义去印度采访美国史迪威将军所办的中美训练营，搜集中国军队在美军训练下的形象资料，画一批画。种瓜得豆，叶浅予借此机会踏上了这块唐僧取经的佛教圣地，接触了印度社会中下层知识分子和劳动人民，观赏了最具东方集市特色的印度风光：其中有“点心摊儿，糖摊儿，摆着铃儿招徕顾客；由三根木棍儿支个架，搭成个羊肉摊儿，肉卖光了，正在叫卖羊头；在烈日下，顾客右手撑着伞，左手举着小镜子，和理发匠合作，凑成个临时理发篷；挑选纱丽裙料的妇女指手划脚，摇头晃脑，正在与商人讨价还价，卖小零碎杂货的老妇人，躲在阴凉处等候前来的顾客……”集市风光丰富多彩，也是叶浅予猎取速写素材的好地方，这些形象都一一进入了他的速写本。

收获最大的莫过于观赏印度戏剧歌舞。他在比哈尔邦兰伽镇遇到个江湖剧团，演的全是历史剧，有说有唱有舞，近似中国舞台上的戏曲。他在访问寂乡学院时，适逢诗翁泰戈尔忌辰，人们唱诗献舞，散花祝福，如临仙境。印度人喜爱音乐，城市角落或乡镇路口，到处可听到铿锵的手鼓节拍和手风琴乐曲，从乐曲节拍中引出低沉悦耳、如泣如诉的歌声。这些印度戏剧歌舞艺术形象，也一一摄入了他的速写中，并成为叶浅予戏剧舞蹈人物国画创作的一大形象宝库。也可以说，叶浅予的中国画舞蹈人物是从印度舞蹈人物发轫起步的。

印度卖裙料

卖羊头

印度街头

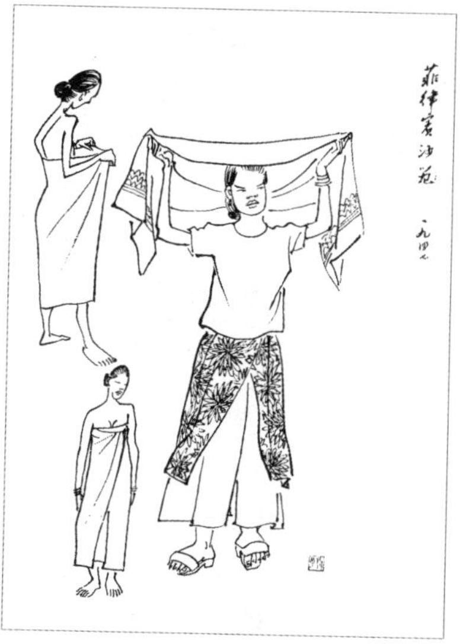

菲律宾沙笼

菲律宾吉他

向张大千学画国画

正当叶浅予学习国画的心愿越加坚定、步子越加急促之时，适逢张大千临摹敦煌壁画画展在重庆展出，这个展览对他有极大的吸引力，他决定去成都向大千学习中国画技法。他先写信给大千，大千复信表示欢迎，并同意其住家里，以便朝夕相晤。他与戴爱莲结伴同行，利用去康定采风之前的一段时间向大千学画。端午节前到了成都，在昭觉寺大千家里落脚住下，一直住到8月15日日本投降，住了将近两个月。

张大千作画喜欢有人在旁闲谈，客人常来常往，作画不怕干扰。没有客人时，自有学生在旁看画问答。叶去之后，因为是十年前的好朋友，所以并无拘束，连续在大千画案旁站了一个多月，学到了不少手上功夫，比如用笔用墨之法、重复勾画线之法、衬底渲染之法，等等。至于人物造型、构图章法、手指手势，更不时当面示范。张大千曾绘赠叶浅予一幅唐装仕女。这幅仕女采用唐伯虎画美人的程式，人物造型参用敦煌壁画中的唐朝供养人仪容，又以三夫人杨宛君为写生对象，二唐（唐寅、唐人）合一，名副其实是一幅唐装仕女图。叶浅予眼观手临，把它用到自己的画稿和人物造型中去，画了两幅印度舞蹈人物，请大千指点。谁知虚心好学的张大千却反过来借用这幅画稿，改用敦煌壁画的造型方法，画成了两幅大千式的印度舞蹈人物，还在一幅《献花舞》（大千称之为《天魔舞》）上题了长跋，说明来历：“印度国际大学纪念泰戈尔，诸女生为献花之舞，舞态婉约，艳而不佻，迨所谓天魔舞也耶？其手足心皆敷殷红，则缘如来80种随好，手足皆赤铜色也。观莫高窟北魏人画像，犹时有赤此像者。偶见吾友叶浅予作此，漫效之，并记。”叶浅予认为：“张大千仿制的动机可能有两层意思，一是觉得印度舞姿很美，可以为他的仕女画作借鉴；二是看到我在学习他的笔墨，就我的造型特点，给我示范。”这段话，客观地道出了两位艺术大师互教互学、虚心好学的精神。

在成都昭觉寺，叶浅予亲眼目睹大千为友人画过不少写生人物，其中有舞台戏剧人物，也有以现实人物为模特儿的当场写生。大千称之为游戏笔墨，随画随送人。当年画得最多的，要算川剧名丑周企何、川剧名旦小鹤卿。他们是夫妇，经常同台演出，大千为他俩画过不少舞台形象，据笔者所见到的图版就有两幅，一幅见诸高岭梅编辑的《张大千画》（1961年香港东方艺术公司出版)，其中收录了小鹤卿当年在《断桥》中扮演白素贞的写生(根据记忆追写)，张大千在跋中写道：

“1960年2月，日本电影来摩诘(巴西八德园)放映李香兰白蛇传，因忆在成都时与孝慈、岭梅同观川剧小鹤卿断桥相会，岭梅为之摄影，我并为之写生，前尘往事，遂如隔世，朋辈星散，而鹤卿埋玉亦十二年矣！以此画寄岭梅，能无慨然？爰。”

另一幅见诸傅申编辑出版的《张大千回顾展》(1991年)，图录1其中有一幅丑角舞台写生，只见这个丑角头戴道帽，身穿黑袍，手摇芭蕉蒲扇，念白道：“开口笑，跑龙套。我虽不歌知其要。绕梁一声四座惊，叫天复生天可叫？山前山后俱找到，余音不绝伤复笑。盖世与君谁拉手，彦衡已死叔岩老，写图赠君君绝倒。三千大千，几人称内教。”

这幅“灯下戏博半楼道兄”的跑龙套人物，会不会就是扮演丑角的半楼呢？有俟川剧行家指点了。

叶浅予也是个戏迷，自小就看戏，不仅看，还喜欢画戏曲人物。早在1935年第一次访问北平时，就在长安戏院画过杨小楼和郝寿臣，1937年在哈尔滨戏院画过荀慧生、梅兰芳，不过都是舞台速写。这次在成都观画之余，又时常随同张大千一起去戏院观看周企何、小鹤卿夫妇的川剧，观戏之余，叶浅予也曾画下周企何扮演过的三个角色——《请医》中的骗钱误人的庸医、《归正楼》中的破落地主邱元顺、《迎贤店》中的前倨后恭的店主婆，这些丑角人物也许更适合用夸张的漫画手法来表现，叶浅予试着在三把扇面上用中国画的笔法画了下来，张大千看后在扇面上一一题赞。可惜这几把扇面人物，至今已难见到，只能从他绘赠张氏的《游戏神通》(后改名《大千诸相》)来一窥其风格了。

关于《游戏神通》的创作过程，叶浅予曾亲口告诉笔者，有一天，张大千在地上铺下丈二匹大纸，手提特制大毫凝神构思，左右一子一女(子为心智，女为心瑞)为他捧砚持碟，只见他屏气挥毫，一口气画下数根荷秆，然后在秆上点苔，再泼墨写荷叶，花了一天，就画出了巨幅通景大屏。站在一旁的叶浅予见此气派，大为惊异，从中得到创作灵感，画了一幅《丈二通景》的漫画，记下了此情此景。并由此画兴一发不可收拾，又连续画了《大画案》、《唐美人》、《胡子画胡子》、《聚精会神》、《起稿》五幅漫画，作为向张大千学画的纪念。张大千看了哈哈一笑，不但不以他的夸张手法为怪，反而请好友谢稚柳题记、

冯若飞配诗，后又亲自交荣宝斋用木刻水印印刷，配上封套，分赠友好。这组《游戏神通》就成了叶浅予在昭觉寺向张大千学画的纪念了。

我曾询问过叶老：“当年您向大千学画，主要学什么？而大千又向您学了什么？”叶老坦诚相告：“我向他学画，主要学他的笔墨技法。他向我学什么？我想主要是如何画现实生活，如何从现实生活中提取题材。”

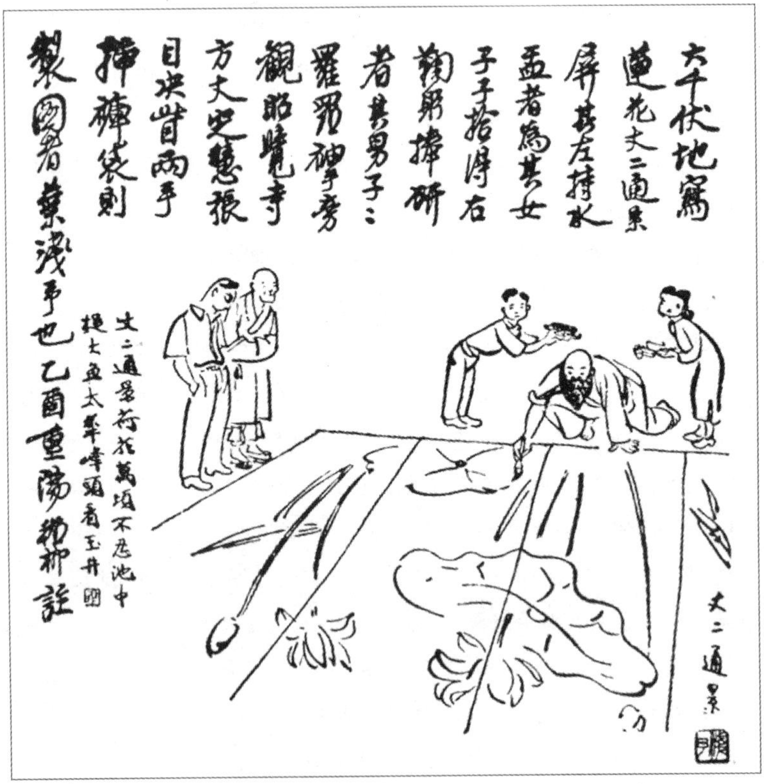

丈二通景

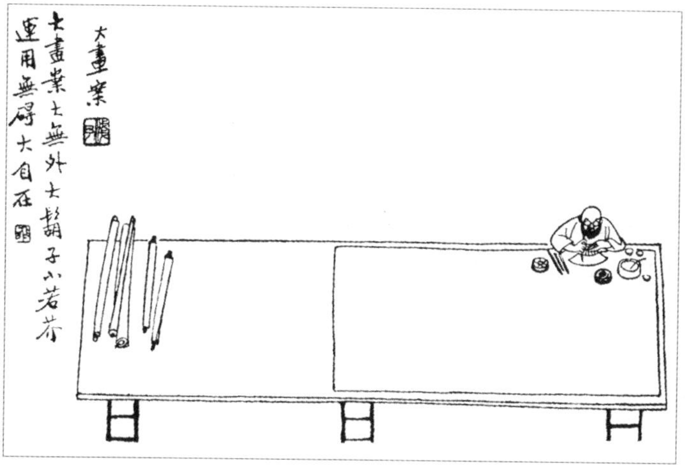

大画案

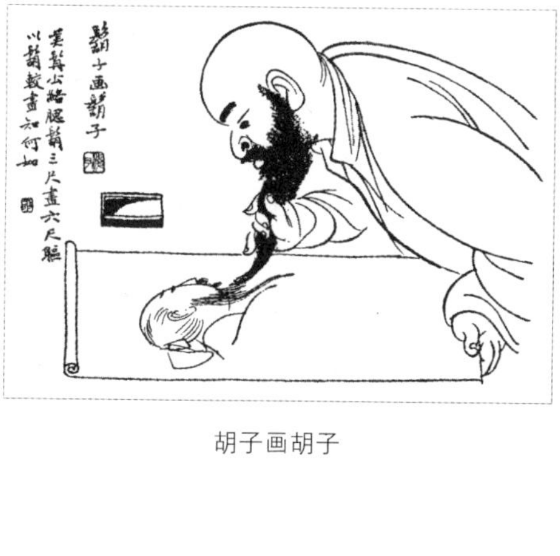

胡子画胡子

唐美人

天堂现眼记

抗日战争结束后，美国政府为了扩大它对全世界的影响，制定了一个“国际人物交流计划”，邀请有关盟国的文化教育界人士到美国参观访问。他们从重庆文艺界选了三个人作为邀请对象，一个是老舍，一个是曹禺，一个是叶浅予。叶浅予向美方提出要和戴爱莲同行，美方同意了。他和戴爱莲由重庆转到南京时，正式和美国大使馆的文化参赞范朋克夫人取得联系，由她面交邀请文件，他当即向外交部申办出国护照。

在美国驻上海领事馆申请签证时，领事知道叶浅予是画漫画的，于是脸带微笑，风趣地对他说：“我们美国不是样样都好，你可以不客气地挖我们的疮疤。”叶浅予接受了美国领事善意的建议，重操旧业，采用“旅行漫画”的手法，以自己为主角，扮演了三十多场身临其境的美国生活方式，不轻不重地挖了一下人称“天堂”的美国的疮疤。

《天堂现眼记》（以下简称《天堂记》）从《对不起，头等舱没有》开始画起，画他与戴爱莲一起出卖旧画旧衣物凑钱购置行装，“弃旧换新，图个体面”；画他们在领事馆盖打手印，领取护照；画他们欲购头等舱票，美国卖票人表面上客气地回道：“对不起，头等舱没有！”连二等舱、三等舱也不卖，只买到一张拥挤不堪的统舱，暗示了美国的民族歧视政策，连国务院邀请的中国文化名人尚且如此，更何况其他中国旅客呢？由此展开引出《统舱客滚开》的全面披露：在麦琪将军号的头等舱甲板上，站着一位挺胸腆肚的外国职业旅行家，一位犹太富商，一位富家小姐……叶浅予、戴爱莲也想上甲板去见见中国将军冯玉祥，却被过道上的美国乘警大声吼道：“这是头等甲板，统舱客滚开！”

叶浅予和戴爱莲因此有机会踏上美国的邮轮，心中也充满着美好的梦想，在邮轮上各自做着《梦中天堂》的美梦。

叶浅予梦中见到“自由女神像”一手高举——“自由港口，毋须护照”的火炬，一手挟着“自由平等”的法典，欢迎世界各国的客人，他梦见的美国苹果好像头一般大、香蕉像手臂一样粗，他梦见美国“黄金遍地，俯拾皆是”；而戴爱莲梦中的美国是“工人肥肠，老板肥脑”，劳资共同富裕，她还梦见美国天使在摩天大楼上散花……天堂之梦毕竟是南柯一梦，叶氏梦中醒来，依然躺在人气恶俗不堪的大统舱里，赶快走到舱外去呼吸一口新鲜空气罢，免得再继续胡思乱想。

天堂究竟如何？叶浅予和戴爱莲在美国旅居了一年，通过一年的所见所闻，又经过他手中一支幽默、辛辣的妙笔告诉读者，美国并非人们传说中的天堂！

在艺术形式上，《天堂记》有别于《王先生》、《小陈留京外史》的整齐划一的分格连环，也有别于《战时重庆》的独幅连而不环的漫画；而是打破分格划一，又吸取分格的连环段落，根据画面的构图需要，错落有致地安排活动情节或速写镜头，使整组画面生动活泼，有序不乱。在人物造型上，由于十多年速写写生的磨炼，完全做到了笔能随意，力能从心，要变形就变形，要写实就写实，变形能万变不离形，写实则能实而不板，实中有虚，一句话已达到了形神兼备，炉火纯青的境界。在长篇连环画的创作中，应该说《天堂记》是叶浅予漫画艺术的顶峰之作。

《天堂记》创作于 1948 年，曾在北平的《新民报》连载，他原本打算长期画下去，狠挖一下黄金帝国的疮疤。不久，北平解放，社会大变，《新民报》停刊，连载了三十多组的《天堂记》，只得忍痛结束了短暂的生命。

对不起，头等舱没有

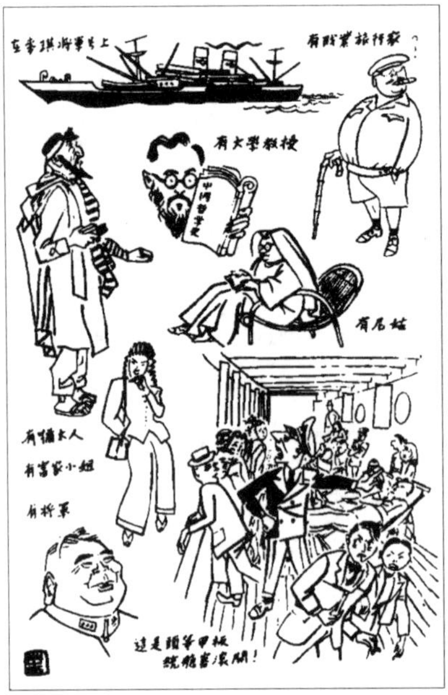
有大學教授
有尼姑
有富家小姐
有将軍
這是頭等甲板
統艙客滾開!

统舱客滚开

工人肥腸
老闆肥腸
自由平等
天使在摩天樓頂散花
遍地黃金,俯拾即是

梦中天堂

教学与创作

1947 年 10 月，叶浅予从美国回来，接受了徐悲鸿的邀请，到北平艺专任教。徐悲鸿为什么要请一个没有进过美术院校的漫画家到国立美术学院来任教呢？

这要从 1944 年叶浅予在重庆举办的《旅印画展》说起。这次画展除了展出中美训练营的练兵生活速写外，还展出了他尝试用工笔画的笔墨表现飘飘欲仙的印度舞姿。练兵为刚，歌舞为柔，刚柔相济，组成了这次画展的特殊情调。徐悲鸿也来参观了画展，订购了两幅印度舞蹈人物，并以一幅《立马》相赠。事后又写了篇《叶浅予之国画》，大加赞赏道：“浅予之国画，一如其速写人物，同样熟练，故彼于曲直两形体均无困难，择善择要，捕捉撷取，毫不避忌，此在国画上的如此高手，五百年来仅有仇十洲、吴友如两人而已，故浅予在艺术上之成就，诚非同小可也。中国此时倘有十个叶浅予，便是文艺复兴大时代之来临了！”

徐悲鸿对一个刚从国画起步的叶浅予给了这么高的评价，虽不无溢美过誉之词，但叶对他要组建的北平艺专新班子，确是一个十分有用的人才。因此，当叶浅予赴美前，他就委派他的高足冯法祀向叶浅予发出了邀请的意向。对叶浅予来说，虽说感到有些意外，但也不无跃跃欲试之感。诚如他在《回忆录》中写道：“下决心放弃我的卖稿生活，闯一闯高等美术学府，看我能否当好一个教书先生，想不到一晃就是 36 年。幸好我有自知之明，生来就是一个画坛草寇，走南闯北，以表现大千世界的芸芸众生为己任，在教学岗位上，始终不放松我的创作生活。在三十多年里，由于学生的督促和社会的鞭策，我认定创作中国人物画作为我的终生奋斗事业。”

在中央美院，叶浅予任教 36 年（1947—1982），任教期间，他始终没有放弃创作人物画，始终坚持教学、创作两不误，两手抓，始终把中国人物画当作终生奋斗的事业。他这么说，也这么做了，但是说起来容易，做起来就实在太难了，个中辛酸苦辣，他在《任教三十六年》一文中已有详尽的总结。

值得提出的一个问题是，36 年教学生活对叶浅予的艺术创作究竟是得大于失，还是失大于得？笔者曾就这个问题当面请教过叶氏，叶氏的回答是得大于失。

一得，教学互长，边学边教。教学对叶浅予来说，是一门新课题，他没有进过美术学院，没有经过科班训练，许多技法也是知其然、不知其所以然。而今要登台讲授，必须先走一步，先学一步。诸如1950年4月，中央美院成立，国画油画合并，改为绘画系。这一年绘画系扩大招生，培养普及美术干部，主要课程是素描、勾勒、水彩、油画四门基本练习课，年画、连环画、宣传画三门创作课。叶浅予负责勾勒教研组，为了教好勾勒课，所有国画教师都集中在教研组进修，进修内容是对模特儿写生、画白描，经常在这个组写生的有李苦禅、王青芳、黄均、陆鸿年、刘力上、田世光和他。勾勒课的任务，明确规定为是年画、宣传画的线描打基础。叶浅予虽说在人物速写方面有一定的造诣，但是要将速写的线条变成国画的线描勾勒，还有相当的距离，参加进修的老师都有相当深厚的国画线描的笔墨功底，与他们一起进修，确实起到了互教、互学的效用。叶浅予50年代、60年代的人物画具有扎实的线描功底，并且由工笔转向工兼写，与这段时期的进修训练，互教、互学有很大的关系。

二得，钻研了中国画的内在规律。50年代，中国画在极“左”思潮和民族虚无主义的影响下，处于低谷，为了巩固学生的专业思想，必须让学生充分认识民族绘画的优点和特点，逼得他钻研画史、画论和历史名迹，探索中国画的艺术特征和内部规律。他针对以下几个问题开了专题课或写了文章。诸如：《中国画的艺术技巧》、《关于线描》、《中国画的构图》、《中国画的色彩》、《中国画的透视》、《掌握全面和专攻一门》、《中国人物画的基本功》。这些专题课（文章）的开设和发表，不仅提高了学生对中国画的认识，同时对自己的创作实践也加深了认识。由表及里，由浅入深，由知其然到知其所以然。从而使他的人物画创作由必然王国向自由王国飞跃。叶浅予认为，36年教学生涯，最大的得，是钻研了画史、画论，使他的艺术创作由自发状态进入了自觉状态。史论的学习研究，非但没有限制框住他的创作，相反促进和发展了他的创作，这就是善于学以致用、善于活学活用的叶浅予。

当然，对于一个造型细胞特别丰富、形象思维特别活跃的艺术家来说，对于一个创作欲望十分旺盛、又下了决心要把中国人物画创作当作后半生的终身事业的叶浅予来说，让他把主要的时间用在准备教材上，用在研究教学方案上，用在无休止的政治学习和思想改造上，用在坐办公室上，要说对他的创作没有矛盾，没有影响，这是连鬼也不会相信的。但是衡量得失，叶浅予的结论是得大于失。

实践也证明了叶浅予的回答，60 年代前半期，是叶浅予戏剧舞蹈人物创作的顶峰期，这段时期他的作品，不仅产量最丰，而且艺术技巧最高，许多艺术精品如《延边鼓声》、《快乐的罗索》、《夏河之秋》、《在内蒙古草原上》、《婆罗多舞》、《凉山舞步》等都创作于这段时期。

“文革”以后，他创作人物画的画笔一直没有放下，一直到生命的最后，还画完了两个舞蹈人物的长卷。

十年荒唐梦

在中央美院任教后，叶浅予本想告别漫画，把创作的重心转到中国人物画上来，但 50 年代他仍不忘情于漫画，画过一些国际政治讽刺画，画过一组《大同行》漫画，似乎很少有别的漫画作品流传。《大同行》创作于 1956 年，时过一年，“反右”斗争开始，漫画成了丑化社会主义、丑化党的领导、丑化劳动人民的代名词，不少漫画家被打成“右派”分子，发配北大荒监督劳动。叶浅予幸免于难，从此洗手，不再画漫画。

令人意想不到的是，十年“文革”后，他居然又重提画笔，重操漫画旧业，代表作就是《十年荒唐梦》、《老笔忆童年》。

1987 年 3 月 31 日，是叶浅予的八十寿诞。生日前夕，他辗转反侧睡不着觉，于是在床上吟起诗来。诗中有两句他吟道：“画思渐稀文思寄，细叙沧桑记流年。”他决心封画笔，提文笔，撰写创作回忆录。回忆录从何入手？他向我征求意见，我说由近而远，从十年“文革”写起。他手头还保存“文革”中的日记及其他退回的“检查”、“汇报”材料，“文革”中的遭遇又记忆犹新，所以他采纳了我的建议，从“文革”写起，题目就叫《十年荒唐梦》。

叶浅予与本文作者包立民

《十年荒唐梦》写得很快，每天写一至两千字，只花了一个多月就写成了三四万字。《十年荒唐梦》写成后，很快交由出版社出版，反响很大。

需要提出的是，“反思文革”不自叶浅予起，巴金的《随想录》已经先走了一步，但自传性的“文革”回忆录，把自己的真实思想言行不加掩饰地写出来、画出来，在老一代文艺家中，叶浅予似乎开了先河。“文革”以后，讽刺“四人帮”的漫画很多，但用漫画系列画自己本人的“文革”遭遇，不怕丑化暴露，除了叶浅予之外，漫画界尚无第二人。

粉碎“四人帮”后，戴在叶浅予头上的三顶帽子——资产阶级学术权威、美蒋特务、历史反革命，被证实纯属诬蔑不实之词，全部被推翻，叶浅予得以平反。政治上的大解放引来了思想上的大解放，使他能站在新的历史高度来反思“文革”，反思自己，从而使这组漫画插图，独创一格、独树一帜。

从来没有这么干净过

坦白从宽

示范游斗到天津

放风者见阳光也

夜战开始

在创作回忆录中，除了《十年荒唐梦》的漫画插图外，他还继续采用漫画速写的形式，为《老笔忆童年》配上了 24 幅漫画速写，一图一文，图文并茂，较之他其他漫画速写来说，这组速写充满着童心童趣，反映了他返老为童的心态。

清末遗童

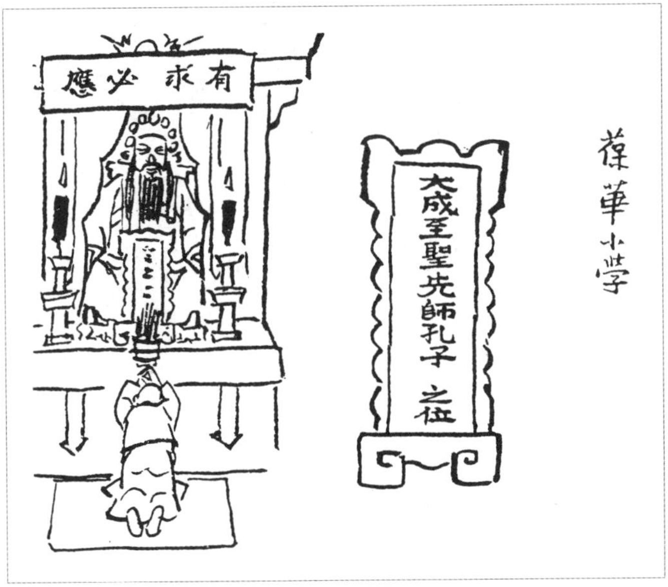

葆华小学

孔孟之道

祭孔

逃难

发大水

祖父八十大寿

十六回切

过年拜年

三老一少

师生行路团

师生行路团的全称是“叶浅予师生艺术行路团”，它本是叶浅予及其毕业于中央美术学院中国画系的历届弟子组成的松散型学术组织，这个组织名称是由原先的“叶浅予艺术研讨会”演变而来的。

据“行路团”的策划发起人徐启雄回忆，80年代中后期，叶先生每年要回老家桐庐住一段时间，他有意为先生搞一次艺术研讨会，让在全国各地的同学们有来桐庐与先生聚会的机会。他把想法向先生透露后，先生当即表示同意，并由他去实施。1990年3月，他去北京与叶先生及卢沉、周思聪、蒋采苹、李宝林等同学作最后的敲定。本次活动除研讨会外，还安排外地来的同学去绍兴、桐庐、莫干山、天目山、富春江、千岛湖和西湖各主要景点走走看看。

叶先生提前五天到杭州，一来是他要准备研讨会的讲话，二来是约会接待从香港来的老友访谈。就在研讨会举办的前三天，叶先生叫住了徐启雄说：“研讨会这个活动已成为文艺界的公式化集会，在学术上可能有些收获，可是一哄而聚，一哄而散，既劳民伤财，又浪费时间，无非给我戴一顶什么桂冠，唱一串赞美诗，你们大家沾着点边儿，时过境迁，什么也没留下。”

第二天凌晨，叶先生敲开了徐启雄的房门，对他说忽然想起了董其昌的“读万卷书，行万里路”的艺术主张，说他有了新的想法，即用“叶浅予师生艺术行路团”来取代“叶浅予艺术研讨会”。接着又讲了行路团的种种好处：“改叫叶浅予艺术行路团后，第一，真正把读书和行路，理论和实践结合起来，对艺术和生活的认识有深切的体会；第二，行路团是新叫法，还没有听说近年来有过，算是当今文艺界冒出的新鲜事；第三，避免了研讨会的公式化模式，我也可以摆脱接受被戴什么桂冠的困扰；第四，行路团为松散型集合体，大家招之即来，行后就散，无拘无束，自由自在；第五，中国地大点多，由我们自由选择，行路时间能长、能短，不受限制，走累了就坐下来研讨，研讨累了就行路；第六，行路团不用公家报销一分钱，完全是自食其力，走到哪里都有人自愿接待，现在讲市场经济，我们出劳动力，为各地留点画，叫‘白画’，人家提供‘白吃、白住’，谁也不欠谁，又各得其所，何乐而不为；第七，叫研讨会，不可能年年办，而行路团则可以坚持年年搞，一次换一个地方行走，多走能开眼界，增知识；最后，我还主张行路后要办汇报画展，办画展是压力，逼你拿出东西

来。”（见《行行重行行》——《叶浅予师生艺术行路团的缘起及’90吴越行》）

就这样，在徐启雄的策划下，在叶浅予的倡议下，行路团自1990年3月在浙江吴越起步，第二年转向齐鲁，第三年鄂湘两湖，一共行了三次，参加总人数上百名，均为叶氏五六十年代及80年代初期的老学生。大家一起在叶先生的率领下，游西湖，登泰山，过长江，攀张家界，谈艺术人生，走千家万户，重新在一起学到了不少新东西，从而也激发了新的创作欲望。

行路团是叶浅予晚年走出家门接触民众、接触生活、开阔视野、接受新事物、新思想的极好途径，同时也开创了一条师生之间交流思想、交流艺术观念、交流创作体会的很好的途径。一位年逾八旬的老教授、老画家居然尚能身体力行参加行路团，行万里路，跋山涉水，眼观手写，笔不离手，确是十分难得的。可惜他期望的“1997年香港回归之日，把行路团拉到香港去，举办师生行路团汇报画展”的计划未能实现，生前只实现了一次在中央美院举办的师生联展。

综观叶浅予的艺术旅程，始于漫画，终于漫画，可谓有始有终。漫画创作是他艺术旅程中重要的一站。尽管漫画在诸多艺术门类中最不显眼，最不为人重视，在艺术市场上行情最不好，但他始终不讳言自己是一个漫画家！

1995年5月9日，漫画界的一代大师，中国人物画坛上的一代宗师，杰出的速写、舞蹈人物画家叶浅予与世长辞，享年88岁。

1992年，本文作者包立民随叶浅予师生行路团至荆州编钟馆与演员合影。

叶浅予与张光宇

张光宇出生于1900年，比叶浅予大7岁，叶浅予口口声声总以老大哥相称。正是这位老大哥，慧眼识英才，发现了叶浅予。又正是这位老大哥，在叶浅予与人创办《上海画报》首战告败，濒于困境，走投无路之际，伸出了智慧之手，妙手回春，使《上海画报》旧貌换新颜，起死回生，为20年代的以黑白图文为主体的上海报刊业，增添了一朵色彩缤纷的漫画奇葩——《上海漫画》。正是这位老大哥，使叶浅予走上了编创合一的漫画之路，使他不但成为主编画刊、画报的行家里手，而且成为创作长篇连环漫画的高手。由此可以毫不夸张地说，没有张光宇，也就没有叶浅予。对于这位曾经提携、培育过他的老大哥，叶浅予终生感念，没齿不忘。诚如他在回忆录中所说："我最早认识的老一辈漫画家是张光宇，那是1926年，我在中原书局画插图的时候，我向他主编的《三日画刊》投稿，他发表了我的那篇《两毛钱饱眼福》漫画，并约我到浙江路渭水坊的画报社见面，其时张正宇（张光宇的三弟）也在座。这次会见，是老一辈提携后一辈的开端。"

从生理年龄上看，张光宇比叶浅予大7岁，够不上长辈，故而叶浅予当面背后总以老大哥相称，但是艺术年龄的代沟，似乎要比生理年龄短一些，或短得多。张光宇15岁从艺，19岁就当上了《世界画报》主编丁悚（丁聪之父）的助编，后又主编《三日画刊》，当然是初出茅庐的叶浅予的前辈了。因此，叶氏在回忆录中称张氏为老一辈漫画家一点也不为过。

30年代成长起来的漫画新秀华君武、廖冰兄，当今已是一代漫画大家。他们在回忆自己的创作道路时，也总爱把自己与首次发表自己处女作的刊物——《时代漫画》以及刊物的主编——鲁少飞联系起来。他们把《时代漫画》称作培养他们成长的摇篮，而将鲁少飞称为伯乐和园丁。如果说，30年代漫画界的伯乐和园丁，众望所归是鲁少飞的话，相对众星璀璨，漫画书刊、报刊遍地开花的30年代来说，20年代的漫画报刊阵容阵地要小得多，少得多，真有点寥若晨星。像张光宇这样热衷于主编不太起眼、影响不大的漫画刊物，又是如此热心地扶植和栽培漫画新秀的人，实在是凤毛麟角。因此，张光宇不但是叶浅予的老大哥，也是20年代的一批漫画骨干黄文农、鲁少飞、王敦庆、张正宇的老大哥，更是中国漫画史上第一个“漫画协会”——漫画会的核心人物。

在叶浅予的艺术道路上，张光宇不仅慧眼识英才，指引他走上漫画创作之路，而且还指导他如何求生存，如何编好漫画杂志，走编创合一的道路。叶浅予说，他18岁闯荡上海滩，先后在三友实业社门市部当过画广告的练习生、在中原书局画过将近一年的教科书插图。画教科书插图，使他在造型能力方面有所长进；每天在中原编辑部伏案绘图，也培养了他锲而不舍、坐冷板凳的毅力。但是他真正喜欢的还是漫画创作，他喜欢把自己在十里洋场的所见、所闻、所思画出来，发表出来。因此，在为教科书画插图之余，他开始创作漫画，并且向新创刊的《三日画刊》投稿。他画了一枚面值两毛钱的银角子上站着一个裸体跳舞女人，这幅以看西洋景为题材的《两毛钱饱眼福》被张光宇看中并发表。从此一发不可收拾，他由《三日画刊》转向画各大报的副刊刊头画。以浅予为笔名的漫画在新闻画刊媒体上崭露头角，使他既成了名又得了利，加上自从结识张光宇后，张氏兄弟不时出题目、出主意让他画，他更是乐不可支地接受了这种名利双收的任务。在《三日画刊》编辑部，他又先后认识了当时颇负盛名的政治讽刺画家黄文农、王敦庆和鲁少飞等活跃在漫画界的人物。用他自己的话来说：“尽管我还是一个刚满18岁的青年，和这些知名人士混在一起，仿佛自己也变成了上海滩的头面人物。”年轻人的头脑容易发热，几幅作品一发，朋友的几句好话一说，他头脑发热了。适在这时，中原书局改变出书经营方针，停出教科书，将他辞退了。辞退就是失业，谁都知道，失业对一个初出茅庐闯荡上海滩的艺术青年意味着什么。叶浅予马上意识到生存危机，幸亏三友实业社的季小波及时介绍他到一家花布印染厂当一名设计人员，才勉强解决了糊口问题。但印染厂的工作不对口，他辛辛苦苦采集的图样，得不到老板的赏识，干了两个月，便主动辞职了。正当他失业在家衣食无着之际，又是张光宇招呼他到《三日画刊》社当助编，这段画版样、排版面、跑印厂的编务工作时间并不长，只有几个月，却无疑为他编画报上了终生受用的一课，使他学到了编画报的案头功夫，正是这一手基本功，才使他有胆

量一年后参与创办《上海画报》。

据叶氏回忆，创办《上海画报》的点子，最初是王敦庆出的。1927 年底，叶浅予随黄文农从北伐军退出后，王敦庆见他无事可干，于是找他商量，可否自办一份漫画小报，取名《上海画报》。王敦庆年长叶浅予六七岁，也可算是他的老大哥了。叶浅予听后说："反正没事干，只要有人支持，我就拼命干。"王敦庆又去说动了闲在家里的黄文农。三个人合作，黄文农供画稿，王敦庆搞撰文与编务，叶浅予负责印刷出版，画编印一条龙，连轴转忙了三天，总算编出了第一期《上海画报》。画报印出后，叶浅予和王敦庆兴冲冲地推车把散发着油墨清香的几千份画报送到望平街报业中心，报贩子顺手翻了翻半面有字画、另半面空白的《上海画报》，皱着眉头说，这哪像一张报纸，无法上市。几经商量，仍遭拒绝。他俩只得把新出的画报全部送到废品站。就这样，因缺乏市场观念，第一期《上海画报》宣告失败。经济上的损失，则由有经济来源的中学英语教师王敦庆一人承担了。

《上海画报》的创办失败，使叶浅予又一次面临失业的危险。正当他在家里发愁之时，老大哥张光宇又一次把他找了去，对他说，编画报印单面不行，单色铅印也不行了，彩色石印能吸引人。依他看，彩印的另一面可用锌版印照片和文章，仿小报的内容形式，增加可读性，以此来吸引读者。经他一指点，《上海画报》绝处逢生。但是，这张彩印版的《上海画报》由谁来挑头呢？叶浅予马上想到非老大哥张光宇莫属。张光宇本在一家烟草公司画广告，不用坐班，有固定的收入。编刊物既是他的老本行，轻车熟路，又是业余兼职。其时《三日画刊》创刊不久，他也想闯一条新路。叶浅予请张光宇出山组阁，他答应考虑。考虑的结果是成立中国美术刊印社，除了每周出一份 8 开彩印周刊——《上海漫画》外，还可以出书。

据叶浅予回忆，中国美术刊印社最初设在望平街的一家店铺楼上，后经郎静山引荐，搬到麦加圈的一所小教堂里，环境比地处报业中心的望平街要安静得多。编辑部由两方面的人员组成——搞摄影的和画漫画的。摄影组有三人，他们都有各自的本职工作，玩摄影只是爱好。一个是后来饮誉海内外的世界摄影大师郎静山，当年他只是一名虎标万金油的广告代理人，他还能画山水，一天到晚提着带三脚架子的照相机，探索摄影艺术；一个是胡伯翔，英美烟草公司画广告牌的广告员，对摄影兴趣颇高，有时间有精力也有钱玩摄影；还有一个张珍候，某洋行买办，做颜料生意，也想在摄影艺术上露一手。他们都是张光宇聘请的特约供稿人，当顾问，不坐班。漫画组原拟有张光宇、张正宇、叶浅予、王敦庆四人，可是在中国美术刊印社宣布成立的当晚，王敦庆不知因一句什么话，在会上与张正宇口角起来，一怒之下，这位《上海画报》的发起人离开了《上海漫画》，离开了中国美术刊印社，这样漫画编辑组就由张氏兄弟和叶浅予负责。在中国美术刊印社成立大会上，大家公推张光宇出任总经理兼总编辑，他是编画报的老手了，老谋深算，人缘又好，善于用人，也善于团结人，确是一位众望所归的人选。《上海漫画》创刊后，他除了抓总体版面设计，主管二、三、六、七版四块版面的摄影文字外，还要设计封面，提供画稿。他任劳任怨，名副其实地担起了《上海漫画》总编的任务。用叶浅予的话来说，《上海漫画》之所以能维持三年之久，张光宇是最有力的保证。

张正宇是张光宇的三弟，张氏三兄弟都善画。老二曹涵美过继外舅曹家，故改姓曹。曹涵美以《金瓶梅》插图知名于世。正宇是光宇一手提携起来的，但性格不同，光宇善思内向，正宇善说外向。正宇任副经理兼营业部主任，主管财务广告。据叶氏回忆，张正宇精明能干，社会活动能力强，善于交际应酬，在娱乐场中人称“小无锡”。他里里外外一把手，为画刊拉到了不少广告合同，增添了经济实力。

叶浅予在编辑部里年龄最小，20 岁刚出头，孤身一人没有家庭负担，因此，不少编务杂事(校对、跑印厂等)大多落在他身上，他毫无怨言，干得十分卖力。《上海漫画》的漫画稿，放在四版、五版上，这两版的漫画稿由叶浅予编排，稿源基本上由张氏兄弟、黄文农、鲁少飞和他自己提供。每到发稿日，黄文农、鲁少飞就到编辑部交稿，同时在一起共进工作午餐，聊聊天，谈谈下期选题，叶浅予的《王先生》每期必上，其中许多笑料也是在工作午餐中聊出来的。而每期的封面漫画则由以上五人和特约作者轮流坐庄，每人一期。八仙过海，各显神通，画出了不同的风格。

叶浅予(左)与张正宇(右)因漫画结识而成好友

1939 年初,中国漫画家协会香港分会在香港举办“抗战漫画展”。
(左起:叶浅予、斯诺、艾泼斯坦、金仲华、张光宇、丁聪、陈宪锜)

《上海漫画》彩绘装饰性强,再加上带有上海市民的生活情趣,所以很吸引读者的注意。就封面画而论,五人中张光宇堪称第一,装饰性绘画确是张光宇的强项,早在 20 年代后期已见端倪。

张光宇的漫画风格形成于 20 年代后期,成熟于 30 年代中期,也就是与叶浅予、张正宇一起编创同仁刊物《上海漫画》,与鲁少飞一起主编《时代漫画》这段时期。这段时期,他逐渐形成了鲜明的个人风格,也开创了我国漫画的装饰画派。他把装饰画风融进了讽刺漫画,表面上看来有点格格不入,水火难容,但是在他的笔下,经过夸张了的漫画造型,严格服从于装饰性的规律,两者达到了和谐的统一,有的论者认为:“在我国不论是当时还是后来,装饰规律与漫画夸张手法结合得最成功的,首推张光宇。”他的这种画风影响了胡考、张仃、廖冰兄等一代优秀漫画家。张仃 30 年代在《时代漫画》发表作品,方笔简形,立即受到张光宇的赏识,引为简笔造型的同道。他哪里知道张仃的简笔造型也是受了他的影响。据叶浅予回忆录记载:“我向光宇透露,张仃的造型用笔受过《民间情歌》的影响,两个姓张的走的是一条路。后来,张仃总结光宇的艺术,提出方、圆两个字,直线成方、曲线成圆。方圆是以线造型的极限,而光宇的造型,方到不能再方,圆到不能再圆,也就是说简到不能再简,练到不能再练。张仃对光宇的艺术,佩服到几乎双膝跪下,猛叩响头的地步。”《民间情歌》出版于 1935 年,可以说是张光宇的简笔造型艺术的代表作,它虽说不能称为漫画,但由于在《时代漫画》上连载一年之久,所以影响很大。

叶浅予认为："（张光宇）的《民间情歌》，不仅显示了他对中国民间版画所下的工夫，而且在造型方面透露了德国画家的严谨精神，和墨西哥画家柯佛罗皮斯的夸张手段。方是方，圆是圆，达到造型视觉既简练又饱满的超完整性。这种超完整性，也就和中国民间版画有异曲同工之妙。"

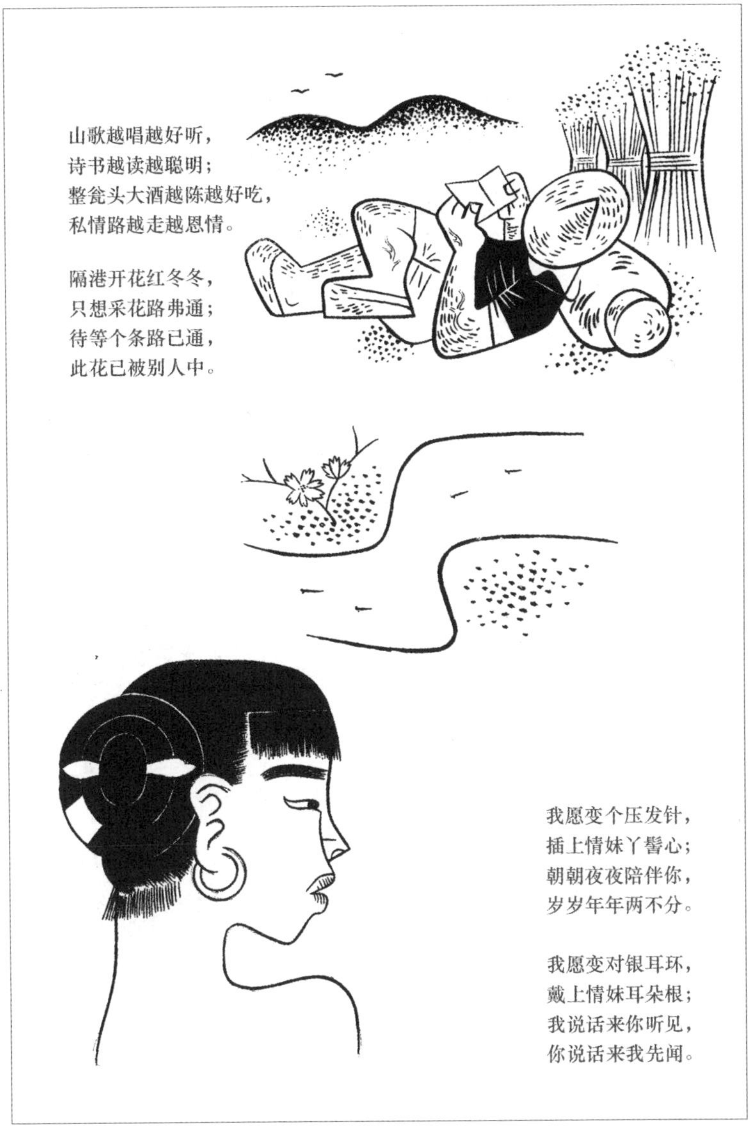

民间情歌

30年代，西风东渐，西方各种现代派绘画大量涌进中国，作为十里洋场的沿海口岸上海，更是首当其冲。较之中国画和版画画种来说，漫画吸收西方绘画各流派的表现方法显得更自由、简捷，因此也赶在前头。历数30年代成名的漫画家，几乎都学有所本，丰子恺学竹久梦二，蔡若虹、陆志庠学乔治·格罗斯，华君武学萨巴乔，张谔学叶菲莫夫，特伟学大伟·罗，等等。而张光宇则是20年代从德国画家钢笔画的写实手法学起，又逐渐减笔简笔，与柯佛罗皮斯一遇而合，又将之消化到中国民族传统和民间艺术中，融会贯通，不露痕迹，较之同时代的其他漫画家来说，他的胃“消化功能”显得更强一些。

张光宇的装饰漫画，没有固定程式，不是一成不变，而是丰富多彩、变化多端，有京剧脸谱式的《登台人物》——蒋介石、吴稚晖、汪精卫、于右任等，也有几何造型的漫画肖像林森、陈友仁、孙科；有黑白木刻似的讽刺汪精卫的《政圣图》，讽刺蒋介石的《山居图》，也有民间神像、纸、马、年画色彩的《新春夜之梦》和《开源节流图》。这些漫画作品，或色彩浓艳，适度夸张变形，或单线白描，线条老辣幽默，在变形夸张中予反面人物狠狠一击。用他自己的话来说：“漫画艺术也不限制适度的装饰性与夸张性，只要不是削弱漫画本身的意义和它的讽刺效果。”若论装饰漫画的代表作，当推1945年张光宇创作的《西游漫记》。

登台人物　蒋介石像

登台人物　于右任像

卢沟桥事变，拉开了中国人民抗日战争序幕。集居在上海、南京两地的漫画家或奔赴武汉参加国民党政治部三厅的“漫画宣传队”，或投奔广州在广东省政府任职的黄苗子，参加广东省军训处的《国家总动员画报》的编辑工作。张光宇却仍坚守在上海，主编《抗日画报》，直到1938年“八一三”，日本攻陷上海，上海沦为孤岛之时，他才携儿带女撤离上海，逃到香港。从此，这位在外国烟草公司中任职，有固定收入，较之同时代的其他漫画家来说生活比较安定、优裕的张光宇，也被迫投入到逃难流亡者的队伍中，过起颠沛流离的生活，饱尝战争之苦。抗日战争残酷地折磨着中国人民，也极其严格地锻炼、教育了中国人民。战争能改造很多事物，也能改造人。八年抗战中，张光宇在流亡中仍积极投身抗日救亡，同时也亲眼看到了流离失所的难民，看到了不战而走的国民党军官，看到了大发国难财的官僚资本家和投机商人，也看到了满目疮痍、哀鸿遍野的“陪都”——重庆的浮世绘。他两进香港，又二入重庆。1944 年冬，他第二次来到重庆，叶浅予把张光宇全家接到北温泉去住，同在一起住的还有廖冰兄一家。北温泉环境幽静，张光宇得到了一个喘息的机会。住房中没有家具，他用衣箱和铺盖搭成画桌，翻阅流亡逃难中的一页一页速写，《西游漫记》也就是在这段喘息时间中创作出来的。

《西游漫记》是借鉴《西游记》而创作的一部长篇神话漫画，主要人物造型借用大家熟悉的唐僧师徒四人的京剧舞台人物造型，故事则是根据他逃难途中的见闻加以改编或新编的，借古讽今。全部的画有 60 幅，均以重彩绘制。这组漫画创作出来后，先后在重庆、成都两地展出，深受广大观众的欢迎。1979 年，《张光宇艺术展》在京展览前夕，黄苗子受老友叶浅予之嘱，在《张光宇》长文中这样评道：“战火和政治逆流，就是这样把一个从小迷恋色彩谲丽的京剧脸谱，终生献身艺术，后来从画广告和经营小企业谋生而又追求生活情趣，画过著名的《民间情歌》的画家，从一个幻想的象牙之塔中赶出来，逐渐改造成为一个为祖国为人民而拿起笔杆的民主战士。”

张光宇漫画像（丁聪画）

《西游漫记》画展的广告

新中国成立后，叶浅予向徐悲鸿引荐张光宇，聘请他为中央美术学院教授，教授设计图案系的课程。中央工艺美院成立后，他又被张仃聘为装饰系主任。除了忙于教学，为培养新一代装饰画家作出了很大的贡献外，他还为北京人民大会堂及其他国家建筑搞装饰设计，为哈尔滨市、青岛市搞城市美化设计，为舞台演出、展览会搞设计；60 年代初又为上海美术制片厂的《大闹天宫》搞造型设计；他还为邮电部设计过成套邮票图案，又不断应书报刊物邀请设计封面、插图；1959 年又主编了《装饰》杂志……一句话，张光宇为新中国的美术事业献出了全部精力和生命。

由于工作紧张，劳累过度，1956 年 4 月，他突患高血压，经过协和医院大夫的悉心救治，他又重返讲坛和画桌。1960 年 8 月，张光宇和叶浅予一起去青岛，谁料旧疾复发，从此只能长期在家休养，一直到 1965 年病逝，享年 65 岁。一代杰出的漫画家、装饰艺术家张光宇，就这样匆匆地走完了他光辉的艺术历程。

难能可贵的是，1979 年，尚未从“十年浩劫”中完全解放出来的叶浅予，首先想到的是要为这位老大哥、这位杰出的装饰艺术家和漫画家举办一次艺术展。为了办好这次画展，他鼓动黄苗子、张仃分头写文章评介和研究张光宇艺术，他自己义不容辞地写文章呼吁美术界应该发扬光大张光宇的艺术精神。他还多次苦口婆心地做张氏子女的工作，开导他们不要将其父的作品当作私产秘藏起来，而应该当作人民的财产公之于世，办展览，出画册，乃至捐赠给国家。从私人情谊来看，光宇老大哥走后，他无微不至地关怀老大嫂袁毓珍及其子女，每逢 30 年代的老漫友聚会和过春节时，他总是写信嘱咐和关照与袁毓珍家住得较近的鲁少飞夫妇，要带上“光宇大嫂”。应该说，他一刻也没有忘记把他引上漫画艺术道路的伯乐和老大哥！

叶浅予与黄文农

在中国现代美术史上，黄文农是一位被遗忘的漫画大师。1993 年出版的有颇多美术界权威人士挂名顾问的《中国美术年鉴》，“漫画家”词条中居然没有黄文农的大名。这绝不是一般的疏漏，至少说明参与“漫画家”词条的编辑对漫画史的无知，同时，也说明由于黄文农的早逝（1934 年病逝），他的大名和作品近几十年很少有人宣传、介绍。一部近百年的美术家人名词典居然没有漫画大师的名字，这真是漫画界的悲哀。

与中国画相比，中国漫画是一个小弟弟，不仅年龄小（严格说来，中国漫画作为一门画种，从 1925 年丰子恺首次使用“漫画”这一名称以来，它的定名不足百年），而且品种小（小到只占豆腐干大小的“报屁股”位置），只能观赏，没有经济价值，引不起大家的重视。黄文农过早地被人遗忘，与此不无关系。50 年代后期，黄苗子曾经在《漫画》杂志上评论过黄文农的漫画，但未引起足够的重视。而重新提起黄文农，为黄文农立传，在中国漫画史上给黄文农一席地位的是《中国漫画史话》的作者毕克官，时间是 70 年代末期。他与黄远林合著的《中国漫画史》中，曾为黄文农开辟专节，详细论述。这是黄氏在身后 50 年第一次被人从“漫画史”的角度予以充分肯定。但是真正提出黄文农是中国漫画史上的大师，而且是 20 世纪不可多得的三位大师之一的，不是别人，正是 30 年代人称漫画界“龙头”的叶浅予（见群言出版社 1992 年出版的《细叙沧桑记流年》）。

1990 年 5 月 24 日，叶浅予代表中国美协在杭州举办的华君武漫画展开幕式上致辞道，中国漫画历史上有三位大师：一十年代出了个沈伯尘，20 年代出了个黄文农，30 年代出了个华君武。叶氏认为，黄文农是 20 世纪 20 年代的漫画大师。从近百年的漫画史来看，20 年代是漫画家初步形成团体的阶段。1926 年 12 月，中国漫画史上的第一个漫画团体“漫画会”在上海成立，漫

黄文农漫画像 （叶浅予画）

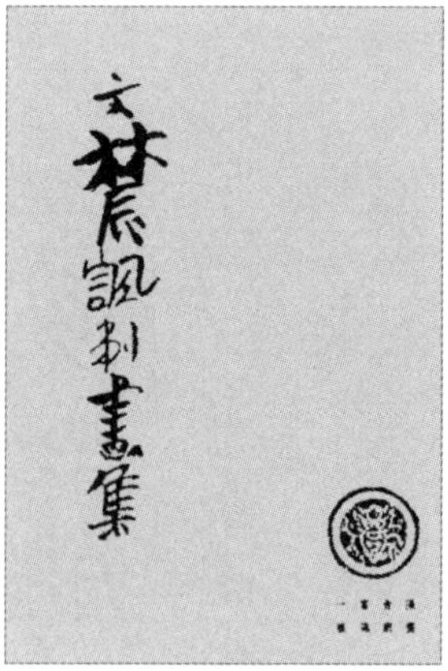

《文农讽刺画集》封面

画会成员有 11 人(关于 11 人的名单有不同说法)。据 2000 年初故去的季小波生前回忆 11 人是:张光宇、张正宇、丁悚、黄文农、王敦庆、鲁少飞、叶浅予、季小波、张眉荪、王益三(一说胡旭光)、蔡输丹。蔡输丹、王益三不会画漫画,张眉荪是水彩画家,亦不擅长漫画。蔡、王、张三位仅参加过一两次就不来了,实际上只有 8 位。又据季小波更正,漫画会成立的地点是张正宇家,而不是丁悚家。从漫画会的成员名单中可以看出,其中大多数是中国现代漫画界的中坚和明星,在这些明星中,叶氏认为最大最亮当推黄文农。

黄文农也是二三十年代漫画圈子里叶浅予最敬重的漫画家之一。据叶浅予回忆:“我之知道漫画界有黄文农,早在 20 年代读《东方》杂志时期。1925 年在三友实业社时,我便注意到这位大师的每一幅画,除了《晶报》,还有《三日画报》。直到和张光宇、张正宇兄弟认识以后,我才有机会面见黄文农。”从时间上推断,叶浅予结识张光宇、正宇兄弟是 1926 年他在中原书局画插图的时期,那么他面见黄文农很可能也在这一年。这一年叶浅予 19 岁,正是青春年少、在艺术和人生的十字路口徘徊的时刻。又据叶氏回忆:“我见到他时,他已是望平街一带报刊中心的活跃人物,隔三天要到《晶报》编辑部坐班,趴在写字台上完成下一期《晶报》所需的两幅政治讽刺画。自从和我认识之后,他常常约我到《晶报》看他作画,每次至多花一小时就把任务完成了,思路之敏,用笔之快,使我惊讶。”如果说张光宇在《三日画报》上首次发表叶浅予的漫画处女作《两毛钱饱眼福》,并约他到画报社见面,是老一辈漫画家提携后一辈的开端的话,那么黄文农约他到《晶报》看自己画漫画,则是言传手教、手把手地教他如何作漫画——叶浅予从少年时代看黄文农在《东方》杂志上发表的每幅漫画，到看黄文农为《晶报》创作一幅幅漫画，可以说黄文农是叶浅予的漫画启蒙老师和示范老师。也许在叶氏心目中黄文农的年龄比他大不了几岁，两人又常在一起玩，所以在行文中称他为十分敬重的朋友。

黄文农究竟生于何年

黄文农生于何年，说法不一，这是一个很奇怪的现象。四川美术出版社 1990 年出版的《黄文农漫画选》中有作者小传，小传中这样记载："黄文农，江苏松江人。生于 1893 年（一说 1890 年）。死于 1934 年。"这本《漫画选》是黄苗子 1986 年编的，不知为什么出版时未署编者之名，所幸书中保留了署名黄苗子的一篇《编后记》，在《编后记》中可以看出，苗子是持 1893 年说的。那么叶浅予又是持何年说的呢？叶氏在回忆录中写道："黄文农的一生是默默奉献的一生，从他 20 岁算起，到他死的那年才 31 岁，在艺术上贡献不过 11 年。"黄文农死于 1934 年，叶氏回忆录中有记载。按照黄文农活了 31 岁来推算，那么黄文农的生年是 1903 年，在黄文农"小传"生年两说之外，叶浅予的推断又增加了一说。那么黄文农究竟生于何年？我打电话向《中国漫画史》的著者毕克官请教，毕克官在《漫画史》中黄文农生年是打了"？"的，经我追问，他重新翻阅了原始资料告诉我说："此事 80 年代初期他曾向季小波问过，季小波又找王敦庆一起推算过，黄文农属牛，与季小波同岁，1901 年出生。"毕克官认为，王敦庆比季小波大 4 岁，又与黄文农关系密切，为《文农讽刺漫画》初版（1927 年版）写过序，以生肖来推断黄文农的年龄，当然不会错。更何况季小波与黄文农也是朋友，一起参加过北伐军淞沪警察厅政治部艺术宣传股的工作，在生肖年龄上当知根知底。两位与黄文农年龄相仿的老友一起认真推断黄文农的生年，可以相信。如果王、季两位的"黄文农生于 1901 年"的说法可以成立，那么 2001 年正是黄文农百年诞辰之年。

漫画大师的标准

叶浅予与黄文农交往比较密切的一段时间是1927年。这一年,他先是被黄文农拉进了北伐军淞沪警察厅政治部艺术宣传股当少尉股员(黄文农是中尉股长),不久又被黄文农拉到了海军政治部,跳槽升官,黄文农升上尉宣传科长,叶浅予升中尉科员。叶、黄在北伐军主要画宣传画,从事反帝、反封建、反军阀的宣传,两人相处达半年多。关于这段生活,叶浅予在回忆录中的《成了海军中尉》一章中有较详尽的记述,不赘。本文主要写的是他与黄文农在漫画创作方面的交往。

叶浅予说,中国20世纪有三位漫画大师,又说黄文农是20年代的漫画大师。笔者曾问过叶老夫子,判定漫画大师的标准是什么?他说有三条标准:一是作品数量多,影响大;二是作品质量高;三是持之以恒,坚持漫画创作。

若以这三条标准来衡量黄文农,可说是完全符合标准。先看作品数量,黄文农是一个多产作家,叶氏说黄文农每隔三天要到《晶报》编辑部去坐班,为下一期画两幅时事漫画。为查阅黄文农的早期作品,我曾到上海报刊图书馆查阅过《晶报》,发现他自1924年起就已在《晶报》发表作品,确如叶老夫子所说的,每期都有黄文农的漫画,找到了三四百幅,尚未查到他在《东方》杂志上的作品。《上海漫画》、《时代漫画》创刊后,他又是骨干作者,几乎每期都有他的作品,统计下来也有几百幅,尚不包括他在其他报刊上的作品,可以说他是20年代漫画作品发表最多、影响最大的漫画家。

黄文农漫画特色

黄文农的漫画题材以时事讽刺为主(1929年后也画过一些上海小市民的生活漫画),他画时事讽刺画取材于报刊上发表的国际国内时事新闻。黄文农说他"每天阅报至少两小时",他认为"这种兴趣,从事绘讽刺画而获得,也是绘讽刺画者平时的修养"。为什么这样说呢?他认为:"讽刺画家须自比为审判官,譬如有某种事情发生,应把某事件的正反两面审查清楚,然后再着笔,假使未将事情弄清楚,胡乱绘一张就失却讽刺画家的尊严。"叶浅予说黄文农在《晶报》编辑部花一个小时画两幅时事讽刺画,思路之敏,用笔之快,令人惊讶。究其原因,就在于他每天花两小时的读报功夫上,他读报不光是读,而且还对国内外发生的时政大事之来龙去脉、对一件事情的正反面审查清楚，了然于心，只有这样才能下笔神速。他的时事讽刺画不仅画得快，而且抓得准、挖得深，画得又俏皮、巧妙，所以有看头，有嚼头，思想性与艺术性高度统一，真是时事讽刺画中的上乘之作。

黄文农的漫画创作，大致可以1927年北伐革命为分界线，分为两个时期。1927年初，北伐军胜利抵达上海，他欣喜若狂地与所有爱国知识分子一起，投身于国民革命阵营中，并写信动员叶浅予一起参加。在帝国主义军舰云集上海黄浦滩头之际，他第一个用极大的字写出“打倒帝国主义”的巨幅标语，并画了大量讽刺新旧军阀和帝国主义丑态的漫画。也可以说1927年以前，他的漫画的主要讽刺对象就是新旧封建军阀和瓜分中国的老牌帝国主义。封建军阀头目如北洋军阀的执政段祺瑞、北洋系官僚王正廷、北洋傀儡许世英，又如奉系军阀大帅张作霖、直系军阀大帅吴佩孚以及自称“五省联帅”的孙传芳，他们之间的尔虞我诈、钩心斗角、面和心不和、当面握手背后放枪，无不淋漓尽致、形神毕肖地再现在黄文农的漫画中。

“四一二”政变后，北伐的胜利果实被蒋介石篡夺，黄文农的政治理想破灭，思想上陷入了空虚和苦闷，一度沉溺于新婚小家庭的甜蜜生活中。《上海漫画》先后刊出郎静山摄的他和倪英明婚前和婚礼上的合影。在这段时间里，他一改时事漫画的辛辣、尖刻的风格，而以轻松幽默略带油滑的笔调，勾勒出上海小市民的众生相。还应叶浅予之约，在他试办的石印小画报《上海漫画》上发表了长篇连环漫画《上海人》，同时，画了不少十里洋场中、上层资产者和知识分子在灯红酒绿中轻歌曼舞、醉生梦死的生活。这段创作，可以说是黄文农创作生涯中的低潮，作品都收入了他的《初一之画》中。幸喜这段时间不长，只有两年左右。诚如他在自序中所言：“今拙画虽告出版，而我底未来之生活，似沧海一粟未了。声明一句，鄙人自讥坐井观天，故不敢争功论赏。”

30年代以后，蒋介石集党政军大权于一身的独裁者嘴脸暴露以后，黄文农又在鲁少飞主编的《时代画报》上一而再、再而三地用辛辣的画笔刻画了蒋氏独裁者的嘴脸。如蒋介石身穿大黑披风，手握大拳，威风凛凛地站着，题为《当了军事委员会主席的蒋介石》——“大权在握”，实行独裁；又如他身穿黑披风站在三个大拳头（象征三民主义）支撑起来的一把军刀上，揭示了蒋介石是靠高唱孙中山的三民主义和他创办的黄埔军校起家的；再如蒋介石身穿戎

装骑在马上，马桀骜难驯，奋起双蹄，差一点把他颠下来，他依然手放投标（投标问路，试探民意）；一幅题为《蒋介石说：民意难测》的漫画，把蒋家王朝如履薄冰、摇摇欲坠暴露得淋漓尽致；还有一幅《“不许闹”——蒋介石压制言论》，画蒋氏脱下了大礼帽，露出了秃顶，依然身穿大黑披风——披风是蒋介石的礼服，一面走，一面摇右手，同时，又用左手捂住平民老百姓的嘴，活脱脱地暴露了蒋介石压制言论自由的狰狞嘴脸。这五幅蒋氏政治漫画，一幅比一幅尖锐深刻。恰在这时，蒋介石调动了剿共大军，扑灭了在福建起义、反对蒋介石的十九路军蒋光鼐、蔡廷锴宣布成立的福建人民政府，而叶浅予却在《时代画报》上刊登了一组福建人民政府成立的照片，明眼人一看便知办刊人的政治倾向。他们的进步政治倾向，必然要遭到反动分子的干扰、破坏，果然，在《时代画报》所属的时代公司门市部的玻璃橱窗上贴了一封警告信，说画报“有红色嫌疑，当心被砸”，署名是“上海反共别动队”。后经叶浅予打通关节，向国民党上海市党部声明：“这批照片是一个读者投的稿，编者不明真相，发错了，以后保证不再出错。”这样，“反共别动队”才不再光顾了。

黄文农漫画另一个锋芒所指的是帝国主义。实际上，“反帝”是他走上漫画创作之日起贯穿始终的创作主题。诚如他在《文农讽刺漫画·自序》中所说：“打倒帝国主义是全世界被压迫民族的觉悟呼声，讽刺画家应该认清这个大题目，而努力地做去。”所不同的是，他在20年代反帝的主要对象是老牌帝国主义——英国，因为英国是鸦片战争之后，第一个签订不平等条约来瓜分侵略中国的，直到20年代英帝国主义在上海的势力依然最大。“五卅惨案”首先开枪屠杀者，也是英国巡捕。黄文农漫画创作中的反英题材，曾获得过英国幽默大师萧伯纳的称颂。据季小波回忆，1933年2月，萧伯纳访华，在上海汇山码头登岸，巧遇黄文农和季小波。当时去码头迎接萧伯纳的有邵洵美等人，邵洵美是东道主，经他介绍，萧伯纳结识了黄文农。后来萧伯纳看了黄文农的时事讽刺漫画作品，在香港答记者问中，特别提到了黄文农敢于与“英帝”碰一碰的爱国主义精神。

30年代，黄文农的反帝对象，由老牌“英帝”转向新牌“日帝”。对于日本帝国主义高唱的“黄种联盟”、“中日亲善”的迷魂汤论调，黄文农始终保持着高度的警惕，完全不信任他们的那一套假冒伪善的把戏。1932年上海“一·二八”抗战爆发以后，黄文农在《时代画报》上画了多幅漫画揭露日本侵略军，揭露日本首相对出兵满洲的诡辩，还画了一只穿着木屐的缩头乌龟——田中义一在反对党的刺刀下狼狈逃窜，以此来讽刺日本首相田中义一遭到反对党的打击。

黄文农的漫画风格十分鲜明，他善于捕捉各种不同人物形象的特征（包括国内外政治人物形象），造型准确，夸张变形，形神兼备。线条流畅、灵活，构图奇特，往往出奇制胜，富有装饰情调。他还擅长旧瓶装新酒，借用传统艺术形象（采用换头存身术）来比喻新事物、新问题、新花样。他的作品思想锐利、深刻，一幅漫画就像一把锋利的解剖刀，游刃有余地剖析着当时的政治和社会事件，手脚麻利，分毫不差。以下几幅黄文农的作品可显示其风格。

关外王的气概

正阳门前的张大帅

——他时常预备铺盖行李进京

抓壮丁

——三缄其口还是免不了“兵疫”

现在比从前更“聪明”

——国民党的新闻检查政策

黄文农之死

黄文农死于1934年6月21日，享年33岁。关于他的死，叶浅予在回忆录中写道："大概在1934年那年，听说文农病了，腹部长了个疮，有次到时代图书公司来，支着手杖，面容消瘦，交来一份《文农讽刺画集》原稿，一份《初一之画》原稿，这两份画稿先后由'时代'和上海杂志公司出版……几个月之后，文农的弟弟艺农来向我们报丧，说他哥哥腹病恶化，已告别人世。"

表面上看来，黄文农是病死的，实际上知情的亲友都清楚，他是死于婚变。婚变主要是由家庭清贫引起的。黄文农出身于基督教家庭，其父是教堂的小职员，家境贫寒。他小学毕业就当上了印刷厂的学徒，自学漫画，后以卖稿为生。他与倪英明结婚于1928年11月，关于这次婚礼，据他的好友鲁少飞告知，办得很热闹，是在国际饭店开的酒席。黄文农好面子，特地租了一辆小轿车带着新嫁娘，沿着国际饭店对门的跑马厅（即今天的人民广场）转了一圈，以示婚事隆重。郎静山为他们拍了婚礼照片。据说，倪英明是黄文农从南京带回来的，新婚燕尔，两口子在一起过了一段甜蜜的生活。

不知为什么黄文农对自己的婚姻总是有某种不祥的预感，结婚前（他与倪英明在南京热恋期间），他先后在《上海漫画》上发表了两幅生活漫画。一幅画的是一只猫头鹰蹲在一棵树上，虎视眈眈地睁着两只大眼睛，瞪着一对穿着睡衣在月光下仓皇出逃的情侣，似乎在追问："谁允许你们逃走的？"另一幅画题目是《到坟墓去》，画的是一对穿着婚纱礼服的新婚夫妇，手挽手地向坟墓走去。这两幅漫画，也许与黄文农的婚恋经历和婚恋观不无关系，数年后不幸而言中。

黄文农结婚不久，就生了一个孩子，孩子因病夭折。叶浅予说是"孩子夭折，夫妻反目，倪氏出走"。另据鲁少飞说，是倪氏受不了黄文农的清贫生活，有第三者插足，造成倪氏出走婚变，黄文农郁郁而病，贫病交加，不治而亡。1934年鲁少飞在他主编的《时代漫画》上发表过黄文农生前绝笔漫画《决斗》，似可看作婚变的一个佐证。

黄文农身后的丧事办得较隆重，追悼会由漫画界的朋友举办操持，但丧葬费用却是时代出版公司总经理邵洵美拿的。据季小波回忆："文农的丧葬费大部分是王永禄经手的，从万国殡仪馆包厅、遗体化装、新西服（装裹）到购置墓地、刻墓碑都是洵美包下来的，原因是萧伯纳在香港答记者问提到了这

位敢于和英帝碰一碰的爱国画家黄文农。如果没有这段故事，我看邵洵美也不会如此慷慨的。”（引自季小波致鲁少飞信札）

长期以来，老一代漫画家圈对邵洵美颇具偏见，认为他继承了盛宣怀的祖业而花天酒地，是个纨绔子弟。季小波却不以为然，写了篇《邵洵美不是纨绔子弟》，为他鸣不平。文中介绍了邵洵美生性豪侠，急人所急，乐施好善的诸多事迹，还介绍他为了建立一个理想中的文化出版事业而耗费了巨额资产。我在这里所以要引述季小波致鲁少飞的这封信，一来是更正“漫画史”上有黄文农“死后还是朋友张光宇、叶浅予等人资助办了丧事”的误传；二来揭出黄文农经邵洵美引荐，得以结识萧伯纳，并得到萧伯纳赏识赞扬的佳话——英国幽默大师与中国漫画大师之间鲜为人知的漫坛佳话。

私奔之夜（黄文农作）

叶浅予与鲁少飞

1991年4月，上海《新民晚报》夜光杯副刊，环绕30年代《六艺》杂志上一幅旧作《文坛茶话图》的作者是否是鲁少飞，引起了一场争论，争论的双方，一个是老美术编辑徐淦，一个是老作家施蛰存。按理说，这原是件易断之案，只要把刊登这幅作品的《六艺》杂志找出来就行了，可是争论者遍寻《六艺》无觅处，而一时又到哪里去寻找半个多世纪前的这本刊物呢？

刊物找不到，争论依旧进行。徐淦的后台是当事人鲁少飞，鲁少飞已年逾九旬，但记忆还清楚，他对徐淦说："线条像我，但我自己一点也记不起来了。你想30年代的鲁少飞会画这样一幅以小孟尝邵洵美为主角的画吗？那时候我没有做过邵家的食客，也没有能力把上海文坛的左呀、右呀、中呀分别表现得那么清楚。不是我画的，是谁画的，你替我琢磨琢磨。"徐淦琢磨了半天，从张氏三兄弟一直琢磨到汪子美，依然没有琢磨出是谁画的——只能引用鲁少飞的疑问来排除鲁少飞作画的可能性。显然，这样的争辩是没有说服力的。

施蛰存是《文坛茶话图》中当时还健在的三个人中的一个（另两位是冰心和巴金，其余图中人均已作古），他抓住了徐淦文中的"漏洞"，言之凿凿地说："这幅《文坛茶话图》最初发表在1936年的《六艺》上。这个刊物是叶灵凤和穆时英编的。非但画是鲁少飞的手笔，连那一段说明也是鲁少飞写的。"接着，施蛰存又进一步剖析了鲁少飞为什么要否定自己作画的心态："鲁少飞不得不承认这幅画的'线条像我'，却又推说'记不起来了'。好像今天的鲁少飞，还怕沾染邵洵美这个'纨绔子弟'的病毒细菌"。（见1991年4月30日《新民晚报》，《鲁少飞的心态》）

事后，年已九旬的鲁少飞将这两篇文章以及《文坛茶话图》（并说明）一并交给我，叹了一口气道："这桩公案我是讲勿清爽了。叶浅予当年不知道在不在上海，他记忆力好，你代我去问问他，听他怎么说。"带着鲁翁交办的任务，我来到叶浅予下榻的中国画研究院，把《文坛茶话图》交由叶老过目，他认真看了图文，对我说道："当时我在南京，所以关于这幅画的事情一点也不知道。不过从画风上看，像是鲁少飞画的，画得很写实；但在我的印象中，鲁少飞似乎没有画过这么复杂的人物构图。说是张氏三兄弟画的，也不像。老大张光宇画风不像，老二曹涵美没有这种写实功夫，老三张正宇也没有画过这种大场面的东西。因此也有可能是汪子美画的，他擅长画人物肖像，又曾画过大场面的人物群像，如《漫画界重阳登高图》，他又是《论语》杂志中的人，与邵洵美的关系极熟。"叶浅予的这段话，仍是分析推测之辞，《文坛茶话图》的作者究竟是谁，依然是一桩疑案。我跑了北京几家图书馆，寻找 30 年代的《六艺》杂志，犹如大海捞针，《六艺》又不是影响很大的刊物，怎么也找不到，真是不易，大不易。

从这段疑案开始，我与鲁翁的往返更为频繁，请他白首话当年，回忆漫坛生涯，回忆与叶浅予的长达六十多年的交往。同时又得悉知名出版家范用手头珍藏了 30 年代的多种漫画杂志（包括较齐的一整套鲁少飞当年主编的《时代漫画》），一边翻阅，一边采访，由此对鲁翁其人其艺以及鲁、叶交往有了较真切的了解。

1903 年，鲁少飞出生在江苏省上海县，是正宗的上海人。他家住南市豫园城隍庙，其父是一个民间艺人，以画肖像（传神画）为生。鲁少飞自幼耳濡目染，也喜欢画画，中学毕业后，曾进上海美术专科学校学习，因交不起学费而辍学，后加入上海晨光美术会进修。1920 年，他 17 岁时就开始向《申报》投稿，发表了《战神崇拜狂》、《弄玄作假的艺术家》等讽刺画，从此以后，开始了他的漫画投稿生涯。

鲁少飞与叶浅予相识于 1927 年秋天，据鲁翁回忆，他俩相识之时，也正是"漫画会"成立之日。这一天，他刚从外地回到上海，未回家就直奔老友张光宇家中。光宇家住贝勒路恒庆里，谁知扑了一个空，光宇夫人告诉他说，光宇、正宇都在天祥里 9 号老丁家里。他知道老丁就是老前辈丁悚，也知道天祥里与恒庆里只有数步之隔，于是拐到天祥里丁家。一进石库门，只见一伙人正排排坐似的坐成一排，在天井里照相，张光宇见门口走进鲁少飞，便笑着站起来说道："来得早不如来得巧，少飞快坐下来拍照，拍好照再讲。"这张照片就是上海漫画会成立的唯一合影。原来这一天，10 个爱好漫画的朋友聚在老前辈丁悚家里商议成立漫画会，鲁少飞

在外地无法通知到，想不到他不请自到，成了上海漫画会成立时最后一名（11名）报到的会员。鲁少飞参加漫画会之日，与叶浅予相识了，他听说叶浅予也住在桓庆里，与张光宇同租一幢楼（叶住后楼），于是也搬到叶浅予那里。鲁少飞记得很清楚，当时他们都失业在家，一起作画自娱遣日，他为叶浅予画过一幅漫画像（后来发表在《上海漫画》上），叶浅予也为鲁少飞画过漫画像，这幅漫画像后来用作鲁少飞的处女集《北游漫画》的封面。这两幅漫画肖像也可看作他俩定交的纪念物。

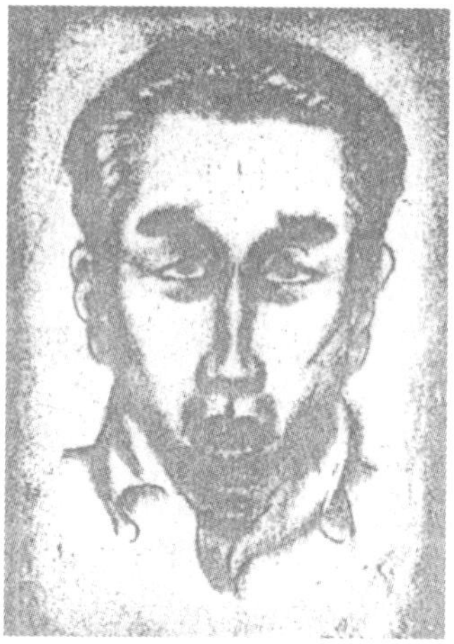

北游漫画作者像（叶浅予作）

上海漫画会是十余位漫友自发成立的纯民间社团，既无财团企业家作后台老板，也无官饷可领。会员中除了丁悚、张光宇、王敦庆等少数人有固定职业、可以养家糊口外，多数都处于失业状态，靠投稿为生，漫画会没有阵地，要发表作品也很困难，因此彼此都尝到“在饥饿线上挣扎”的滋味，好在朋友多，可以打游击、打牙祭。不过，在这段患难之交的日子里，叶浅予与鲁少飞也有过小小的误会。

叶、鲁误会的缘由是这样的，漫画会中的季小波在上海滩与各界关系较多，比较吃得开。《漫画会丛书第一种》就是通过他与光华书局经理的关系而得以出版发行的。为了渡过失业带来的难关，季小波又与申报广告公司的朱应鹏商定，在申报上推出长篇滑稽连环画《改造博士》，每天一组，每组四幅。朱应鹏为了保住制作滑稽连环画的专利权，决定成立一套连环画的班子，由上海赫赫有名的滑稽小说大王徐卓呆编写脚本，季小波、张眉荪、秦立凡分别担任背景、道具和书写“口吐真言”的文字，鲁少飞负责绘画。

这套连环画班子，连季小波在内一共有三个漫画会成员参加，尽管收入甚微，但是瞒着另一个也失业的小兄弟叶浅予干的，更何况鲁少飞还经常借宿在叶浅予租的房间里。《改造博士》在申报上刊出后，叶浅予看到季小波、张眉荪、鲁少飞三位署名后，心中大为生气，心想你鲁少飞住在我这里，天天见面，却要背着我干事，太不够朋友。当年的叶浅予二十出头，血气方刚，一气之下写了一封长信，指责鲁少飞一伙不够义气，然后将信塞到了鲁少飞的枕头底下。

鲁少飞看了叶浅予的长信，心里既惭愧，又有苦难言。惭愧的是朋友之间应该有难同当、有活共干，瞒着小兄弟干活，是有点不仗义；难言的是他也是“拉郎配”，是朱应鹏的“拉郎配”，作不了主，说不上话。惭愧之余，他给叶浅予留了一封致歉告别信，卷起铺盖卷，回到了自己家里。事隔六七十年，鲁少飞对叶浅予当年塞在他枕头底下的这封长信的细节仍然记忆犹新，可是叶浅予却早已将此事忘了。

《改造博士》在申报上连载了三个月，一来这组漫画只是描写了一些小市民的滑稽行为，引人逗笑，缺乏积极的社会意义，因此读者反响不大；二来在创作上鲁少飞与编者朱应鹏意见不合，越闹越僵，最后只得搁笔停刊。后经季小波从中说项，又继续合作绘制了《陶哥儿》、《毛郎艳史》两部连环画。鲁少飞参与绘制的这三部连环画，无论从艺术质量上，还是社会影响上，都远远比不上稍后叶浅予创作的《王先生》和《小陈留京外史》。但也要看到，《改造博士》等三部滑稽连环画，早于《王先生》半年之久，在中国报刊史上还是开了风气之先的。

话分两头，正当鲁少飞与季小波、张眉荪等人合作《陶哥儿》、《毛郎艳史》连环画之时，叶浅予也与王敦庆、黄文农一起试办《上海漫画》。岂料《上海漫画》试刊以被拉到废品收购站当废纸卖掉而告失败，初出茅庐的叶浅予是在失败中长经验，后来又是在办画报老手张光宇的参与指导下才走上正轨，创出了《上海漫画》这本新刊物的。

1928 年 3 月 22 日，《上海漫画》（周刊）正式创刊，张光宇任主编，张正宇管发行，叶浅予管编务，两个助编宣文杰和黄士英，还聘请了两位特约作者黄文农、鲁少飞。误会归误会，朋友还是朋友。叶浅予捐弃前嫌，与鲁少飞言归于好，编著合作，配合得十分默契。据叶浅予回忆，鲁少飞和黄文农是《上海漫画》编辑部的常客，每周必到一次，来取四、五版供稿的版样，他俩按版面规定的尺寸、位置及交稿时间交画，如轮到画封面，任务还要加重，中午就留在编辑部与编辑一起吃包饭，临时加几个菜，算是犒劳。《上海漫画》从创刊到停刊共出版一百多期，为期三年左右，鲁少飞、黄文农从未缺过稿、脱过期，而当时给他们的稿酬每月为 20 元，鲁少飞和黄文农从不计较，亦无怨言，默默地为《上海漫画》作出了应有的贡献。

纵观鲁少飞的漫画生涯，始于 20 年代、盛于 30 年代，他的黄金时代，应该说是他担任《时代漫画》主编的三年半时间（1934 年 1 月—1937 年 6 月）。

《时代漫画》在中国漫画史上最重要的贡献是团结和培养了一大批漫画人才，而这个贡献主要应当归功于刊物的主编鲁少飞。诚如黄蒙田在《鲁少飞和〈时代漫画〉》，一文中所说："我们不能忘记鲁少飞长期在漫画园地上耕耘付出的劳动，没有他，可能有些漫画家的历史不会这样写——也就是说他们根本不会成为漫画家。"

当然，作为漫画刊物，无论从办刊方针还是从骨干力量来看，《时代漫画》毕竟是《上海漫画》的继续，也可以说，它继承并发扬了《上海漫画》的特色。所不同的是，《上海漫画》多少带有同仁刊物的性质，因此，作者队伍相对来说比较狭小，除了"漫画会"的几位基本作者外，培养的新秀不算太多。胡同光、胡考、丁聪、张乐平可以说是《上海漫画》培养出来的新秀。与《上海漫画》做法不同的是，《时代漫画》摒弃了同仁刊物的做法，采取了兼容并包的开放政策，不管作者的派别，也不管资历高低、名气大小，在版面安排上一视同仁，尤其是对初学漫画或名不见经传的作者佳作，舍得用较大的篇幅或重要版面予以刊出，从而坚定和鼓励了这些年轻作者走漫画创作的道路。廖冰兄、华君武、郑光汉、汪子美、高龙生、黄尧、陶谋基、梁白波、特伟、黄鼎、王乐天等都是从这条路走出来的。像滚雪球似的，逐渐形成了百余人的作者队伍。《时代漫画》的作者队伍遍及全国各地，著名老作家秦兆阳当年也是《时代漫画》的作者。他告诉笔者道："30 年代中期，我还是一个十七八岁的青年学生，由于喜欢画画，看到了《时代漫画》杂志。从《时代漫画》中，我增加了漫画的知识修养，也学着画漫画，试着给《时代漫画》投稿。我不认识主编鲁少飞，至今也没有见过面，可是鲁少飞不因为我是外地的一个不曾认识的青年作者而不用我的稿件。"类似秦兆阳这样的作者不胜枚举。1992 年 9 月初，人民美术出版社和中国民主促进会人美社支部为鲁少飞举办九十大寿的祝寿会，在京的第二代、第三代漫画家纷纷到会祝寿。华君武在祝寿时说道："鲁老，您是我的启蒙老师呀，是您把我引到这条路上。小时候我总看您在《申报》上画的长篇漫画《改造博士》、《陶哥儿》，都把它剪下来留着。后来我也学着画漫画，拿着自己的画稿到四马路《时代漫画》编辑部拜见您，谈了半天，您讲的理论太高深，我全听不懂，只觉得鲁少飞见了我，便是身价倍增了！"华君武的这段话，说出了在《时代漫画》园地里成长起来的第二代漫画家的心声。对于《时代漫画》的历史功绩，叶浅予在他的回忆录中也给予了充分的肯定："如此兴旺的局面，应归功于《时代漫画》的开放政策和培养新一代漫画家的积极态度。"

开辟新时代(鲁少飞作,《时代漫画》1936 年 7 月封面)

不是玩儿(鲁少飞作,《时代漫画》1936 年 9 月封面)

毋庸讳言,在办刊方针上,《时代漫画》与《上海漫画》有一脉相承之处。所谓一脉相承,这就是他们的读者对象是以上海市民阶层为主,因此,漫画的取材多以小市民的生活为描写对象,其中不免夹杂庸俗、低级趣味的所谓“色情文化”、“色情漫画”。诚如黄茅(蒙田)在《漫画艺术讲话》一文中所批评的:“描写男女两性生活的漫画在‘时漫’上占了不少的数目,这种情形是当时社会的一种病态,也看到当时青年作者没有确定的人生观,在徘徊与矛盾之间找不着一个正确的方向。”汪子美在《中国漫画之演进及展望》一文中也批评道:“从《时代漫画》创刊号开始的早几期,曾一度陷入色情文化的气氛中而减轻了一时读者的信念。”正因为如此,《时代漫画》一度曾受到左翼漫画家的不满和批评,但是随着日寇侵略中国的野心越来越暴露,而国民党当权人物的态度又十分暧昧,《时代画报》的政治色彩也日益鲜明,先后发表了被诬为“污蔑政府”的《活动的中国》(王敦庆作),“妨碍邦交”的《晏子乎》(鲁少飞作),“污蔑领袖”的《无冕之王塞拉西来华访友》(王敦庆作)。由于发表了以上一些漫画作品,《时代漫画》遭到了国民党当局的查禁,被迫停刊三个月,并被罚款。查禁和停刊并没有吓退鲁少飞和《时代漫画》的编者们,他们以改名称(改刊名为《漫画界》)换主编(王敦庆任主编)等换汤不换药的办法来继续发行,也正是在被迫停刊的三个月内,他们在上海成立了漫画家协会,组织了漫画家俱乐部,筹办了全国第一届漫画展。将 30 年代的漫画活动推向了高潮,而鲁少飞也成了其中的核心人物。据叶浅予回忆:“漫画界人才辈出,地盘扩大,有人登高一呼:‘我们要发展,我们要斗争,让我们组织起来吧!’《时代漫画》的主编鲁少飞便成为波涛的核心。在一次盛大的聚餐会上,他被推拥为组织漫画协会的主心骨。会上还有人提议,不但要有组织,还要有俱乐部,作为协会的活动中心……记得那年,我已在南京定居,特地到上海参加‘漫协’的成立大会,被打进这个喧闹不堪的俱乐部。用现代政治术语来说,一言以蔽之,即所谓小资产阶级无政府主义的狂热的表现。”(见《细叙沧桑记流年》)有趣的是,在毕克官和黄远林主编的《中国漫画史》上还收入了一幅“漫协”俱乐部活动的照片,从这幅照片中,读者可以感受到一点会议的狂热气氛。

1937 年“八一三事变”,上海爆发淞沪战争,中日战争在上海全面展开。为了宣传抗日,鲁少飞又主编了《救亡漫画》五日刊。《救亡漫画》在上海虽然只出了10期，但影响很大。第7期后，南京、汉口、香港都同时发行，共销两万多份，对全民抗日起到了有力的宣传作用。上海沦陷为孤岛后，《救亡漫画》由叶浅予在武汉续办，改名为《抗战漫画》。在《抗战漫画》的创刊号上，叶浅予发表署名文章《救亡漫画的第二生命》，公开宣称《抗战漫画》是《救亡漫画》的第二次生命，并且要继承《救亡漫画》的办刊精神。从《上海漫画》到《时代漫画》，又从《救亡漫画》到《抗战漫画》，鲁少飞与叶浅予互为主编，当传递员，联手合作，发扬光大，堪为30年代漫画编辑史上的一段佳话。

八年抗战，鲁少飞与叶浅予各分东西，叶浅予活动的地区基本上是国统区的政治文化中心地带，由南京到武汉到香港到桂林到重庆……而鲁少飞除了短时期应黄苗子之邀，在广州编过几期《全国总动员画报》外，基本上是在新疆、兰州的西北边远地区度过的。叶浅予当年是救亡漫画宣传队的队长，是漫画宣传队的龙头；而鲁少飞则成了单枪匹马、离群的孤雁。

据鲁少飞说，他赴新疆是由萨空了介绍，于1939年携带全家，从香港辗转至内地，经过8个月的长途跋涉，才抵达抗日大后方迪化（今称乌鲁木齐）的。先后抵达迪化的有茅盾、萨空了、赵丹等一批进步的著名文化人士，还有毛泽民、杜重远、林基路、陈潭秋等一批优秀的共产党人。正是这一批共产党人和进步人士的到来，才促进了新疆军阀盛世才的积极抗日。

鲁少飞当时在一所新疆女子中学任教导主任，讲授语文、文学概论和图画课。说是一所女子中学，实际上是将一批烈属遗孀集中起来临时办成的一所学校，一方面组织她们学习文化，另一方面为她们物色对象、重建家庭。从这个角度来看，名为女中，实为婚姻介绍所。女中的校长是盛世才的老婆邱月芳。当时鲁少飞的主要精力是放在《新疆日报》的美术编辑工作上，每天为《新疆日报》作报头宣传漫画一幅，三年总共画宣传漫画千余幅。这是一个让人要吃一惊的数字。漫画的内容主要围绕当时国内外发生的重大新闻事件（尤其是抗日、反法西斯事件）而创作。在《新疆日报》上，他还编辑发行过几期漫画专刊，主题十分鲜明，就是谴责法西斯暴行，宣传抗日救国。

早在1937年11月10日，鲁少飞撤离孤岛前夕，他就立下了“破釜沉舟搞抗战”的决心，在上海交通部电台作过《抗战与漫画》的广播讲演，在这篇讲演中，他慷慨激昂地呼吁：“漫画家当前最大的任务，要唤起我们有无限力量的

民众，使他们坚决地认识此番全面抗战的意义，他们才（会）对组织（抗日）发生热烈的情绪。尤其要把我国整千、整万完全目不识丁的文盲，或者那些受过教育并不高明的半文盲，利用他们对图画天然的兴趣，让他们从感化中觉醒过来。”在讲演中，他还指出：“与抗战不发生力量的图画，现在是不中用的。”

在抗日战争的特定环境下，一切文学艺术都要为抗日救亡、反法西斯的总政治任务服务，漫画也不例外，鲁少飞在新疆时期辛勤创作了千余幅漫画，正是实践了自己在上海立下的“破釜沉舟搞抗战”的誓言和在广播讲演中的主张。笔者有机会翻阅了当时他的一些作品的复印件，平心而论，如果要品评这些漫画的成败得失，我看可以用“时效性”三个字来概括。所谓“时效性”，也就是说这些作品在抗日战争的特定时期曾经起过较大的宣传鼓动作用，应予充分肯定，但由于作者无暇顾及或无法细细推敲作品艺术性，所以随着时间的流逝，这些作品也就完成了它的历史使命。可以这样说，这些漫画作品的成功之处，是在于它有较强的时效性，失败之处也在于它的时效性，正所谓成也时效，败也时效，得也时效，失也时效。

但是，新疆人民（尤其是文化工作者）并没有忘记鲁少飞，没有忘记鲁少飞在新疆从事抗日漫画创作的历史功绩。半个多世纪后，他的在黎巴嫩任外交官夫人的女儿鲁海成在异国遇到了一位新疆文化厅长，这位即将离任的文化厅长，谈起鲁少飞，谈起鲁少飞在《新疆日报》上几乎每天发表一幅刊头漫画，充满着敬仰之情。时值 1991 年国庆前夕，为了将这个好消息早日告诉远在万里之外的老父亲，她利用国庆节挥笔写了封家信，记述了这件在异国的奇遇。信中这样写道：

“……9 月 16 日至 26 日，新疆歌舞团到黎巴嫩来访问演出，团长叫任山，原是新疆文化厅厅长，现准备离休。我谈起小时候曾在新疆待过。他问我的姓，是卢？鲁？还是陆？我告诉他，我姓鲁。他就问我，你知道有个鲁少飞吗？我说，他是我父亲。他感到意外。他说，他们在整理新疆抗战时期进步作品时，发现鲁少飞在《新疆日报》上几乎每天一幅漫画，所以就到处打听你的情况，后来知道你的下落，曾和你联系过，现在准备出个专集，作品很多，从中选一些……他想不到在黎巴嫩会碰上你的女儿，我也很高兴……你为人民和国家做了好事，人民是不会忘记你的。”

鲁少飞是 1941 年底离开新疆的，离开的原因是政治风云突变，盛世才的政治立场大变，由联共变成反共。陈潭秋、毛泽民、杜重远、林基路等一批共产党人惨遭杀害，赵丹、徐韬等进步文化人被投入囹圄。幸亏萨空了在重庆事先获悉盛世才要变，给鲁少飞发了急电，嘱他携带友人、家属火速回渝，才解救了他。但是鲁少飞到了兰州，遇到了一位在兰州市府任职的朋友，将他介绍进兰州市社会服务处任处长，从此他就留在了兰州。一留就是8年。

鲁少飞告诉我说，他从新疆脱险、刚到兰州时，曾收到宣文杰发来的一份慰问电，慰问电以张光宇、叶浅予、特伟等人的名义发出，文中只有慰问，并未提及要他赴渝事项。1944年8月，鲁少飞曾在重庆中苏文化协会大厅举办过新疆画展，展品中除有抗日宣传漫画外，还有新疆风情画——《姑娘追》、《叼羊》、《洋婆子的生活》、《迎风图》等。画展期间，鲁少飞曾找过叶浅予，这时的叶浅予正在中美合作所工作，头衔是少将，拿双份少将的薪俸，应该说，在重庆的一批漫画家中，叶浅予的生活待遇是令人望尘莫及的。鲁少飞找叶浅予的目的，是想归队，归到重庆漫画圈子的大家庭中来。他还向叶浅予诉说了自1938年携家远赴新疆、兰州的离群索居之苦。叶浅予对鲁少飞的离群苦境深表同情，但是考虑到一来鲁少飞家累较重，拖儿带女一家五口人搬到重庆来重砌炉灶不容易；二来他在中美合作所获悉军情较详，预感到中日战争已近尾声，重庆也不是久居之地。基于上述两条理由，他没有请鲁少飞来渝，反而劝其不要来渝。为此鲁少飞还对叶浅予产生了一点误会，认为他一阔脸就变。

与此相关的是，新中国成立前夕，鲁少飞携儿带女自兰州回到上海，找不到工作，失业在家，靠为邵洵美等人画封面、插图为生。当时北平已经解放，他获悉叶浅予在徐悲鸿主持的北平艺专任教授，而且颇得共产党美术界领导的重视，就给叶浅予写了封求助信，表示想到北京来谋职之意。可是叶浅予非但没有表示欢迎之意，反而写了封长信，批评了他在兰州市政府服务处当官之事，批评了他在政治上投靠国民党的立场。事隔四十余年，旧事重提，叶浅予长叹一声道："这说明当时我也是很左的！"鲁少飞听了叶浅予的自我批评后，也叹道："我与叶浅予相交六十余年，多次合作共事，其中有恩也有怨，有风也有雨，而今我是一个快要见上帝的人了，我就如实地把六十年来的恩恩怨怨、风风雨雨全部告诉你，由你全权处理！"

在现代漫画史上，鲁少飞和叶浅予是20世纪90年代的两位漫坛元老。

鲁少飞漫画像(叶浅予作)

从1927年同时参加上海漫画会算起,到1995年二老离世,他俩的交谊长达68年之久,无论从生活上,还是艺术上,应该说是相知甚深的知交了。平心而论,在漫画创作的艺术成就上,叶浅予比鲁少飞要高出一头,对此鲁少飞心悦诚服地说过:“浅予的本事比我大,成就也比我高,这是客观事实。”但是论在编辑岗位上的贡献,在辛勤培育漫画人才、不拘一格广泛提携新人新作方面,叶浅予则自愧不如。两位漫坛元老,对自己的长短得失,都颇有自知之明,也从不掠人之美。1992年9月,叶浅予在中国画研究院举办“六十五周年艺术回顾展”,开幕式那天,特地派车将鲁少飞夫妇请来,在祝词中特别提到鲁少飞半个世纪以来在漫画编辑岗位上的卓越贡献,并且举杯为九十寿翁鲁少飞祝寿。全场爆发出热烈的掌声,久久不能平歇。

叶浅予与廖冰兄

谈起廖冰兄，叶浅予不无感慨地说：“冰兄是个硬碰硬的人，他的画画得辣，辣得叫人出汗。在中国漫画史上他是一个值得研究的人，可惜研究的人不多。”

1992 年深秋，我应顺德友人之邀赴岭南一游。广州是岭南的首府，而廖冰兄又久居羊城小楼，当然是必去之处。临行前，我向叶老辞行，并告诉他将去冰兄家拜访，他对我说了以上这段话，并对我说：“你先去找冰兄谈谈，回来我们再谈。”

在顺德友人毛润添的引导下，我们走进了一幢单元楼房。路上友人悄悄对我说：“冰兄的耳朵有点背，说话嗓门大一点。”走进房门，屋里悄然无声，他的女儿廖陵儿小声说道：“爸爸饭后读了一篇文章，十分激动，哇里哇啦地说了好一阵子，刚睡下。他知道你们要来，你们先坐一下。”说完，从茶几上递给我一份复印的海外文章。我一看，原来是一位著名经济学家评述三峡工程上马的文章。我知道这是一个争议性很大的大问题，可惜我对此一窍不通，没有发言权。“唉，老脾气了，好激动，好发火！”陵儿见我低头看文章，小声地对友人说道。

不一会，冰兄从卧室走了出来，我赶忙迎上前去，他拉着我的手让座。我把请他谈谈与叶浅予艺术交往的意思加大嗓门地告诉了他，他似乎发觉了什么，忙从上衣口袋里掏出了助听器，弄清了我的来意，就滔滔不绝地讲了起来。

廖冰兄与叶浅予首次见面是在 1938 年 2 月下旬。他和摄影师郑景康从广州坐火车来到武汉，正赶上武汉下大雪，他俩找到了宣文杰。在宣文杰带领下，冒着大雪来到了叶浅予的住处，叶浅予把他留了下来，他便成了救亡漫画宣传队的一员。

其实要说见面，冰兄与浅予这两位漫友的大名和作品早在鲁少飞主编的《时代漫画》上，就经常“见面”了。不过，当年的叶浅予已是以《王先生》和《小陈留京外史》而家喻户晓的漫坛名将了，而廖冰兄还只是一位以多格连环漫画来抒发他对人世的笑骂，从而博得漫坛前辈赞赏的新秀。新秀对于名将自然是充满了崇拜之心，但是他没有想到，站在他面前的这位“久经沙场”的漫坛名将——救亡漫画宣传队的“龙头”，竟是如此年轻、如此神采奕奕、如此倜傥潇洒。而名将第一眼中的新秀又是怎样一个人呢？“他夹了一卷宣传画从广州赶赴武汉，二十来岁的小伙子，一副瘦身材，一对大眼睛，说话像开机关枪，全无保留，毫不客气，在见面的几分钟里，把南方人特有的热情，全部发射出来。”（见叶浅予《冰兄其人》）事隔半个多世纪，叶浅予回顾首次见面的印象竟然如此清晰，可见印象之深了。

我问冰兄先生：“叶浅予文中所提到的你夹着一卷宣传画，是一卷什么画？”“当然是抗日宣传画啰！总题叫《抗战连环漫画》。”冰兄笑着回答。谈起这卷画的创作，他告诉我说，抗战前他曾在香港当美术编辑，有固定职业、固定收入。抗战爆发后他放弃了固定职业，回到广西宣传抗日，在失业的情况下，用类似教科书的形式创作了两百多幅连环画。1938 年年初赶到广州，适逢鲁少飞、特伟、张谔等一批漫画前辈和友人在长堤基督教青年会举办抗日漫画展览，他就租用这个临时用竹棚搭起来的展览场地举办个展，展品就是这卷宣传画。展出前，他约请广州市长吴铁城的机要秘书黄苗子前来观看，黄苗子看过很兴奋，马上给《救亡日报》的主编夏衍打了一个电话，夏衍带了郁风一同前来观展，回去后在《救亡日报》上搞了一个专版特刊。

“抗战连环漫画展”是廖冰兄漫画创作道路上的第一次展览。这次展览开得比较成功，起到了一定的宣传鼓动作用，这个漫画展在艺术上也有一定的特色，当时周钢鸣在《救亡日报》上撰写了一篇题为《大众化的画》的评论文章，文中评道：“他展出的绘画，我认为有如下的优点，第一，对于材料的运用，他用土制的粗纸、毛笔作画，使人倍感亲切。第二，他用大红大绿强烈鲜明的色彩，适应群众的欣赏习惯。第三，构图热闹，为大众所喜欢。第四，人物形象富于民众的生活气质。第五，有正确进步的世界观，给予观众的是具体的科学的知识。”（见《救亡日报》1938 年 2 月 15 日）

廖冰兄在武汉加入了救亡漫画宣传队，漫画宣传队归属于周恩来、郭沫若领导的原军委会政治部第三厅，三厅的艺术处处长是田汉，而叶浅予时任三厅美术科主任科员(军衔是少校),兼管宣传队,所以有“龙头”之称。张乐平是副队长,队员有张仃、胡考、梁白波、陆志庠、宣文杰、陶谋基,后来又增加了特伟、黄茅等人。宣传队每月的活动经费是600元大洋,叶浅予把自己的一份月薪也加进了活动经费,大家同住在武昌芸华寺一座古庙里,过着同吃同住同画画的生活。

当时政治部提出,为了保卫大武汉,三厅艺术处所属各分队要配合搞一次宣传周活动,廖冰兄向叶浅予提出将自己带来的那套宣传画参加,叶浅予看了,十分赞赏,马上向三厅艺术处处长田汉作了汇报,田汉十分高兴地批准了这个计划。“保卫大武汉宣传周”期间,叶浅予亲自到汉口国贸公司主持“廖冰兄抗战连环漫画展”开幕式。凑巧,张大千的哥哥张善孖也在国货公司举办“文天祥正气歌联合国画展”,两个画展同时在国货公司展出,一个是漫画展,一个是中国画展,从宣传号召力上来看,漫画的作用无疑要超过中国画,所以观众也多得多。廖冰兄记得很清楚,当时的张善孖见到这种情况,非但没有不高兴,而且很热情地请他吃了一顿饭。

廖冰兄在武汉的时间并不长,只有短短的两个多月。在这段日子里,他除了举办了一次大型连环画展外,还创作了《游击队使敌人疲于奔命》等多幅布画,随同漫画宣传队队员创作的布画(总共45幅),应三厅国际宣传处的需要,送到苏联展览;同时还为漫画宣传队主编的《抗战漫画》创作了不少作品。其中第8期是《全美术界动员特辑》,特辑的封面正是廖冰兄设计的。这期特辑还发表了叶浅予的文章《写在特刊前面》,向中国美术界发出了这样的呼声:“我们希望全美术界携起手来,怀着最大的热情,争取民族的独立、自由、平等,培养我们新的美术生命,漫画界更愿站在最前面,负起袭击敌人的任务。”

武汉时期的叶浅予,几乎把全部精力都投入到了漫画宣传队的工作中。叶浅予与宣传队队员同吃同住同挥笔,几乎忘了自己的情侣梁白波,他明明知道梁白波与空军军官乐以琴(陆志庠的苏州小同乡)来往频繁,一起下舞场,上咖啡馆,可他还是坚信梁白波是他艺术上的知己、事业上的伴侣,最后却不可避免地导致了一场分手的恋爱悲剧。廖冰兄在芸华寺并未目睹叶、梁的这场恋爱风波,当时他已离开武汉去安徽休宁了,事隔数月后,才从宣传队的漫友口中获悉。1941年年底,他失业在四川,百无聊赖写诗浇愁,先后为浅予、黄新波、关良等一批画友各写打油诗一首,其中为浅予写的打油诗,就写

的是这场风波：

法国毕加索，中国梁白波。
逢人必伴舞，终日唱情歌。
媚体成航舰，丹青坠欲河。
侯门深似海，叶某泪滂沱。

可以看出，廖冰兄对漫画宣传队中唯一的女才子——当时享有毕加索称誉的女画家梁白波，放弃丹青坠入情网，投入空军军官的怀抱当官太太，深表惋惜，同时也对叶浅予的失恋深表同情。冰兄的这首打油诗始终没有给叶浅予看过，当我把这首诗读给耄耋之年的叶老听后，他苦笑道："这是一首讽刺梁白波的诗，是啊，她后来随那位空军军官到南昌空军某地后，确实是侯门深似海了，再也看不到她了。据说后来她随那位空军军官去了台湾，至今生死未卜。"1938 年 8 月，梁白波与叶浅予分手前，只有一段简短的告别对话，梁白波说："我们到此为止吧，我要去南昌。"叶浅予答道："我懂了。"此时廖冰兄已经离开武汉到皖南去了，没有见到这场悲剧性的结局，诗中的"侯门深似海，叶某泪滂沱"显然是事后听漫友转述后写下的。

廖冰兄离开武汉赴皖南，是 1938 年 5 月的事情。当时谷正纲要到安徽去当第三战区政治部主任，需要带一批文艺骨干随行，叶浅予找张乐平商量，决定由张乐平带廖冰兄、陆志庠、叶岗三人，前往皖南休宁县开展漫画宣传工作。张乐平、陆志庠、叶岗在休宁住了三个月，又重返武汉漫画宣传队队部，只留下廖冰兄一人。在休宁第三战区，廖冰兄读到了毛泽东的《论持久战》，受到很大的启发和鼓舞，增强了抗战必胜的信心，于是又采用教科书的方式，绘制了一套《抗战必胜连环画》。这套连环画分《越战越强的中国》和《越战越弱的日本》两个部分，共 27 幅，每幅四格，用通俗浅显的顺口溜，从政治、经济、国际各个方面具体说明抗战必胜的道理，为了便于沿途携带保存，这套连环画改粗纸为粗布作材料，彩绘不变。他带着这套连环漫画，跟随三厅第七演剧队到安徽、浙江、江西一带小城镇作街头展览。第二年秋天，他回到老家广西桂林，任广西地方建设干部学校宣传画教员；又与木刻家陈仲纲合作，把这套漫画刻成了版画，由胡愈之、宋云彬主办的桂林文化供应社出版。后来，好些地方的宣传队伍把这套画放大展览，对加强群众的必胜信心起到很好的作用。

廖冰兄与叶浅予武汉一别，直到1943年春，才在重庆相见。当时政治部三厅已被国民党解散，改为文化工作委员会，漫画宣传队也被瓦解了。廖冰兄在重庆《阵中画报》任编辑，听说叶浅予回来了，还带回了一个洋夫人戴爱莲，于是与黄茅、宣文杰一起去见叶氏夫妇。两人一见面，冰兄就责备浅予道："你到香港了，就把我们全扔了！"叶浅予看着面前的三位散而复聚的老队员、老漫友十分高兴，马上转身把戴爱莲介绍给大家。

1943年7月，廖冰兄与罗凤珍结婚。当时冰兄的生活极其困难，不能搞什么结婚仪式，罗凤珍只要求请她的几位同学到住地北温泉吃顿便饭，可是连这点钱也没有。叶浅予闻讯后，慷慨解囊。事隔四十多年，回忆起这段往事，廖冰兄深情地对我说："当时浅予、爱莲的日子也过得不宽裕，可是浅予从口袋里拿出了所有的钱，解了我们的围。"当我把这段佳话在叶老面前重新提起时，他想了好一会，摇摇头道："我一点也记不起来了，他们结婚的时候，我也没有固定工作，哪有多少钱去为他们办婚事?！冰兄的新房先在缙云山半山的一间荒废了的碉堡里，后来正好戴爱莲在北温泉缙云山小松林分到了三间木板房子，其中有一间是客房。我们就把这间客房让给了他们，于是两家就合住在一个屋檐下了。"不久，张光宇一家也由桂林逃难到四川，浅予设法在北温泉找到一间小房子安顿他们。这段时期，中国漫坛上的三位干将，各自忙着创作各自的力作，廖冰兄正在构思《猫国春秋》，张光宇着手绘制《西游漫记》，而叶浅予正在从漫画转到中国画，创作印度舞蹈人物，筹备"旅印画展"。

说起"旅印画展"，这是1943年盛夏的事情，叶浅予应驻华美军司令部史迪威的邀请，去印度参加中美训练营地观光写生，以后他又去位于尼泊尔、锡金、不丹三国之间的大吉岭写生。这次访问写生，除军营风光外，还带回了大量的印度人物速写。在北温泉居住期间，他尝试着用中国画的笔墨画印度舞蹈人物速写，画成印度舞蹈人物20幅，于1944年5月4日在重庆中印协会隆重推出"旅印画展"，声名鹊起，初步奠定了他在中国画画坛上的地位。由此叶浅予在漫友中博得了"画坛草寇"的称号。

不过，这时的叶浅予还没有放弃漫画创作。尽管当时的重庆，在国民党粗暴干预下，漫画刊物相继停刊，但是他们发现举办漫画展览是发表漫画作品的一种很好的方式，叶浅予与张光宇、廖冰兄等人商量举办一次漫画联展，

参加联展的除了他们三人外，还有丁聪、特伟、沈同衡、余所亚、张文元，因此这次联展也称“八人漫画联展”，展出于1945年3月15日，地点是中苏文化协会。

在这次联展上，叶浅予展出了《穷则变》、《求瑰图》、《陈氏“赠璧君”扶正》、《小矶大陆生根记》等十多幅作品。廖冰兄展出的作品最多，最尖锐、泼辣，给人留下的印象也最深。其中《犬视》揭露了特务迫害人民、进行追踪盯梢的罪恶行径；《教授之餐》则运用漫画夸张和比喻的手法，真实地描写了当时知识分子在饥饿线上的挣扎。这两幅作品深受广大观众的好评。

在“八人漫画联展”的基础上，廖冰兄开始设计筹备一次个人漫画展，他想通过这次展览，把他在八年抗战期间（尤其是他在重庆期间）国民党的所作所为，以及抗战胜利后国民党的假和平真内战、假民主真独裁、假惩治真贪污的两面派嘴脸，或采用隐喻、象征的手法，或直接讽刺、夸张地揭露出来。这个设想中的展览，就是“猫国春秋漫画展”。

“猫国春秋漫画展”，共由五组漫画组成，包括《猫国春秋》、《方生未死篇》、《宫灯影录》、《虎王惩贪记》和连环漫画《鼠贼称雄记》，共计100幅。这次漫画展表明了廖冰兄当时的思想境界，也标志着他艺术风格的成熟。可以认为《猫国春秋》是廖冰兄漫画生涯中的一个光辉的里程碑。

1946年3月，《猫国春秋》在重庆展出，正值叶、戴夫妇去西康采风归来，他俩一起前往观摩，一边看，一边赞叹不已。回家后叶浅予为漫友的画展写了一篇短评——《冰兄其人》。短评一开头就开门见山地点出了廖冰兄的个性：“硬碰硬，是广西人的特征，冰兄是广西人中最典型的广西人。”在短短的五百字的短文中，叶浅予简明地评析了廖冰兄在抗战前后漫画创作的变化脉络：

“投稿时代的冰兄，对人世的笑骂，带点儿伤感，一种悲天悯人的心肠，时时流露在他的作品里。那时候他是一个小学教员，他所看见的世界，是一幅肮脏相。

“八年的折磨，热情用完了，伤感也没有了，肮脏的世界越来越丑恶，这位小学教员的悲天悯人的心肠，已经变成了铁石心肠。现在的冰兄，是一颗炸弹，他的每一个细胞里充满着‘憎恨’和‘愤怒’的两种原子。”

正是因为他对国民党统治下的肮脏世界充满憎恨和愤怒，才有勇气创作轰动了山城的《猫国春秋》。但是也有人认为，廖冰兄的胆量还不够。“故意用猫和耗子来隐射人事，企图避免直接的讽刺”，对此叶浅予在短评中用反诘的口气尖锐地指出：“这是肤浅之见。我们睁大眼睛来看看这个世界吧，这是一个人的世界呢，还是一个猫和耗子的世界呢？”

猫国春秋·教授之餐（廖冰兄作）

猫国春秋·头颅无价(廖冰兄作)

猫国春秋·猫判(廖冰兄作)

廖冰兄与叶浅予在北温泉共同居住了一年多，在这一年多时间内，除了以上一件值得大书一笔的艺术交往外，还有一件需要小记一笔的特殊工作的交接。说是小记，但读者可千万别小看，因为这是一件使两位漫画家在“文革”中大吃苦头的特殊工作交接。

这件特殊工作，就是中美合作所的抗日宣传工作。众所周知，“文化大革命”一开始，叶浅予就以“反动权威”被揪出，关进牛棚，后来又以“美蒋双料特务”的罪名被定为历史反革命，锒铛入狱 7 年。他的“美蒋双料特务”的身份，就是从他曾参加过中美合作所的宣传工作而来的。同样，在廖冰兄的档案中也存放着一份参加中美合作所的履历材料，在“文革”中也为此被“造反派”斗得死去活来。关于叶浅予参加中美合作所的前因后果，他曾在《十年荒唐梦》一书中有过“交代”，解波在《叶浅予传》中也有专章介绍（见《众里寻他千百度》），我就不复述了。需要交代的是，廖冰兄参加中美合作所与叶浅予有什么关系？

应该说，廖冰兄参加中美合作所与叶浅予有直接关系，是叶浅予介绍廖冰兄参加，并接替他的职位。也可以说，廖冰兄是叶浅予在中美合作所中的接班人。

这件事情发生在 1945 年 3 月下旬——“八人漫画联展”以后，叶浅予参加了一次重庆民主党派发起的争取民主的签名运动，此事让中美合作所中方的军统头目知道了，把叶浅予找去狠狠地训了一通，叶浅予不服，据理力争，双方僵持不下，叶浅予提出辞职。但是军统头目说辞职可以，需要找一个替身。叶浅予答应找替身，这个替身就是廖冰兄。

叶浅予为什么要找廖冰兄？一是廖冰兄是对门邻居，比较了解熟悉；二是当时廖冰兄正失业在家，生活无着落。基于以上两点考虑，他找到了廖冰兄，把中美合作所的抗日宣传工作的性质、上班时间及薪俸一一向冰兄作了介绍。冰兄点头同意后，为了让冰兄摆脱他曾受过的中方军统头目的纠缠，他劝廖冰兄不要与中方军统发生关系，直接到美方宣传处上班，领美方的薪俸。廖冰兄听从了叶浅予的建议，参加了中美合作所美方宣传工作，一直到抗战胜利，将近半年。头衔与叶浅予相同，是少将专员，不过薪俸比叶浅予少一半，因为叶浅予是一身兼中美宣传处两任，所以领双份少将头衔的薪金。当年的廖冰兄幸亏听从了叶浅予的建议，虽然少拿了一半薪金，但一则免除了中方军统半年纠缠的麻烦，二则也免戴了“文革”中的“双料反革命”的帽子，由双料减为单料——即由“美蒋特务”减为“美国特务”。

世界上确实有许多事情说不清楚，在抗日战争中，叶、廖在中美合作所心理作战处明明干的是对敌（日本）宣传，瓦解日军官兵的士气，可是一夜之间，日本投降了，国共合作公开破裂了，于是在中美合作所工作过的人，不论你干的是什么工作，也就理所当然成了特务——不是双料，就是单料，在大陆漫画家中享此“殊荣”的还有丁聪（他与马国亮在昆明参加中美合作所心理作战处的宣传工作）。他们的这段不清不白的公案，直到“文化大革命”以后，才得以彻底澄清。

新中国成立后，廖冰兄与叶浅予各居南北，一个在岭南继续从事漫画创作；一个在中央美院执教中国画，漫画很少画了，主要创作舞蹈人物画和人物速写。“反右”斗争开始，从事漫画创作的廖冰兄被戴上了“右派”帽子，在画坛上销声匿迹二十年；而改事中国画教育和创作的叶浅予，在“反右”中虽幸免于难，但十年“文革”中却锒铛入狱，整整做了十年牛鬼蛇神的荒唐梦。十年“文革”中，一个是“老右”死老虎，一个却是新被抓出来的活老虎，不管是死老虎还是活老虎，两只老虎都戴上了一顶吓人的“特务”桂冠，真所谓心照不宣、同病相怜。

1977 年，叶浅予在亦喜亦忧的心境下度过了 70 岁生日。喜的是祸国殃民的“四人帮”终于被粉碎了，史无前例的“文化大革命”终于结束了，他手中搁置了十年的画笔终于又可以拿起了。忧的是身上的中美合作所的政治历史问题尚未得到解决，他的头上还悬挂着一把德摩克利剑，所以心有余悸，前途未可乐观。正是在这种心境下他写了一首《七十述怀》的自寿诗，诗曰：

人生七十今不稀，
力所能及志难移。
山水人物写胸怀，
浓墨重彩辟径蹊。
只因迩来是非淆，
乃卜余年途崎岖。
十大关系驱迷雾，
自强不息死而已。

他想起了远在岭南的漫友，也许因为自己的原因而同样受到牵连，遭到同样的命运。他不敢贸然将这首自寿诗寄给冰兄，又很想将述怀诗中的“十大关系驱迷雾，自强不息死而已”的自勉来勉励漫友，于是在宣纸上书写了这首述怀诗寄给了廖冰兄的老伴罗凤珍。

心有灵犀一点通。叶浅予寄给罗凤珍的这首述怀诗，廖冰兄马上读到了，在老友百折不挠、自强不息精神的感召下，廖冰兄终于又拿起了搁下二十年的漫画笔，画出了孙悟空跳出八卦炉的《破炉》，并且题诗道：

十年烈火炼金猴，
冲破丹炉逞自由。
宝棒化将如来笔，
自描花果遍神州。

不久，他又创作了《自嘲》，将自己冷嘲成破坛而出的“出土怪物”，并题道“四凶覆灭后写此自嘲，并嘲与我相类者”。相类者中有没有他的老友叶浅予呢，恐怕是有的。不管是破炉而出的孙悟空，还是破坛而出的“出土怪物”，廖冰兄终于冲出来了，而且一发不可收，一连创作了几十幅《恶梦录》组画，诚如他在《小序》中所说：“为了使人妖媚的日子不会再现，为了使腥风血雨遍神州的悲剧不再重现，为了使人民对林彪、‘四人帮’封建法西斯专政刻骨铭心，为了激发人们捍卫社会主义法制和实现‘四化’的斗志，我以悲喜交集的心情记录了那场已破的恶梦。”

如果说，20 世纪 40 年代中期的《猫国春秋》是廖冰兄漫画创作的第一个高峰的话，那么七八十年代之间创作的这组《恶梦录》可以说是他漫画创作的第二个高峰。从《猫国春秋》到《恶梦录》，尽管讽刺的对象不尽相同，或者说完全不同，但有一点是共同的，这就是在这些对象身上都散发着血腥发霉的封建法西斯主义气味，都是在务必扫荡清除之列的。只是后者是披着一件“伪装革命”的羊皮，带有更大的欺骗性和危害性，而廖冰兄正是身受其害其苦的一个。一旦噩梦醒来，痛定思痛，他看得更加分明，挖得更加深刻，笔力也更为辛辣了。难怪 1985 年夏天，当叶浅予在中国美术馆看完“廖冰兄漫画回顾展”后，要在《冰兄其人》的旧题中增添一段对他漫画创作的总评：“冰兄那股子硬碰硬的性格，反映在他的作品里，是疾恶如仇，锋芒毕露；当然不肯

拐着弯儿玩弄幽默游戏。除了硬碰硬，更可贵的是对事物挖得深，画得辣，能叫人出汗！”

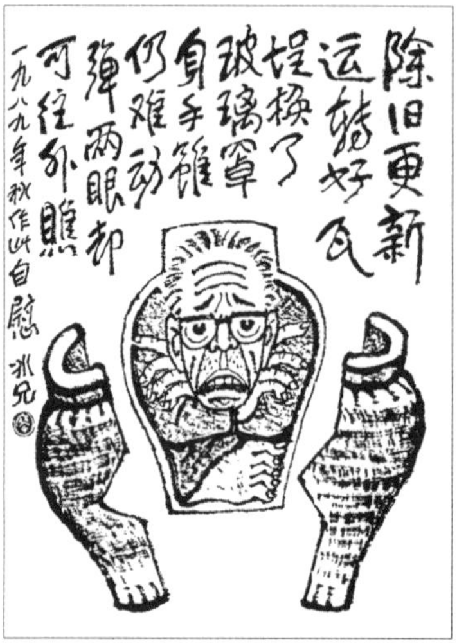

自慰（廖冰兄作）

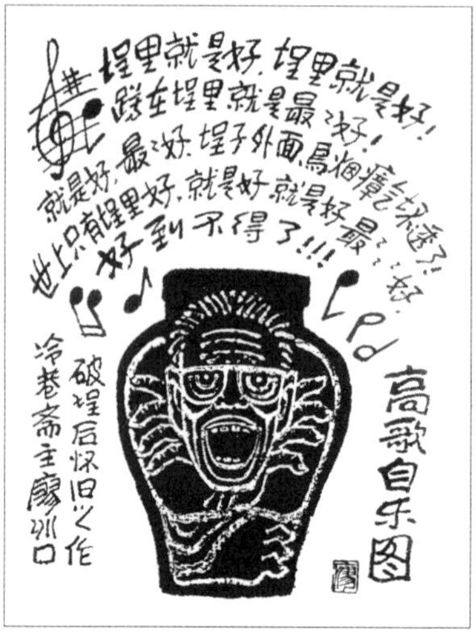

自乐（廖冰兄作）

昔我嘲今我（廖冰兄作）

1985年,“廖冰兄创作五十周年展”在中国美术馆举行。图为老漫友与夏衍、廖沫沙合影。
(前排右起廖沫沙、夏衍。后排右起叶浅予、沈同衡、丁聪、郁风、廖冰兄、黄苗子、陆志庠。)

1994年5月初,叶浅予(左)与老友廖冰兄(右)在交谈。

叶浅予与陆志庠

陆志庠是何方"神灵"？这个人物，对今天的中青年来说，已陌生而遥远，可是老一辈美术工作者来说却无人不晓。他是30年代上海滩画《社会素描》的聋人画家，一个艺术个性极强的速写漫画家。

陆志庠在白塔寺旧居看报

（一）

20世纪80年代，一个春风和煦的日子，笔者受《文艺报》社之命，曾组织过在京部分30年代老漫画家的聚会，应邀者有11位——鲁少飞、叶浅予、黄苗子、华君武、丁聪、沈同衡、王乐天、张乐平（适逢来京参加全国政协会议）、宣文杰、宣相权（一对孪生兄弟），陆志庠亦列其中，正是在这次聚会上，我结识了这位落拓不羁的聋人画家。

"十个聋子九个哑"，这句话是指先天性聋子而言的。陆志庠不是天生"落地聋"，而是得了脑膜炎误用药物致聋，他能发音，听起来像苏州方言，多数人听不懂，连与他生活了40年的北京老伴也听不懂，要用笔才能交谈。据说老漫友中能听懂他的话，并与之对话（用口形）的只有几位：叶浅予、丁聪、胡考、张乐平。

这是一次具有特殊意义的聚会，除沈同衡、宣相权外，全都是30年代《时代漫画》的骨干（或是编者，或是作者），也可以说，是纪念《时代漫画》50周年的一次聚会。与会者分别就漫画的时代性和战斗性作了发言。陆志庠也跃跃欲试，打手势向主持会议者交了书面发言稿；只有叶浅予没有发言，自始至终默默地坐在一旁察言观色，捕捉每人的神态，以画代言，他为与会的每位老漫友画了一幅漫像，当然也有陆志庠。画中的陆志庠，一手托着下巴，双目下垂，作深思状，满脸皱纹，嘴唇上稀稀疏疏留着几根胡子，头顶上疏疏落落飘着几丝银发……会后，我先后在京沪两家报刊——《文艺报》、《漫画时代》上发表了《漫画的时代、时代的漫画》、《老漫友欢聚文艺报》两篇通讯，并配发了叶老的 11 幅（包括他自己的）漫像。

此后，我与陆志庠又见过几次面，其中有两次是在叶浅予客居的中国画研究院，说来也巧，这两次会面还都是在周末聚餐会的饭局上。

提起周末聚餐会，这是由叶老发起自由组合的聚餐活动，时间不长，约有半年左右。缘起于老爷子爱吃“东坡肘子”，而开设在紫竹院附近的东坡餐厅，离中国画研究院不远。老板张达是四川人，喜欢结交文化人，也想借京城文化名人为他的餐厅撑场面、闯牌子，听说大名鼎鼎的叶浅予住在中国画研究院，又听说叶老爱吃“东坡肘子”，于是经丁聪介绍，给叶老送来了一只“东坡肘子”，另加几碟川菜，叶老用筷子夹了一大块肉入嘴，肥而不腻，入口便化，大声赞好，于是与张达约定，每周末中午送一次菜，主菜“东坡肘子”，配菜可以变换。一只大肘子，叶老二人如何吃得下？恰巧这段时间，他正在撰写回忆录，每天清晨约了丁聪、陆志庠到紫竹院散步，边散步，边回忆交谈半个世纪前的往事，于是约了丁聪夫妇、陆志庠周末聚餐，无形之中形成了周末聚餐会。外来的朋友客人赶上了，均可入席。聚餐的基本队伍是叶、陆、丁氏夫妇。我有幸叨陪末座聚过几次，尝了名不虚传的“东坡肘子”。每次见了陆志庠，点点头，笑一笑，用手势比画比画、打打招呼，仅此而已。关于他的身世经历，则是从叶、丁两老口中断断续续听过一些。

不久，叶老忽然对我说：“聋子搬家了，搬到朝阳区红领巾公园附近去了，一东一西太远了。幸亏这里的班车司机知道那个地方，带我去看了他一回，不知他现在怎样了？”我知道叶老在想念老朋友了，就从他的通讯录上抄下陆志庠的地址，代叶老去看望了他一回。

差不多花了两个小时，才找到陆志庠的住处，尽管时令入冬，可是我已走得汗水涔涔。这是新建的简易居民小区，单元房，他家住底层，门上无铃，我怕他听不见，重重地敲了几下门。门开了，开门的不是别人，正是聋子。他见了我，微微怔了一下，伸头端详了一会儿，脸上露出了惊喜，指手画脚哇哇叫了起来。我知道他认出了我,于是随他走进了房间。房间里坐着一位老妇人,胖胖的脸,圆圆的身子,曾经在白塔寺宿舍见过一面。这是他的老伴(小学教员),她见了我,也似曾相识地冲我笑了笑,点了点头。

从室内陈设来看,家境不富裕,不,应该说是很清贫。室内没有一件像样的家具,一张五六十年代留下的三屉桌、方桌(餐桌)及书报架,架上放的并不是书报,而是一大堆药瓶杂物(据老妇人说,书报架上原是一纸袋一纸袋他常年积累下来的剪报资料,为取东西方便,剪报移走了,代之以杂物药瓶),如果不知道他曾经是风云上海滩的人物,还真以为到了一户白丁之家。

在方桌旁坐下后,借助于纸笔,我与他交谈了起来。我问他近来身体如何。他说,不好,时常拉稀,有时一天拉几回,是肠炎,血压高,心脏病,头也痛……他见我看完了小纸上的笔谈陈述,又指着架子上一大堆杂乱无序的药瓶苦笑了一下,摇摇头,抿了抿嘴,示意要吃这么多药,苦不堪言。老伴听了,在一旁插话道:"拉稀是他嘴馋引起的,前些日子,他去中国画研究院参加叶老师生画展开幕式,叶老留他吃午餐,吃得太多了,回来就拉,一直拉到今天。"我边听边观察坐在面前的陆志庠,他老了,也瘦多了,布满皱纹的脸上,更增添了几分苦菜色。我请他写一点有关漫画生涯的回忆录,他苦笑了一下,用浓重而含混的苏白,说了一句"呒不(没有)味道哉!"言外之意是,他今天落到了这样的境遇,还有什么情趣写回忆录呢。(事后得知,前两年受叶老撰写回忆录的影响,他也写下了1910—1949年的履历数千言)

半年后,才发现他的拉稀并不是肠炎,而是晚期癌症所致。一天,我到中国画研究院,叶老呆坐在画室里,似乎在想事,见了我,猛地站起来说:"聋子不行了,昏迷了三天,是晚期癌症。"接着他又将头天发生的事告诉了我。

头天下午,叶老正在洗澡,电话铃响了,小阿姨代接电话。洗完澡,小阿姨送上一张便条,便条上记下了陆志庠家属的留言:陆志庠病危,住北新桥医院,希望叶老去会一面。叶老看完便条,慌了手脚,研究院暑期放假,一无人,二无车,怎么办?他给丁聪打了个电话让找车。丁聪找来了出租车,陪他一起上医院探视。病房在四楼,在丁聪的搀扶下,气喘喘、汗津津爬上了四楼,老爷子有心脏病,天气又闷热,差一点晕过去。走进病房,只见老友陆志庠双眼紧闭,昏昏沉沉地睡着。他走到床前,用手拉了拉老友的头发,老友睁眼醒了过来,眼睛睁得大大的,见了叶老和丁聪兴奋得哇哩哇啦叫了起来。平时能听懂他话的人,这时也听不明白了。只得由一旁的内侄介绍病情。原来陆志庠在家里已昏迷了三天，送医院一查，肠癌晚期，已扩散到胃部，医生让家属准备后事。叶老问，老太太有什么要求？回道，老太太有两点要求，一是陆志庠的骨灰要送回苏州，二是陆志庠逝世的消息要见报。叶老听完，郑重地点了点头说，请转告老太太，一定能做到。说完又从口袋里掏出了五百元钱，交到了陆志庠内侄手里。

陆志庠病故后，叶老对我说："很多老朋友的事，我可以不管，但聋子的后事，要管一下，因为他没有亲生子女。"说完，他又告诉我说，他要拉丁聪一起去八宝山参加亡友的遗体告别仪式。当我把这个消息转告给陆氏遗孀刘文西时，刘文西流着眼泪对我说："叶老最关心志庠，一听说志庠入院，马上就送钱来。他年龄比志庠大，身体也不好，请你劝劝叶老，遗体告别仪式就不必参加了。"在我的劝说下，叶老才放弃了与亡友的遗体告别仪式。

（二）

叶浅予与陆志庠相识于30年代初。据叶老回忆，他与张光宇、张正宇兄弟合编《上海漫画》之时；陆志庠经常投稿，叶老从来稿中发现了这位与众不同、有特殊漫画速写才能的新苗。他发现陆志庠对下层劳动人民的生活十分熟悉，又有一定的速写功底，人物造型虽然夸张、变形，但笔触十分细腻、抒情。他感到这是个人才，就紧抓不放，从约稿、组稿到把陆志庠从苏州调到上海，调到《时代画报》编辑部当他的版面助手，总共几个月，这是1934年的事情。又据叶氏在《细叙沧桑记流年》一书中记载：1934年是时代图书公司的全盛时期，发行了五大杂志："一是林语堂主编的《论语》；二是叶浅予主编的《时代画报》；三是鲁少飞主编的《时代漫画》；四是宗惟赓主编的《时代电影》；五是张光宇主编的《万象》月刊……全盛时期的时代图书公司，自办编辑、自办印刷、自办发行，看起来像一家规模不小的出版社。编辑室人才济济，仅《时代画报》这一组，我任主编，张大任任助编，王敦庆任译编，陆志庠任美编，一共四人。"

可是，在陆志庠自订的"履历"中竟然没有《时代画报》编辑部任职的记载。1934年这一年，只有6至8月份在上海《大众画报》编辑部的记录。这又是怎么回事？后细阅这份"履历"终于找到了答案。原来他是通过同学高奎章的关系认识《上海漫画》编辑叶浅予的（当时高住在叶宅，他去叶宅找高，由高引荐，结识了叶）。1934年，"叶介绍我进时代图书公司编《时代画报》。上

海受世界经济不景气影响，工商业萧条，经济周转不灵，相继倒闭，‘时图’公司岌岌可危，我受职停薪，拿有限的一些稿费，难以维持生活。《大众画报》编辑部需人，通过关系，让我转到‘大众’去工作。又因‘大众’经济拮据，会计被传讯，遂停职离去。”从这段履历记载中可以看出，陆志庠在《时代画报》编辑部任过职，但心情并不愉快。原因是光干活没有工资（工资发不出），要靠稿费生活，这算什么工作？他有气，在“履历”中故意不记《时代画报》这段经历。但生气归生气，历史还是历史。从他自订的履历表上看：1933 年 9 月，他从苏州蠡墅镇民众教育馆调出，至 1934 年 6 月调入《大众画报》编辑部，中间有几个月的空隙。这几个月，正是叶氏所说的把陆志庠从苏州调到上海，调到《时代画报》编辑部当他的版面助手（美编）的时期。

叶浅予从来稿中发现了陆志庠，后见到陆志庠原来是一位残疾人，又从苏州蠡墅镇把陆志庠调到上海，调到自己身边当“美编”，按理说，无论于私于公，他都尽到了做朋友的责任和情义。为什么还会出现陆志庠不领情、不承认在叶浅予主编的《时代画报》编辑部任职的咄咄怪事？

原来叶浅予在《细叙沧桑记流年》一书中说的“1934 年是时代图书公司的鼎盛时期”，说的是事业上的发达，五大刊物全面铺开，但经济实力够不上，刊物发行量又不大，叶浅予虽说是主编，名义上还是时代图书公司的股东之一（时代图书公司有五大股东，邵洵美、曹涵美、张光宇、张正宇、叶浅予，“两张一叶”是干股，不出资金光挂名），但没有经济支配权，财政大权在张正宇、曹涵美手中。据季小波告知，张正宇每月给《时代画报》的编辑费只有 40 元钱。这 40 元包括四个人所有的编务费，也包括“工资”在内。按照当时的惯例，编辑人员的午餐包在一家饭馆，从编辑费支出，其他费用则要自行解决，怎么解决？靠稿费。因此陆志庠在上海主要靠稿费养活自己。据丁聪回忆，当时他还在中学读书，但经常给《时代漫画》、《时代画报》投稿，稿子发表了，不给稿费是常事，都给张正宇扣下了。但有三个人的稿费，张正宇不敢扣，哪三个？张乐平、胡考、陆志庠，因为这三个人是靠稿费生活的。张正宇“吃”漫画家的稿费是众所周知的；陆志庠在《时代画报》编辑部拿不到工资白干活，心中当然有气，但气主要是冲着掌握财权的张正宇，而不是冲调他到上海的叶浅予。一个残疾人，要在十里洋场采访写生，没有人带路是绝对不行的，而这个带路人就是叶浅予。

陆志庠在上海的编辑生涯并不长，只有一年多，却给漫友们留下了深刻的印象。据叶氏回忆，陆志庠是个聋子，但是能跳舞，还跳得不错。他最初是跟叶浅予进舞厅的，在舞厅中结识了不少舞友，经常与他一起出入舞厅的有胡考、张乐平，还有一位只看不跳、站在一旁“插蜡烛”的丁聪。聋子听不到音乐节奏怎么能跳舞呢？据陆志庠说，他能看着乐队演奏“听”出“蓬擦擦、蓬擦擦”的贝斯伴奏声，因此能踩着节奏翩翩起舞，也许与他少年喜欢音乐有关。他耳聋，是在苏州东吴大学附中二年级时，因头痛误服奎宁所致。推算一下年龄，当在十三四岁，也就是说，他是十几岁耳聋的。在学校里，他上过音乐课，有一定音乐知识和基础。1929 年，19 岁的他在《上海漫画》上画过一幅《发挥艺术的音乐师》，画的是一位音乐指挥，在挥棒时，把乐谱架上像豆芽菜似的“五线谱”挥舞了起来，如果他不通乐理，画不出如此诙谐幽默的速写漫画。

（三）

30 年代中期，陆志庠先后出版了《志庠素描》和《社会素描》（上下册），在漫画界引起了较强烈的反响。用叶浅予的话来说是，“他凭一双锐利的眼睛、一支会思维的画笔，猎取社会形象，揭示人间疾苦、冷淡、贫困、窘迫，赢得了审美慧眼的欣赏”。（见叶浅予《三十年代的画家陆志庠》）

在《社会素描》中，陆志庠描绘了社会下层形形色色的劳动人民，有“输送大包箱”的码头工人；有每天早晨在弄堂里清扫垃圾的清道女工；有“为他人作嫁的鞋匠”；有漂泊不定的聚集在大桥下的社会流民；有冒雨行走在大马路道旁的市民；有熙熙攘攘拥挤在菜场上的佣人和主妇；也有只出卖肉体而“不售灵魂的女人”……当然，在他的笔下，还有另外一种有闲阶级的形象，其中有坐在歌舞厅里，一边喝着咖啡牛奶一边优雅从容地观赏节目的“得意忘形的人”；有在金融所买进卖出的股民；有在跑马厅遛马的少爷小姐；也有终日在游艺场以打台球赌博为生的无业游民；还有一批麇集在茶馆里“讲斤头”、“拉皮条”、不三不四的“特殊人物”——白相人。总而言之，正如作家徐讦在《社会素描》序中所说：“他捉住了时代的动脉，反映出社会的现实，民族的矛盾，深入都市与乡下，上层与下层。在那里，都市管（归）都市，乡下管（归）乡下，上层管（归）上层，下层管（归）下层，二者是互不相关的一天一天生活下去，即使只隔一道墙或者一条铁路，可是也就在那里，乡下的血流变成了都市的繁荣，下层的劳作变成了上层的享乐，无论相隔几百几千里，二者隐隐地关联着一天天深刻下去的，作者在这个集子里虽是只做到了前者的一步，可是后者的倾向也是有的。”

当时，与陆志庠一起采用漫画速写或社会速写手法来进行创作的还有一位，这就是他的老友叶浅予。前面提到，1934 年叶浅予把陆志庠从苏州调到上海，调到自己身边工作达数月之久。在这数月中，叶浅予经常带陆志庠外出采访，出入各种场所，熟悉上海社会生活。由于要编画报，所以照相机是叶氏随身携带的工具，当时叶浅予尚未养成画速写的习惯（叶氏画速写是 1935 年以后的事）。但陆志庠则不然，他买不起相机，也玩不起摄影，他的相机就是速写本，而速写也就成了画稿。很可能他俩在一起采访时，叶氏玩相机，陆氏则仍在本上画他的速写呢！如果要论画速写的时间先后来说，无疑陆氏要早于叶氏。

1935 年夏，叶浅予因家庭不和，与梁白波双双迁居南京，应《朝报》之邀，创作《小陈留京外史》。不久，陆志庠也在上海辞去了《大众画报》的工作，追到南京，追到叶浅予家，吃住在叶氏家中。恰在这时，有农村写生画家之称的赵望云来约叶氏北游。赵望云与津浦铁路段的局长相熟，可以免费乘车北游，于是叶浅予带了梁白波、陆志庠随赵望云一起游了天津、北平。四位写生、速写画家同吃同住同游同画了一个月左右。

赵望云时任天津《大公报》记者，他自 1933 年起，就在《大公报》上开辟《写生》通讯专栏，后由冯玉祥将军配白话诗一起出版。赵望云的《农村写生集》，是中国画的写生手法。赵氏的写生手法不同于速写，他在现场不带笔墨，先背着手在农村各处转悠，目识心记，回到家中，再将心里记下的情景，用笔追记，形诸笔墨。叶浅予是学柯佛罗皮斯，随身携带铅笔、速写本，眼观八方，捕捉对象，手起笔落，当场速写。据他回忆“北平之游，那种与南方截然不同的生活情态，我好像采金者觅到了大量金矿似的，乐得无法形容，凡是所见的，都成了我的俘虏，平均每天消耗速写本一册，总共收获在三十册以上（约五六百幅）”。北平之游，成了叶浅予大练速写，大过速写瘾，并且从老友赵望云身上学习目识心记写生的大好机会。聋子陆志庠呢，虽然也是随身携带铅笔拍子本，但他画得比较慢，比较精细，尤其是局部细节，他盯住不放，不厌其烦地反复描写刻画，然后回家再加工提炼取舍，重新用钢笔勾勒成一幅速写，因此严格来说，陆志庠的速写，只能算“慢写”。他是一位十分顽固的艺术单干户，尽管与两位名气比他大的艺术高手同行，他还是死抠他自己的“慢写”，画他自己的画。

北游归来，叶浅予的收获是一连出了两本漫画速写集，一本是《旅行漫画》，另一本是《浅予速写》。而陆志庠的成果是两本素描集：《志庠素描》、《社会素描》。

时隔半个多世纪，回过头来看陆志庠的“社会素描”集，美术界有两种截然不同的看法：一种意见是画得好，有独特的艺术风格，有浓厚的生活气息；另一种意见是他不会画画，没有人物造型的基本功。我曾经将这两种意见求询于叶浅予，请他谈谈看法。他沉思片刻说道，两种意见都有一定的道理。也可以说，这两种意见从正反两个方面说出了陆志庠创作中的长短得失。说他没有人物造型的基本功，这是实情。陆志庠虽然进过苏州美专，学过素描，但时间不长，只有一年多，基础不牢，人物造型的基本功并不扎实，尤其是人物写生，从这个意义上说他不会画画，并不冤枉。因为他的手上功夫的确跟不上，不是不想在人物造型上画得准一点，而是画不准。今天回过头去看他过去的这批作品，确实存在这个问题。要说不足，这应该是不足。但是任何事物都有两重性，画不准也能歪打正着，画出来的东西容易变形。变形有变形的味道，正像儿童画的变形，有特殊的味道一样。当然陆志庠的变形，不是儿童画的变形，而是成人画的变形，不是有意要变形，而是他只能画变形的东西。这类东西画多了，也就画出了他的特殊风格，特殊的艺术个性。有人说他学格罗兹学得好，好就好在他不是在形式技巧上死学格罗兹，而是活学格罗兹，学格罗兹画中人物的精神气质，学格罗兹专门表现下层劳动人民生活的创作精神。也可以说，无论在取材上，还是在画风上，他与格罗兹不期而遇，神遇而迹化。30 年代漫画队伍中学乔治·格罗兹的人不少，但学得好的人不多，陆志庠是属于学得好的一个，他学出了自己的面貌。

叶氏对陆志庠30 年代速写作品的这段评述，实际上也是对同时期他自己速写作品的夫子自道。他从漫画初涉速写之门时，的确也出现过笔不随意，手不随心，出手把握不准人物造型，不是不想画准而是画不准的现象，也出现不少变形人物——类似漫画的变形人物，因此他自称这种速写是漫画的变体，是漫画速写，也可称漫写。从漫写到真正的速写，存在一段不长也不短的距离，要消灭这段距离，没有别的办法，只有加强艺术实践。叶氏是通过不断的速写实践不断提高人物造型能力，逐渐总结出“目识、心记、意测”的造型规律，从而得心应手，神乎其技，成为一代人物速写画大师的。

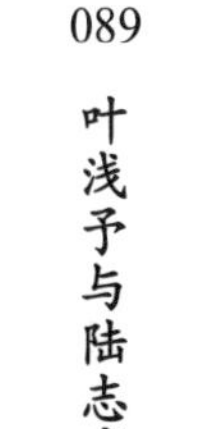

交易所(陆志庠作)

游乐场(陆志庠作)

拾煤屑的代价是换一二块烧饼(陆志庠作)

庙会的街上(陆志庠作)

(四)

卢沟桥事变,拉开了抗日战争的序幕。上海的一批漫画工作者,先后会集南京,组成抗敌后援会漫画宣传队,从事抗日救亡宣传。第二年,日军攻陷南京,施行了震惊世界的南京大屠杀。就在日军攻陷南京前夕,叶浅予率领陆志庠、梁白波、胡考、特伟、张仃等人撤离南京,乘江轮南下,直驶武汉,归属国民党军委政治部三厅领导,由此这批过惯自由散漫生活的自由职业者,在武昌县华林过起了半共产的准军事化生活。借用宣传队队长叶浅予的话来说，这支队伍“由五六个人扩大到十多个人，吃在一起，住在一起，工作在一起，人人心里没有个人，只有一个国家，一个民族，面对一个凶恶的敌人”。（见叶浅予《创作回忆录》）

关于陆志庠在宣传队的创作，事隔半个世纪后，叶氏在《三十年代的画家陆志庠》一文中回忆道：“陆志庠的那支讨饭的笔（意为靠笔谋生），一变而为冲刺的长矛，由淡淡的伤感，一变为愤怒的咒骂。”

在国民党的陪都重庆，陆志庠敏锐地发现，在国难当头的日子里，有人大发横财，在《有朝一日》中，他画了一个怪人，手上、嘴上、脑门上、衣袋上挂满了花花绿绿的钞票，以此来讽刺大发国难财的权贵们；又在《恐怖》一幅画中，画了一个小小老百姓，面前站着“凶杀”、“诱骗”、“迷惑”、“死亡”四个魔鬼，以此来揭露“战时大后方”所面临的种种社会黑暗。

对日本侵略者，身受战乱之害的陆志庠更是义愤填膺，他画了一把长长的日本军刀，一刀刺穿了四个人的腹部，第一个是日本天皇，第二个是日本首相，第三个是日本司令官，最后一个则是日本士兵，这就是《武士道的末路》；还有一幅《不投降的投降》则画了一个披着羊皮的狼（日本军官），提醒人们不要上当受骗。

陆志庠在抗战八年中，与叶浅予时分时合。1938 年武汉失守前，叶浅予奉命赴港编印《日寇暴行实录》以及筹办《今日中国》出版事宜，而陆志庠则随张乐平一起赴江西上饶开辟东南战区的抗日宣传工作。一别三年，直到 1941 年，才在重庆重逢。

不过，陆志庠与叶浅予在武昌县华林同吃同住过一段日子，有一件事值得一记。这就是他把梁白波介绍给他的小同乡空军英雄，无意中把梁白波从老友身边挖走，促成了另一对鸳鸯。

提起叶浅予与梁白波的恋情，早在叶浅予在鲁少飞主编的《时代漫画》编辑部初遇梁白波时，陆志庠就在座。据季小波回忆，当年梁白波是为投稿之事到《时代漫画》去找鲁少飞的，想不到叶浅予一见钟情，就把她从鲁少飞的办公室拉走。有趣的是陆志庠一见梁白波，就从口袋里掏出纸和笔画起速写，画什么？趴在凳上画白波的一双脚。

叶浅予与梁白波在上海同居后，一般的亲友都不知道他们的住处，而陆志庠可以常来常往，经常在他们家里吃饭；叶、梁随赵望云北游，别人都不带，只带陆志庠同行；叶浅予迁居南京后，他也追到南京，吃住在他们家中，直到他在《朝报》找到工作和住处，才从叶浅予家中搬出。叶浅予组织漫画宣传队，他第一个报名，总之一句话，叶浅予、梁白波走到哪里，他就跟到哪里，他成了叶、梁的影子。叶浅予和梁白波也不把他当外人，见他孤苦伶仃、无依无靠，又有残疾，事事顾着他、想着他。

中国画家有合作作画之雅趣，漫画家有无合作漫画之举呢？据叶浅予告诉我说，也有。几个漫画家凑在一起，茶余酒后，兴致来了，就一起作漫像提兴，你画我的头像，我画你的头像，有时索性在一起画，有些抗日宣传的招贴画就是大家一起画的。叶浅予所说的合作漫画我见之不多，只是在张佛千主编的《十日谈》创刊号上看到了一幅。据张佛千说，是他约请了 12 位漫画家吃了顿午餐，酒足饭饱后合作了这幅游戏之作。

叶浅予开笔，用毛笔在宣纸上画了瘦长的王先生和矮胖的王太太。这是当年风靡上海《王先生》连环漫画的商标。陆志庠一跃而起，从叶浅予手中夺过这支毛笔三撇三绕在王先生的鼻梁上画了一只欲落未落绕来绕去的苍蝇。张英超在王先生身旁又加了一个卷发穿长旗袍的女郎，鲁少飞又急起在女郎脚下补了一只羊，大家问鲁少飞为什么不画狗而偏要画羊呢？少飞的回答是这叫“顺手牵羊”。张光宇、张正宇、胡考、黄苗子、万籁鸣、王敦庆、高龙生在四周为王先生、王太太以及摩登女郎增添了不少文化氛围和环境描写。（见本书第 94 页后拉页《色情文化图》）

这幅合作漫画，妙就妙在这位摩登女郎表面上可以理解为是王先生的女儿阿嫒，但大家是存心开叶浅予的玩笑，把王先生比作叶浅予，这位摩登女郎无疑就是梁白波了。如若不信，请看鲁少飞为什么偏偏要让摩登女郎“顺手牵羊”呢？叶浅予生肖属羊，小名阿羊，这位摩登女郎顺手牵的羊，不是阿羊叶浅予又是谁？至于陆志庠在王先生的鼻梁上画一只飞着的苍蝇，无非是为王先生增添一点笑料。

插入这么一段故事，意在说明叶浅予与梁白波的恋情，在漫友圈子里是公开的，开玩笑可以，但谁也不会拆台挖墙脚，更何况是他们的影子陆志庠？

（五）

新中国成立后，陆志庠被叶浅予推荐到人民文学出版社当美术编辑，搞装帧设计，实际上是画画版样，创作基本上不搞了。可以说，30 年代的速写漫画家陆志庠已经消逝了，永不复返了。究其原因，从客观上说 30 年代的生活

素材及其创作氛围已经消失了，皮之不存，毛将焉附？从主观上说陆志庠赶不上时代的变化，旧的一套过时了，新的一套又学不会，也不想学了，他怕没完没了的“政治运动”，怕戴上丑化工农兵、丑化劳动人民的帽子，还是画版样、画照片、画图案、搞装帧设计保险。

一个画家，几十年不画画，没有作品问世，读者把他忘了，这是情理之中的事。但是老漫友没有忘记他，最早从苏州把他借调到上海搞“美编”的叶浅予没有忘记他。80 年代后，老漫友每有聚会，总是少不了他。本文开头写到的那次座谈会，就是叶浅予指名请他参加的（尽管他听不见，也发不了言）。这里还要公布一封叶浅予致鲁少飞的信——建议为陆志庠 80 岁祝寿之事。这封信写于 1988 年 8 月 26 日，全信如下：

> 少飞：
>
> 我和小丁发起，给陆志庠庆贺八十大寿。参加者皆上海帮老人，地点在东郊朝阳区红领巾公园东十巷十二号，一号楼七单元一〇三号（室）陆翁新居，方式用罗汉斋观音，各人带一菜去。
>
> 时间是：九月四日（星期日）中午十一时左右。我派一小面包（车）来接，最好事先请光宇大嫂在你处等候同行。餐毕，原车送回，参加者有（黄）苗子、郁风、胡考、（张）敏玉、（华）君武、张仃等人，你们夫妇能做好菜为寿筵增光。
>
> 志庠原住白塔寺，最近出版社分配他二间一套住房，孤单一人搬了去，无煤气，用电炉吃方便面，其状颇狼狈，但自命（鸣）得意。搬去之前，我和丁聪经常约他一起在紫竹院作早晨练步，搬走后显得孤单。其夫人仍住白塔寺旧居，每星期去看他一次。陆翁好强，耳聋独居太危险，那天我去看他，敲了半天门，无动静，不得不在窗外打信号，才得见面。

从这封信中，读者不仅可以感受到这位聋人画家的晚年生活，还可以感受到与他交往长达半个多世纪老友的一片深情。叶浅予比陆志庠年长 3 岁，论地位、声望、成就比他也要高得多，但在长达半个多世纪的岁月中，叶浅予时时处处无微不至地关心这位落魄老画家，从中我们不是可以得到许多有益的启示吗？

色情文化图

记画

七月二十七夕之聚，酒既酣，浅予首就案上纸画王先生伉俪，甫掷笔，志庠一跃起，以一蝇置王先生鼻上，妙趣横生，众叹赏！英超继画一女士踯躅街头，少飞画一羊随其后，众询其何以不画狗?少飞谓此乃“顺手牵羊”，众哄然，光宇作路灯，以签名作飞蛾，正宇画巡警，龙生画壁上龟，正宇为捕龟首，苗子大呼，此乃三眼龟矣！胡考于壁上破一窗，一西施型大姐探首出，籁鸣作屋上猫，屋颇似南京夫子庙，苗子乃为增一层楼，更画一猫追求之，敦庆于壁上补一五淋白浊之广告，另一广告盖其上。正宇正创办独立漫画，敦庆谓愿作义务广告，众附哄之，有谓宜画时代电影公司王先生新片预告者，又有谓不如写王敦庆英文夜校招生者，纷纷聚讼，哗然久之，不能下笔，客忽忆徐来加冠事，以告众，咸谓如此大典，不可不记，实则广告乃杜撰耳，苗子更为补写马路，于是大功告成，皆大欢喜。

发表于1935年10月10日《十日谈》（创刊号）

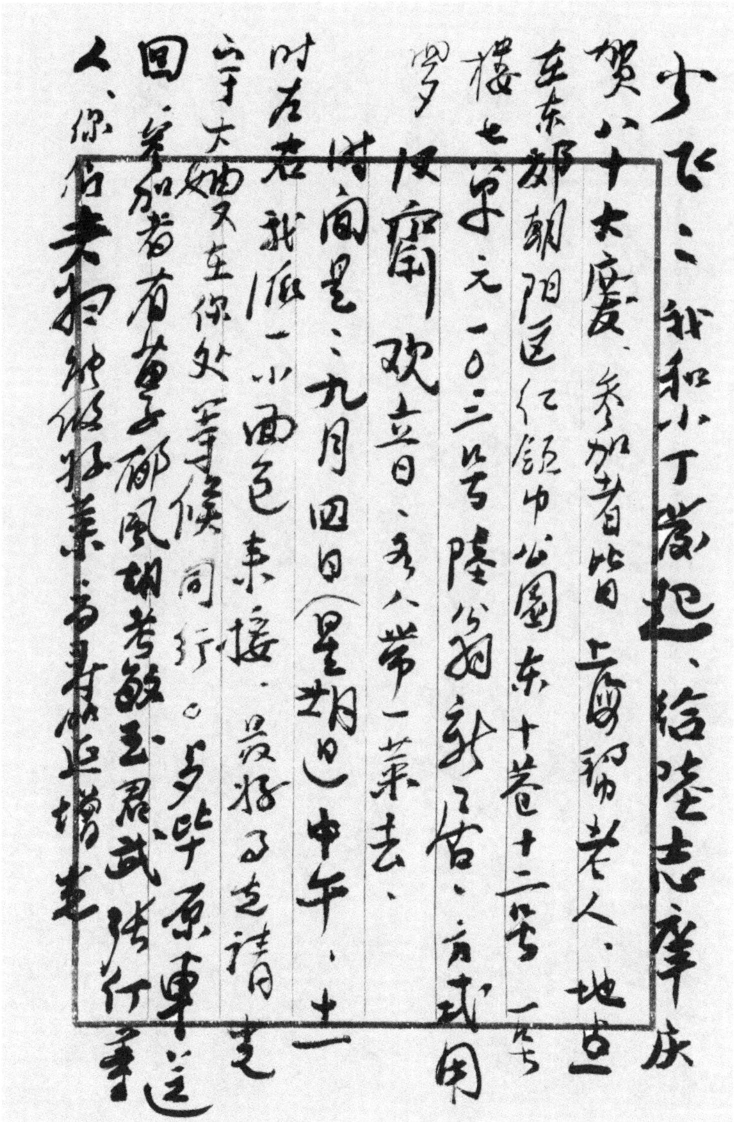
少飞：我和小丁发起，给陆志庠庆
贺八十大庆，参加者皆上海稀老人。地点
在东郊朝阳区红领巾公园东十巷十二号一号
楼七单元一〇三号陆公翁新居，方式用
罗便宴欢迎、各人带一菜去、
时间是：九月四日（星期日）中午。十一
时左右。我派一小面包车接。最好可先请
宁干大嫂又在你处等候同行。会毕原车送
回。参加者有黄苗子郁风胡考敏玉君武张仃等
人。你若来，相信能给茶会增光甚

叶浅予给鲁少飞的信（第1页）

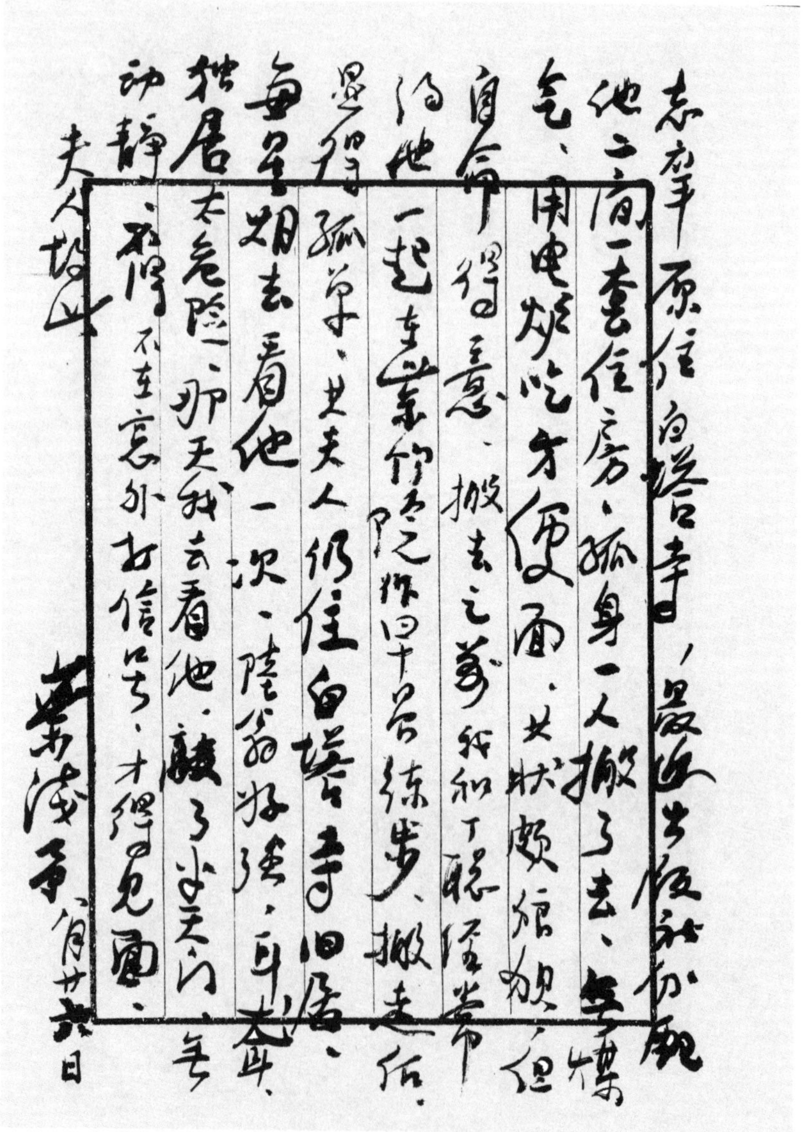

志华原住白塔寺，最近出版社分配他二间一套住房，孤身一人搬了去，无煤气，用电炉吃方便面，此状堪怜，但自命"得意"。搬去之前，我和丁聪经常同他一起在紫竹院之外围早上练步，搬走后，显得孤单，其夫人仍住白塔寺旧居，每星期去看他一次，陆翁好强，耳也聋，独居太危险，那天我去看他，敲了半天门，无动静，我得不在意外写信给他，才得见面，

夫人均此

叶浅予 一月廿六日

叶浅予给鲁少飞的信(第2页)

叶浅予与华君武

华君武在杭州“漫画创作60 周年回顾展”上讲话

1990 年 5 月 24 日，华君武在他的出生地杭州举办漫画创作六十周年的回顾展，适逢叶浅予正在老家桐庐度假。浙江美协闻讯，理所当然地要派车前去邀请。谁都知道，这位以“倔老头”而闻名的叶浅予，老来谢绝各种应酬，深居简出，埋头撰写自己的回忆录，很少出席画展（包括熟人、友人）的开幕仪式，更少在开幕式上讲话。可是这次却打破了惯例，不顾两三个小时的长途车马之劳，从桐庐驱车到杭州出席开幕式，而且在开幕式上代表全国美协讲了话，讲话中又出人意料地提出20 世纪中国漫画史上有三位漫画大师的重要论题。他认为，20 世纪中国漫画史上出了三位大师：第一位是 10 年代的沈伯尘；第二位是 20 年代的黄文农；第三位是 30 年代的华君武。叶浅予的这段祝词引起了参展者的一片掌声。

众所周知，在中国漫画史上，叶浅予是一位举足轻重的人物，无论从资历，还是作品的数量、质量、影响上，30 年代的叶浅予都是首屈一指的人物。为什么他偏偏要撇开自己，推出华君武来呢？是恭维之词，抑或是自谦之辞？恭维，不符合他的个性，在他的言行中，很难找到恭维的词句。自谦，也许有一点，但他为什么要自谦呢？这种自谦有没有道理呢？

笔者当年没有机会参加华君武漫画回顾展的盛典，因此也没有机会观察和探访言者（叶）和听者（华）二位的心态。据说当时杭州有一位女记者想把叶老的这段讲话作为新闻公诸报刊，征求华老的意见，华君武婉言谢绝了。

一年后，当我着手撰写这篇文章时，自然而然地会想起这段往事，想起叶浅予关于中国漫画史上的三位大师的提法，同时也想起应该深入地探听一下他俩对大师问题的心声。为此我分别进行了采访，并整理成对话录。

先听我与叶浅予的一段对话。

问：听说您认为20世纪中国漫画史上出了三位大师。不知您评漫画大师的标准是什么？

答：我认为评漫画大师的标准有三条：第一条作品的艺术质量高，有鲜明的个人风格；第二条作品的数量要多，有广泛的读者群；第三条是专事漫画创作不改行。

为什么要选择沈伯尘、黄文农作为10年代、20年代的大师呢？沈伯尘是现代漫画的先驱者之一，在上海画政治讽刺画，他除了向报刊大量供稿外，还创办了中国第一份漫画期刊《上海泼克》。由于他是现代漫画的一位开山人物，所以我称他为20世纪的第一位大师。黄文农是上海《晶报》的长期供稿者。他的作品对时事讽刺特别辛辣，著名的《东方》杂志为他开辟专栏，影响很大。他的一生是默默奉献的一生，从20岁算起，到他死的那年31岁，在艺术上的贡献不过11年。那11年中，他在上海报刊中发表的作品难以计数。他的短暂生命和他的光辉事业相比，实在叫人不平，叫人心酸。他留下的两本画集——《文农讽刺画集》、《初一之画》，因为印数太少，流传不广，只有同时代的人，才能充分认识文农作品的思想光辉和艺术价值。我称他为20年代的漫画大师，他是无愧于这个称号的。

至于华君武，人人都知道他是当今中国漫画界的第一把手，但很少人知道，30年代初期，他的作品就在《时代漫画》出现，后期投奔延安，在极艰苦的条件下为延安《解放日报》长期供稿。

问：有人认为，如果要评30年代漫画大师的话，您是当之无愧的，您对此有何看法？

答：我从50年代起，已经由漫画创作转成中国画创作，并且在中央美院国画系任教36年。无论在创作、教学，或理论上我都改行了，改到中国画一行了。根据我自定的三项标准，至少不符合第三项，所以不应该称我为漫画大师。在20世纪漫画史上，还有一位出色的漫画家张光宇，他是漫画界的老前辈了，又是我国装饰漫画的开创者。但是与沈伯尘、黄文农相比，他不能称为纯粹的漫画家，他多才多艺，除了画装饰漫画外，还画插图、舞台布景，搞家具设计。因此用第三项标准来衡量，他也不能称漫画大师。

问：您认为华君武的漫画艺术与众不同的特点是什么？

答：华君武的漫画，个人风格很突出，简练、幽默、尖刻，一看就是他的。华君武30年代初就从事漫画创作，不过当时他还是个小字辈，在一家银行里当小职员，是《时代漫画》的积极投稿者，他当时主要是学上海《字林西报》的白俄画家萨巴乔，不但画风像，连签名也像。华君武后来去了延安，成为解放区的漫画骨干，他创作的《蒋介石磨好刀再杀》影响很大，成为40年代的代表作。华君武的漫画揭露社会矛盾较深刻，艺术构思又很别致、尖刻，尖刻到别人想象不出的地步，让人看了不由得想一想，笑一笑，有回味。这正是华君武的漫画与别人的漫画的最大不同之处。时下学华君武幽默画的很多，但往往只能学到皮毛，学到形似。因为艺术构思是很难学到手的。

下面再来听听笔者与华君武的对话。（问者用△，答者用□，以示区别。）

△：听说叶老有三位漫画大师之说，您听了有何感想？

□：我不太同意大师的提法，因为一个国家大师只能有几个人，我也不够大师的条件。时下大师成风，阿猫、阿狗都可算大师，大师提滥了，我看不如用漫画大家的提法更恰当。

△：不论提大师也罢，提大家也罢，无非是某一领域杰出代表人物的称谓而已，所以我认为，名称并不重要，重要的是实质，是否名副其实。

□：这个问题，你不要与我争论。

△：据我所知，叶老的三位大师的提法，不是即兴的捧场之词，而是言之有据的，他认为称大师要符合三项标准（从略），您是怎么看的？

□：叶老说的三项标准，我认为最重要的是第一项，也就是说艺术质量要高，要有独创性，有独到的艺术个性。叶老提到的三位，沈伯尘是现代漫画的一位先驱，他还创办了我国第一个专门的漫画刊物——《上海泼克》，由于我生得晚，对这位老前辈缺乏研究，不好多说；黄文农常去《时代漫画》编辑部，但未见过面，对他作品的价值，我是后来才逐渐认识到的，应该说他的画在中国现代漫画史上是独树一帜的，思想性、艺术性都很深刻，可以当大家。至于我，这是叶老过奖了。其实30年代我还是一个毛头小艺徒呢，而丰子恺、叶浅予、张光宇、鲁少飞等人，已经是享有盛名的漫画家了。我通过投稿逐渐认识了他们。我虽初出茅庐，也有见贤思齐之心，我自知绘画根底差，与许多前辈相比还差一大截，所以想独辟蹊径，我当时的战术是画上许许多多的人，以大场面取胜。人数最多的一幅漫画是《几万双眼睛一只皮球》，画面是一个足球场和许多观众，用此法引起人们的注意。那时也受到了前辈的褒奖和鼓励。与同时代的许多画家相比，每个人都有自己的长处，我确有许多不如他们的地方。

△：您能否具体谈一谈？

□：先说张光宇，他的漫画富有装饰性，构图、造型都很讲究，他吸收民族、民间、外国的，都为己用。他不仅画得好，而且人品好，十分注意培养人才，培养青年人才，当时我还是个中学生，他就对我倍加关心，悉心指导。

在培养漫画人才方面，鲁少飞也值得大书一笔，他是《时代漫画》的主编，为人忠厚老实，没有门户之见、不拘一格地发表各地漫画作者的作品。可以这样说，《时代漫画》是培养30年代漫画作者的主要园地，而鲁少飞则是自始至终辛勤耕耘的园丁。

说到叶浅予，他不仅是园丁——编过《上海漫画》、《时代漫画》、《时代画报》，更重要的他还是30年代影响最大的长篇连环漫画的画家，他笔下的《王先生》家喻户晓，成为“小市民”的典型人物。叶老还是30年代漫画界的社会活动家和组织家，抗战时期的漫画宣传队就是在他的倡导下成立的，也是以他为核心组织起来的。总之一句话，叶浅予是30年代漫画界的“龙头”。

以上谈的几位都是我的前辈和师辈，有的比我大几岁，也可称为半前辈。下面再谈几位同辈漫友。先谈陆志庠，他是一个聋子画家，学乔兹·格罗斯学得最好，可以说学到了家，但又有自己的面貌，他有一手高超的速写功夫，以速写的手上功夫而论，很少有人比得上他，可惜后来搁笔了，搁得如此坚决。

胡考可以说是一位艺高胆大的漫画家，他的素描肖像堪称一绝，他善变，好走极端，敢于大胆变形、创新。

张仃也是一位本事高强的人，他是北京美专的科班生，是漫画队伍中少有的科班生。有较扎实的基本功，又是一位革新多面手。一手搞装饰画革新，我称他的装饰画是“毕加索加城隍庙”，好像叶浅予不同意我这种看法。一手搞中国画革新，五六十年代对景写生，在内容上出新，七八十年代又画焦墨山水，在形式上创新。他与胡考一样，都属于艺高胆大善变之人。

张乐平三四十年代创作的长篇连环画《三毛流浪记》，社会反响也很大，因为他较深刻地反映了黑暗的旧社会，与王先生一样，三毛也成了一个典型的漫画人物。中国连环漫画中的主要人物能站住几十年的，“三毛”当推其首，这是中国漫画的大事，我过去不认识这一点，他死后我才感到了。

丁聪的画像他的人，人老实，画也老实。他的长处是写实的本事比我大，也就是说，他笔下的人物写实造型能力比我强，默记功夫了不起，30 年代的许多房屋建筑、室内摆设等环境细节、人物服饰和形象，他记得十分清楚，这也是他为文学作品画插图练就的本事。

廖冰兄的东西“结棍”，揭露社会矛盾深刻尖锐泼辣，是大手笔，有自己的风格。不足之处是有些作品分不清是延安还是西安。

综上所述，每个人都有自己的长处，也有自己的短处。尺有所短，寸有所长。如果有人要问我的长处是什么，我的回答是扬长避短。

漫画老鼠（华君武作）

捂脸图（华君武自画像）

叶浅予与齐白石

齐白石作画(叶浅予作)

1992年盛夏的一个傍晚,我在叶老下榻的中国画研究院住所用罢晚餐,一边吃西瓜,一边聊天,聊着聊着,聊到了齐白石的一件往事。他说,北平解放前夕,旧王孙溥心畬曾约齐白石一起离开大陆赴港台。齐白石答道:“让我想一想。”想着想着,一想就是几天。未等白石老人想定,溥心畬等不及了,便独自携眷南下。没有多久,梅兰芳的琴师齐如山又来相约赴港台,齐白石依然回道要想一想,结果依然未等想好,齐如山又跑了。这件事传到了叶浅予的耳中,就主动来到白石老人的家中,对他说:“齐老,你不用跑了,共产党那边我有人,你不用害怕。”他听了叶浅予的话,心里才安定了下来。应该说,当时白石老人的心里的确是很矛盾的,想跑又不想跑,两种思想定不下来。想跑是因为当时谣言四起,尽管他对有些谣言并不太信(诸如共产党进城后要杀一批文化名人,齐白石就是名单中的一个),但是他也怕共产党真的共产到他的头上,怎么办?不想跑的原因也很简单,他没有去过港台,一大家子到了港台,生活怎么办?更何况他已年近九旬,怎能再远走他乡?最后在叶浅予、徐悲鸿、李苦禅诸人的劝说下,才下决心不走了。

叶老聊的这件往事,我是第一次听到,所以颇感新鲜。我只知道他喜欢齐白石的艺术，收藏了不少齐白石的卷轴、册页，1986年他把自己的收藏品绝大部分捐赠给桐庐老家了，只留下了一小部分册页、手卷，放在手头，以便闲来观赏，其中有几帧册页就是齐白石的作品。他还一而再、再而三地写文章赏析、评论齐白石的艺术，这些文章我都拜读过。但是，他与齐白石的交往，却很少听他谈起，我见他谈兴正浓，又从上述的一段聊天中听出他与白石老人的交情也许还不浅，于是打破砂锅璺（问）到底：“您与白石老人是何时相识的？”

叶浅予（右一）与丁聪（左一）一起在齐白石画室观其作画

他略略一想，果断地答道：“1935年，我第一次到北平时相识的。记得我是在一位小有名气的金石家的陪同下，来到跨车胡同13号齐家大院的。这位金石家向白石老人介绍道：‘这位是画家，画漫画的。今天来拜访您老。’白石老人点点头，笑了一笑，用手让座。”叶浅予当年已养成画速写的习惯，走到哪里，速写本带到哪里，他稍坐片刻，就从衣兜里取出速写本，用钢笔为齐白石画了一幅速写，齐白石看了一看，也随手从画案上取过一支毛笔，顺手牵过一小张纸片，在纸上先画一块石头，又在石头上加了一顶官帽，然后题上“拜石图”三个字，意即拜访白石之意。因为他听说叶浅予是画漫画的，为他画了一幅漫画肖像，所以也以漫画的笔法，回敬了一幅《拜石图》。可惜时过半个多世纪，又多经战乱，这两幅叶、齐定交的漫画小品早已不知下落了。[①]

叶浅予第二次见到白石老人是在1947年，也就是12年以后。当时他应

---

① 据王森然先生在《近代名家评传·齐璜先生评传》（三联书店，1998年版）中记载：“乙亥夏，叶浅予偕梁白波女士来平，至舍下，见先生赠余《拜石图》甚喜，强邀余共访之，先生一见如故，尽生平之欢，浅予为先生在葡萄架下摄影，并参观先生作画，先生赠浅予松鹰一幅，赠白波虾一幅，以作纪念。”王森然是著名教育家、史学家、书家而非金石家。乙亥年即1935年。叶老所说的金石家，怕是记忆有误。

徐悲鸿之邀，任北平艺专副教授，而齐白石则是徐悲鸿特聘的名誉教授，授课之余，叶浅予常到白石家中串门。说是串门，不如说是去看老人作画，或者说是去买老人的画，因为老人很少与客人聊天。当时正值解放战争，物价飞涨，法币贬值，白石老人的画价也跌到最低点，以银元计，每尺 1 元。叶浅予买老人的画，不仅自己买，也替朋友买。有一次，一下子向老人订了十帧册页、两幅四尺条幅，一共花了 18 元银元。由于他常去，一来二去就与白石老人相熟了，白石老人就叫护士夏文珠倒茶，拿出花生、糕点来招待他。

一日，叶浅予来到齐家，见堂屋里已坐了几位客人，正在看老人作画，他作画不喜欢说话，大家就静静地看他画。画毕，他招呼大家用茶。谈了一会话，夏护士走了过来对客人说："到吃饭的时候了，大家别走了，老先生今天请诸位到西长安街的庆林春去吃顿便饭。"叶浅予也在被邀之列，这是他第一次受到白石老人的邀请，后来他才知道，老人请客，要先与夏护士商量，由夏护士出面邀请。夏护士名义上是白石老人的保健护士，实际上是老人的生活伴侣，除了照顾他的饮食起居外，也兼管画件账务。齐白石请客常到庆林春，这是一家四川馆子，铺面不大，价廉物美。掌柜与老人相熟，也深知老人的节俭秉性。吃饭前，瓜子、花生、水果自备；吃饭后，吃不了的菜，掌柜派伙计送到齐家。老人请客还有一个特点，请的客人都是为他办过事的（如介绍过字画买主），请客单个不请，要请就是五六个，加上他与夏护士，可以开一桌。菜由老人点，一顿饭吃下来，算一算账，就是十来块银元。总之，老人请客心中有谱：该请谁？花多少钱？不该请的从不请，不该多花的从不多花。这正是民间匠人出身的白石老人长期养成的生活习惯和脾气秉性。有人以此来取笑白石老人，说他吝啬，叶浅予则不以为然。与齐白石相比，叶浅予走南闯北，交游广泛，各种大场面都领教过，可谓是一个朋友遍天下的老江湖了，但是在请客、用钱这个问题上，也从不大手大脚，从不讲排场、摆阔气，该花多少就花多少，有时老朋友聚餐，他还会主张"蜻蜓吃尾巴"，自己吃自己的。在节俭这一点上，与白石老人所见略同。

本文开头提到，北平解放前夕，齐白石有怕共产党共到他家的思想顾虑，叶浅予帮助他打消了这个顾虑。可是北平解放不久，也正是这个叶浅予，带了几个共产党军人来到他家里，让他吃惊不小。这是怎么回事？

事情是这样的，北平解放不久，从延安鲁艺进城的艾青、江丰、王朝闻想拜访齐白石，听说叶浅予与白石老人关系近，就请他引荐。叶浅予带着他们来到齐家大院，走进堂屋，坐在椅子上作画的白石老人抬头一看，叶浅予带着几个军人，穿着灰军装，戴着灰军帽，他大吃一惊，以为是叶浅予出尔反尔，带着共产党来共他的产了，他颤抖着手指，磕磕巴巴地指着三个军人问叶浅予道：“这，这，这……”急得连话也说不出来。叶浅予笑嘻嘻地走到老人面前，附在他的耳边说道：“齐老，他们都是从延安来的画家，来看望您老，每人还想买您老的一幅画！”老人听了浅予的这番话，心里一块石头才算落了地。他赶忙摇摇头地对浅予说：“既然是画家同道，就不用买了，每人奉送一幅，现在就画。”说完铺开纸，随手画了起来，画完后还为每人题了上款。

50 年代初（大约是 1952 年），白石老人家里还发生了一件事，也给叶浅予留下了十分深刻的印象。

前面提到当年齐白石身边有一位照顾他饮食起居的夏文珠护士，这位夏护士表面上是他的看护，实际上是他的生活伴侣，他们在一起共同生活了 7 年。白石老人十分喜欢这位护士，于是对她言听计从，甚为相得，他本想把自己的晚年托付给她，可是遭到齐家子女的反对，他们极力排斥她，使她一气之下离家出走，而且择人另嫁，白石老人获悉后，十分感伤地作了一首诗，诗中这样写道：

眠食扶持百事精，
颐年享受亦前因。
一朝别去无人管。
始识文珠七载恩。

叶浅予知道后，与美协另外两位领导商量，决定为老人再物色一位生活秘书，事先说清楚，名为生活秘书，实为生活伴侣，一起共同生活。这位生活秘书是后来从湖南找来的一个老姑娘，正是这个老姑娘，扶持老人走完了人生最后的旅程。

诚然，白石老人是一位生命力很旺盛的人，他一生娶过二房妻室，先后留下十一个子女，其中四子二女是他 56 岁娶的继室胡宝珠生的。令人吃惊的是，老人 70 岁后还有生育能力，先后得了二子一女，最后一个儿子叫齐良末，生于 1938 年。

1938 年，白石老人已经七十又五。老来得子，他没有想到自己老来能得这么多的子女，良末出生之日，他在这一天的日记上记道："26 日（指阴历 5 月 26 日）寅时，钟表乃 3 点 21 分也。生一子，名曰良末，字纪牛，号耋根。……号以耋根者，八十曰耋，吾年八十尚有此根苗也。"

说良末是八十留下的根苗，这是老人的夸大之辞，但老人想把良末作为最后一个关门之子，倒是真心的，末者，最后之谓也。但是他还是没有刹住生育的闸门。1943 年胡宝珠又怀孕了，但第二年死于难产。1943 年，白石老人整 81 岁，八旬老人竟然还有生育能力，这不是生命力旺盛的体现，又是什么？

在齐白石借居隆福寺的一段日子里，曾与叶浅予产生过一次误会。有一天，白石老人徒步来到叶浅予家中，这是很少有的事（叶浅予知道，白石老很少串门，也从未到他家串门），吃惊之余，他赶忙把老人扶进画室，让座泡茶。老人坐下后，压住了嗓门婉转地问道："浅予先生，听说你在批评我，是吗？"叶浅予赶忙回道："瞎说，我很尊重您。我在北京还没解放的时候就跑到您家里买画，您还记得吗？"老人点了点头，说"记得。"叶浅予说："既然记得，我怎么会骂您呢？是谁告诉您的？"白石老人说："是徐燕孙。他说你骂我是老古董，等等。"

原来如此，叶浅予明白了，是北京的一批老画家对徐悲鸿倡导的以素描来改造中国画的做法不满，从而嫁祸于他。当时叶浅予除了在中央美院上课外，还奉命组织北京的画家改造思想、学习素描。徐燕孙、秦仲文当面就对叶浅予说过："叶浅予呀，要不是你呀，我们就不买账，要是徐悲鸿，我们就不买账，你不是画中国画的，你是画漫画出身，所以我们买你的账，但是我们不承认你是中国画家。"由此看来，徐燕孙当面说是买账，背后却是不买账，调唆白石老人对叶浅予不满。这件事闹得很大，闹到中央去了，中央让周扬出来解释，并召集了一次会议，专门谈中国画的问题。也就是在这次会上，周扬提出了文艺作品的三种类型——有益、无害、有害。

当时周扬是执行新中国文艺政策的主要人物，问他对宋徽宗的看法怎么样，他的解释是，宋徽宗作为一个皇帝是昏君，但是作为一个艺术家是杰出的，要区别对待。问他怎么看花鸟、山水画，他的回答是：中国画这种形式因为题材不同，它的作用也不同，人物画可以直接为革命服务，山水花鸟不能直接为革命服务。从我们当前的革命需要来说，为革命服务的作品是有益的作品，中国人物画可以反映革命生活，是有益的；有一些文艺作品不是直接反映革命的，那是属于无害的作品；有一些作品对革命有害，反对革命，那是有害、反革命的作品。有害的作品我们当然要排斥,无害的作品可以存在,有益的作品要提倡。

叶浅予为齐白石画过多幅速写,本文篇头的插图是1952年他与齐白石消除误会后,为了庆贺齐白石九十三诞辰,根据速写加工成的一幅白描。

叶浅予与徐悲鸿

叶浅予的艺术圈子中，徐悲鸿显得与众不同。他俩尽管相识较早，也在一起共事过五六年，但过往不密，是一种不远不近、不亲不疏的关系，始终保持着一段无形的距离。也可以说，只有公交而无私交。

早在30年代中期，叶浅予与徐悲鸿就在南京相识。那时叶浅予正在上海编《时代漫画》，几位漫友相约去苏州、南京旅游，在南京经邵洵美建议一起去南京中央大学美术系拜访徐悲鸿，当时徐悲鸿任美术系主任。邵洵美与徐悲鸿曾经是同期赴欧留法的官费留学生，又是当年7位留学生组成的“天狗会”会友，私交不错，自然当了叶浅予的引荐人。

初次见面，徐悲鸿无意中给叶浅予留下了狂傲、自大的印象，这个印象是因徐悲鸿的一段谈话引起的。当时话题谈到素描，徐悲鸿认为，中国画的造型基础是素描，要改造革新中国画非得从素描写实入手，他认为，当时中国画坛上，能画素描的只有两个半人，一个是蒋兆和，一个是他，还有半个是梁鼎铭。叶浅予听了很不舒服，心想徐悲鸿把中国画家也看得太扁了。言者无意，听者有心，这次初交对叶浅予来说是不欢而别，可是徐悲鸿也许还蒙在鼓里，浑然不觉。由于叶浅予对徐悲鸿心存芥蒂，所以两年后，他应南京《朝报》之约，赴宁为该报副刊画连环漫画《小陈留京外史》，在客居南京的一段日子里，他与在南京的徐悲鸿硬是没有见过面。

叶、徐再次相见是在1944年5月4日，这一天叶浅予在重庆中印协会举办“旅印画展”。用中国画的笔墨画印度舞蹈人物，是叶浅予由漫画向中国画的一个转折点，也是他从速写入手画中国画的一个新尝试。这条路能否走得通？他心中有点打鼓，于是向重庆文艺界著名人士（包括徐悲鸿）发出了邀请，想听听他们的反应。徐悲鸿应邀参加了开幕式，与叶浅予一见如故，并对画展表示祝贺。他在展厅中来回观摩，欣喜异常，当场定购了两幅舞蹈人物。

回到家中又欣然挥笔撰文，对叶浅予的印度舞蹈人物画给予了高度的赞扬，文中写道："浅予之国画，一如其速写人物同样熟悉，择善择要，捕捉撷取，笔法轻快，动中肯綮，此乃积千万幅精密观察、忠诚摹写之结果！率尔操觚者决不能望其项背！"他甚至还认为"中国此时倘有十个叶浅予，便是文艺复兴大时代之来临了！"不久徐悲鸿又请叶浅予到他家中看画，并对他说："你喜欢什么画，可任选一幅。"叶浅予高高兴兴地选了一幅《烈马图》。事隔半个世纪后，叶浅予不无感慨地说道，尽管他对徐氏心存偏见，但是观其文，观其行，又不得不佩服徐氏提携后进、爱才重才的精神。

从年龄上来说，徐悲鸿比叶浅予要年长 12 岁，从资历上来说，徐悲鸿留学法国巴黎高等美术学院，是个地道的留洋学院派，又是中国学院派的领军人物，而叶浅予从未进过美术院校，是个靠自学成才的画坛"草寇"。1946 年，徐悲鸿重返北平，组办北平艺专的教学班子时，居然邀请这个画坛"草寇"，到他执长的国画系执教，并任副教授，对叶浅予来说，确实是大胆的破格之举。事隔 36 年后的 1982 年，叶浅予在回忆当年受命时的心态时写道："我只知创作，只知向社会学习，只知向报刊供稿，却不知怎么当老师，真是受宠若惊，不知所措，当时不敢同意（按：以应美国国务院邀请访问为理由推托），直到 1947 年，才决定闯一闯美术学院的关。"尽管北平艺专的国画老教授嘲笑他是"王先生当教授"，但他终于硬着头皮闯进了北平艺专，走上了讲坛，并且在这所全国最高的美术院校中任教 36 年，成了名符其实的国画系教授（二级教授）。

北平艺专的国画系，执行的是徐悲鸿教学体系，造型基础课主要是木炭素描，徐悲鸿亲自教人物和动物画，他的教法是素描示范。那么对于从来未学过素描的叶浅予来说怎么办呢？徐悲鸿特地为他增添了一门速写课，速写对象是穿衣模特儿，叶浅予的教法也是示范，同学生一起画，教学生抓对象特点，用简练笔法画。一个是素描示范，一个是速写示范，各教各的，两套马车各走一路。当年北平艺专在教学上还没有系统的方案和进度，教员上课互不干涉，各显神通。

叶浅予应聘前不久，发生了一场轰动京城的新旧国画论战。论战的起因是国画系的三位兼任教授（陈缘督、秦仲文、李之超）对徐悲鸿的素描是中国画的造型基础、规定各科学生（包括国画系的学生）要先学两年素描的教育主张不满，并且对徐悲鸿以写实的素描来改革中国画的艺术主张也极为不满，于是罢教，并提出"改善国画组设施"的四项要求。三教授罢教事件得到了北

平市美术协会的支持,也得到了北平的一批“传统派”老画家和文人墨客的支持。北平市美协在中山公园“来今雨轩”召开了记者招待会,谴责徐悲鸿另组“北平美术工作协会”,是“分裂北平美术界的罪魁祸首”。三位罢教的教授也在会上指责“徐悲鸿有摧残国画,毁灭中国艺术之阴谋”。面对这场挑战,徐悲鸿也举行了一次记者招待会,会上由学生代表谈国画教学上的特色和改革的好处,他也在会上发了言,开门见山地阐明对这场论战的态度:“过去我曾忍受别人对我的攻击,但是这一次却不得不理,老实说,他们是不堪一击的,他们不能抵抗新的潮流。”并发表书面谈话《新国画建立之步骤》,重申自己的观点:注重素描训练,反对摹仿古人,提倡师法造化。

叶浅予任教国画系时,这场论战基本上告一段落,但还有余波。由于他与北平的一些老画家、老教授早在30年代就相识,尽管他对徐悲鸿的教育主张有看法,但要他站出来反徐,他是不会干的,不过要他反过来批评这些老教授、老画家,又觉得良心上过不去。他深感左右为难,于是就以刚从美国访问回来,对论战情况不太明了,以需要再看一看、想一想为理由,谢绝了双方的劝战,始终没有写文章表态。这个态度引起了北平老画家、老教授的不满,也引起了徐悲鸿的不满。为此,叶浅予稀里糊涂地背了几十年的黑锅。“文化大革命”中,造反派批斗叶浅予,其中有一条罪状就是在这场国民党操纵的“倒徐”运动中,叶浅予态度暧昧,实际上就是站在国民党一边。这条罪状的出处,就在他的档案袋里。

叶浅予在国画系只教了一学期,适逢图案系缺主任,徐悲鸿就将叶浅予调离国画系,让叶到图案系去当主任。这个差使在别人眼里看来是徐悲鸿器重叶浅予,委以重任,可是对叶浅予来说,却是苦不堪言,因为他对图案既不通又不感兴趣,是他力所不及的事情,更何况还遭到图案系众多教师的反对和围攻,使他处境尴尬。他不由暗暗埋怨徐悲鸿的乱点鸳鸯谱。

不久,风云突变,叶浅予又赶上了解放北平的政治革命。1948年秋末,随着国民党在南苑机场的军火库爆炸,平津战役拉开了序幕。当时北平城内的国民党要员纷纷逃离古城,城内出现了一片惊慌和混乱。南京国民党政府教育部致电北平大专院校征询南迁事项,北平艺专也毫不例外地接到了这样的电报,徐悲鸿也被列入了南京政府开的要接走的著名人士名单。据当时任北平艺专地下党支部书记侯一民回忆:“1948年底,我们了解到国民党当局想强迫徐悲鸿南迁,并给徐悲鸿送去了两张飞机票。我报告了城工部的上级联系人冯慧溢同志，之后又按照地下党组织的指示，由冯法祀同志（徐悲鸿的学生，地下党员）正面传达了地下党希望徐先生留在北平的意见。徐先生毅然表示不随国民党南迁。不久，田汉同志由党派遣，秘密来到北平……他转达了毛主席和周总理对徐先生的问候，并要徐先生在任何情况下，都不离开北平。在这以后，徐先生的一系列活动是那样坚毅、果断，他亲自召集了校务会议，讨论对南迁的态度……”

叶浅予出席了这次校务会议。徐悲鸿以主持人的身份开场白道：南迁实无出路，已征求了许多教师的意见，大多数教师反对南迁。学生代表李天祥率先响应，表示热烈支持徐校长的主张。叶浅予在会上也发了言，他说：“作为一个艺术教育家来说，在改朝换代之际，应该以艺术教育为主，国立艺专需要你，你不能走，你可以以这个理由来拒绝南京政府的南迁令！”

叶浅予的发言，在徐悲鸿听来有点意外。因为在前不久的论战中，叶浅予态度暧昧，并未站到自己这一边，想不到在反对南迁的问题上，他的态度如此坚决，还为自己出谋划策。其实徐悲鸿并不了解，当时叶浅予与民主人士经常在一起活动，研究如何迎接中国人民解放军解放北平，以及解放北平后，如何组织北平文化人士欢迎解放军进城。活动地点就在他家（当年他住在隆福寺天主教堂的宿舍里，因为是天主教堂的关系，国民党特务不敢轻易闯入），常来他家中开会的有民盟的沈一蕃、民革的许宝骙，还有一个无党、无派的音乐家盛家伦，他们推选沈一蕃与地下党联系。劝徐悲鸿留下来、反对北平艺专南迁的意见，也是他们的一项活动议程。

全国第一届文代会上，徐悲鸿被任命为中国美术家协会主席，叶浅予被任命为副主席兼秘书长；不久，中央美院成立，徐悲鸿任院长，叶浅予任绘画系教授。无论从哪个渠道而言，徐悲鸿都是叶浅予的顶头上司，工作业务上的接触不少，比新中国成立前频繁多了，从他俩的个性来说，都是善交朋友的人，其中还有不少是共同的朋友，诸如邵洵美、张大千、齐白石，可是奇怪的是为什么他俩只有工作上的过往，却始终没有建立起私交呢？我曾就这个问题向叶浅予请教过，叶浅予分析道：“原因有两点，一是他是学院派出身，又是学院派中的当权派；而我是草台派出身，学院派看不起我，我也不愿攀附他们。二是他的艺术教育主张是以写实的素描来改造中国画，以素描代替临摹，而且认为中国只有两个半素描画家。这些主张和看法我不能赞同，道不同不相为谋。”

关于徐悲鸿的绘画艺术，叶浅予在徐悲鸿逝世不久，借北京人民美术出版社组织出版徐悲鸿遗作之际，曾撰文评介过，发表在上海《文汇报》上，题为《徐悲鸿的水墨画》。在这篇文章中，叶浅予认为："徐先生的水墨画一方面得力于中国绘画的优秀传统，另一方面得力于西洋的科学技法，有了这两种基础，并使之融会贯通，才有这样的成就。"叶浅予还认为："徐先生所画的马、牛、鸡、猪、梅花，以及其他的作品，在水墨的运用上，已经突破了既有的成法，发挥了他的创造性，可以说是中国水墨画的发展。"但是细心的读者也许会发现，在这篇文章中，叶浅予评介了徐悲鸿的动物、花鸟、甚至画得很少的山水（如《漓江春雨》），唯独对他的人物画——徐氏创作中的重头只字不提，只字不评。为什么？也许当时叶浅予的看法还不成熟，也许是有看法，当时还不便于提出来，总之，这个看法直到90年代才说了出来。叶浅予在与我的一次谈话中说："徐悲鸿提出的以素描来代替临摹，以素描来改造中国画（主要是人物画），这条路是走不通的。这可以从他自己创作的人物画来看，《愚公移山》是他的代表作，但是弱点也暴露得最明显，画中的人物是以印度人为模特儿的，也就是以印度人作为中国古代人物素描写实的原型，所以塑造愚公等人物的典型艺术形象，本身就失去了真实的依据，更无论其他了。解放后，按照徐悲鸿的写实的艺术主张，人物应该大有发展前途，可是刚解放，徐悲鸿对革命生活还缺乏较深刻的认识，加上他过早地去世，所以解放后他的一些人物画创作也并不成功。"

诚然，这只是叶浅予的"一家之言"。由此也可看出，叶浅予的艺术观点与徐悲鸿是有很大分歧的，他对徐悲鸿的艺术教育观点也有不同看法。但他认为：徐悲鸿在现代美术教育史上是一位杰出的教育家，在美术教育中，他是爱才的，也善于发现人才、培养人才、提拔人才。这个功劳是不应该被抹杀的。

叶浅予与张大千

粉碎“四人帮”以后，在中国美术界，第一个站出来写文章肯定张大千的艺术创作、艺术主张、艺术道路的人是叶浅予，第一个在香港向记者发表谈话，为张大千迟迟未能回归大陆进行辩解的人是谢稚柳。南谢北叶，在张大千生前，遥遥地与大千进行了心灵上的最后一次交流。为此，台湾《时报》记者谢家孝，在张大千生前出版的一部自述体传记《张大千的世界》中把叶浅予、谢稚柳称为大陆的“拥张派”。

说叶浅予是个“拥张派”，叶浅予并不否认，在艺术创作和艺术道路上，叶浅予确实是一个“拥张派”，他曾多次撰文写过。诸如，1980 年写的《关于张大千》（见天津人民出版社的《画余论画》）。又如，1983 年写的《张大千艺术道路》（见三联书店的《张大千的艺术》）。

新中国成立前夕，张大千携眷去国离乡，侨居海外。张大千与祖国大陆之间，不仅在地理位置上横隔着万水千山，而且在思想感情上也存在着较大的鸿沟。那么沟通两者之间关系的这项工作由谁来做呢？换一句话来说，谁来鸿雁传书、穿针引线呢？应该说，新中国成立初期的叶浅予，实际上担任了这个角色。

据叶浅予先生说，50 年代初，他与徐悲鸿先生曾经联名给旅居印度大吉岭的张大千去过一封信，邀请他一起重游敦煌。大千托印度的一个学生捎信回来说，有些债务需要料理，暂时还不能回来。时隔不久，张大千决定迁居南美洲的阿根廷，为置办一笔搬家费，他忍痛从行箧中取出三件盖有“别时容易见时难”、“大风堂珍玩”、“南北东西只有相随无别离”收藏章的名迹：一件是五代顾闳中的《韩熙载夜宴图》；一件是五代董源的《潇湘图》；还有一件是宋人册页。他将这三件名迹交给香港的一名叫徐伯郊的经纪人，并告诉徐伯郊说，优先让给大陆。消息传到当时的文物局局长郑振铎耳中，郑振铎当即拍

板，派人去香港接洽，以四万人民币的价格使三件从故宫散出的珍品又回到了故宫博物院。此事使郑振铎很受感动，有一次他见到叶浅予悄悄地说：“张大千不错嘛，他还是爱国的！”接着就把这件事告诉了叶浅予。

新中国成立初期，百废待兴，经济建设刻不容缓，文艺界的思想斗争也接连不断。“批判武训传”首当其冲，接着是“反胡风”，批判俞平伯的《红楼梦研究》。至于中国画界，虽然尚未触及，但是毋庸讳言，对张大千已有种种议论，作为美术家协会副主席的叶浅予，当然也听到过这些议论，可是他仍然坚持自己的看法。

1956 年 10 月，北京画院在京成立。成立期间，叶浅予与谢稚柳、于非、刘力上一起到“恩成居”吃饭。四人中，除刘力上是张大千 30 年代初期的门人外，其余都是大千的老朋友。谈及大千，大有“一人向隅，举座为之不欢”的滋味。饭罢，叶浅予建议于非闇以老朋友的身份，写一篇怀念张大千的文章。过了两个月，于非闇写的《怀张大千》果然刊登在香港《文汇报》上，文中写到了他们四人的这次聚会，并希望大千回来参观。于非闇当时已被任命为北京画院副院长。

提起叶浅予与张大千的艺术交往，要追溯到半个世纪以前。我问过叶浅予先生：“您是哪一年与张大千相识的？”他回答道：“具体年月记不清了，只记得是 30 年代初，也许是 1932 年，我与朋友上黄山去玩，回到上海结识了张善孖，又过了一段时间才结识大千的。”

30 年代初期，叶浅予正在《上海漫画》和《时代漫画》一面任编辑，一面创作《王先生》长篇连环漫画。据张大千早期的学生刘力上回忆，当年的张大千虽然与叶浅予并未见过面，但是对叶浅予的《王先生》赞不绝口，只要连载《王先生》的报纸一出版，张大千就让他去买来一读为快。可见，当时同住上海的一位漫画家、一位国画家，在相识之前就已神交了。

浅予先生回忆道，他与大千先生的交往中，有两件事记忆犹新。一件事发生在 1936 年的南京。叶浅予应《朝报》之约，到国民党的首府南京创作《小陈留京外史》，而张大千则应罗家伦和徐悲鸿之邀到中央大学艺术科任教授，并在南京举办画展。画展期间，叶浅予曾到张目寒家中找过大千，走进书斋一看，只见张大千与谢稚柳正凑在一起作陈老莲的假画。画案上放着一本册页，谢稚柳仿陈老莲的字，张大千仿陈老莲的画。当时张大千与叶浅予已经相熟了，所以也不避讳他。叶浅予久闻张大千是作假画的高手，耳听为虚，眼见为实，所以印象深刻。

另一件事也与假画有关，发生在第二年的春天，当时张大千正住在北平的颐和园。叶浅予到北平找朋友，自然要到颐和园拜访大千。在颐和园，大千留浅予吃了一顿美味佳肴。席间，大千告诉浅予一个消息，明天城里有场好戏，请他一同前往观看。浅予忙问是什么好戏，大千手摸长髯，笑而不答。只让他耐心等待，明天上午一同前往就是了。

到了第二天上午，张大千与叶浅予一起坐着小汽车，从颐和园来到城里，在一座深宅大院门前停住，浅予问大千这是谁家的大院，大千悄悄地对他说："这是北平市府主席王克敏的家。他今天要请北平的书画收藏家开开眼，观赏他近日收到的一幅石溪名迹。"说完，两人迈进三进大院，来到客厅。只见客厅里已经坐了不少人，有陈半丁、徐燕荪、寿石公、于非闇等人。于非闇见大千陪着浅予走进客厅，就在座上抬身拱手，点头示意，大千也向非闇和在座的一一拱手示意，然后与浅予在茶几旁坐下。浅予抬头一看，这真是一座北平典型的旧式大厅，厅内雕梁红柱，厅堂又高大又宽敞，正面墙上挂着好几幅古代字画条幅，显示了主人的收藏之富。主人王克敏操着浙江口音的官话，对在座的书画界名流说："今天请大家来，一是聚谈聚谈，二是请各位观摩品赏一下敝人近日收到的一幅石溪山水。"说完，他用手指了指北墙居中的一幅中堂。

他的这番开场白引起了大家的兴趣，纷纷离座走近这幅中堂。这幅中堂高三尺、宽一尺，画面上层岭叠峰，云深林稠，郁郁苍苍，果然是石溪的画风，画上题有"癸卯秋九月过幽间精舍写此"的款项，名款"天壤石溪残道者"，后盖有"石溪"白文印一方，左上方盖有"白秃"朱文印，左下角还有"雪庵铭心之品"的朱文印。正当浅予也凑近前去细听大家赞叹这幅山水笔墨如何精妙、构图如何独到、的确是石溪的精品佳作时，张大千却悄悄地拉了一下浅予的衣袖，示意离开。路上，大千用手捋了捋大胡子问浅予："浅予老兄，你知道这幅画是谁画的？"浅予莫名其妙地答："这不是石溪的画吗？"大千笑着说："是石溪，但不是石溪画的，而是我画的石溪。"叶浅予这才恍然大悟，原来张大千昨晚说的有场好戏是这么回事。

接着，张大千又拉叶浅予到东单一家古玩铺去看画。一路走一路对浅予说："这家铺子有一幅广东小名家苏仁山的《文翰图》，很像漫画，你是画漫画的，不妨去看看。"就这样他俩来到了这家古玩铺，古玩铺掌柜与张大千很熟。见了面总是八爷长八爷短地叫个不停。今天见张大千带着一位朋友上门，脸

上马上堆出笑容，迎上前来说：“八爷，您来了，请里面坐。”将他俩引进客堂间坐下，吩咐伙计献茶、敬烟。张大千端起玲珑盖碗喝了一口茗茶，然后对掌柜的说道：“韩老板，前几天我在你店里看的那幅苏仁山的画还在不在？”韩掌柜点头说：“在，还在！”“那请取来，让我这位朋友看一看。”韩掌柜亲自上店堂里将画取来，挂起来请叶浅予看。叶浅予站起身来，抬头一看，只见画面上画着题有人名的历代文翰，奇怪的是不同朝代、不同身份、不同性别的历史人物竟然合绘为一图。其中有西汉的才女班昭（婕妤）、东汉的才女蔡琰（文姬），还有《后汉书》的作者范晔、《三国志》的作者陈寿、唐朝以直谏而闻名的大臣魏征，这些人物围着一个中心人物唐太宗李世民，似乎在议论什么大事，神态各异，造型夸张。叶浅予看后，连声赞叹。张大千对韩掌柜说：“你知道我这位朋友是谁吗？”韩掌柜摇摇头，笑了一笑：“他就是上海大名鼎鼎的漫画家叶浅予啰，他画的《王先生》你总看过呢，今天我请他来看这幅画，就是要买下来送给他，这叫宝剑赠英雄。”张大千说完，捋须哈哈一笑，然后从桌上取过一支毛笔，请伙计将画取下来，铺在桌上，然后在画的左上方空白处题道：“苏仁山，粤人，其画流传甚少。写山水湿笔淋漓，于马夏外，别具一种风度。间用浓墨枯笔，则又似版画。此写文翰像，表现各人情态极富漫画意味。予于国画罗雨峰《鬼趣图》及曾衍东所写社会畸形状态，以为皆漫画也。今又发现仁山此画于故都，浅予道兄北游，因拉其往观，一见惊叹。仁山画向不为人注意，百年企得一知己，可谓死无憾矣，购而赠之，并记颠末于上。丁丑夏四月，大千张爰。”这幅画叶浅予一直珍藏着。

叶浅予与张大千交往时间较长、获益较多的时期也就是被叶浅予称作向张大千学中国画的时期，是在八年后——1945 年的成都。

1945 年初夏，叶浅予偕同戴爱莲访问印度归来，住在重庆，正在致力于生活速写，开始试着用中国画的笔墨来画速写。访印前，他在重庆看过张大千临摹的敦煌壁画展，从中受到启发，深感要学中国画的笔墨技法，首先要从中国画的传统中吸收艺术营养。访印归来，他与戴爱莲又商定要去康定（打箭炉）藏区采风，收集藏族舞蹈素材，于是双双从重庆来到成都，来到张大千家中住下，一来向张大千学习中国画笔墨技法，二来在成都等待摄影家庄学本，并约张大千同往康定采风，张大千欣然应允。叶浅予 6 月初来到成都，一直到 9 月初去康定，整整住了三个月。在这三个月中，叶浅予几乎天天看张大千作画。张大千作画有个习惯，旁边要有人陪他说话，叶浅予就在旁边一边看他作画，一边听他谈画，从而使自己在中国画的造型要旨和笔墨技法上获益甚多。张大千当时还画了好几幅画送给叶浅予，可惜这些画在十年内乱中被“四人帮”一伙抄走，有的至今下落不明。

有趣的是，在叶浅予与张大千朝夕共处的三个月中，作为一名中国画的艺术后学向一位比他年长、又是名扬四海的张大千学习中国画，叶浅予谈得很多，也在文章中多次提到，但是有关张大千也曾学过、临仿过他的印度舞蹈人物，叶浅予却谈得很少，甚至故意闭口不谈。其实当年张大千对叶浅予画的印度舞蹈人物确实十分感兴趣，也曾将叶浅予的两幅印度妇女的舞姿作为蓝本，用自己笔法仿制了两幅，其中有一幅是《献花舞》，张大千称之为《天魔舞》，并在画上题道：“印度国际大学纪念泰戈尔，诸女生为献花之舞，姿态婉约，艳而不佻，迨所谓天魔舞也耶？其手足心皆敷殷红，则缘如来八十种随好，手足皆赤铜色也。观莫高窟北魏人画佛，犹时有此赤像者。偶见吾友叶浅予作此，漫效之，并记。”叶浅予认为：“张大千仿制动机可能有两层意思，一是觉得印度舞姿很美，可以为他的仕女画作借鉴；二是看到我在学习他的笔墨，就我的造型特点，给我示范。”（见《关于张大千》）明明是张大千向他学习、漫效印度人物舞姿，他却说成是借鉴、示范。这个谜底，直到张大千逝世后，才得以真相大白。

张大千《献花舞》

1981 年夏天，张大千的挚友沈苇窗从香港来北京，代大千向浅予问候，并捎来一幅彩墨荷花，画上题了一首常题的旧诗作，诗后题款道：“浅予老长兄，视弟眼昏手掣，老态可怜否……”叶浅予收下老友张大千的这幅馈赠。为了感谢沈苇窗从万里之外捎来的这份珍贵礼物，叶浅予为沈苇窗画了一幅当年张大千仿制过的印度舞蹈人物。沈苇窗大喜，又将叶浅予的这幅印度人物带到台北，请张大千题跋，大千将老友的新作打开一看，如见故友，随即在一张宣纸上写下了一长段跋语：

“日寇入侵我国，浅予携眷避地天竺颇久。我受降之次，浅予归国，馆余成都寓居近半年。每写天竺寂乡舞女（寂乡者，泰戈尔大学所在之村名也）奇姿逸态，如将飞去，余年慕无似，数数临摹。偶有一二似处，浅予不为诃责，转为延誉，余感愧无似。顷者，苇窗携其近作见示。惊异而谓苇窗曰：‘浅予捐弃妍丽，入于神化。以余衰眊，未由步趋，使浅予知之，必也咨嗟失望。奈何！奈何！’七十一年（壬戌）九月二十四日摩耶精舍，大千居士爰观并题，时年八十有四。”

叶浅予《献花舞》

这段题跋，写出了当年张大千向叶浅予学印度舞蹈人物的心态和动机。原来这位国画大师当时是被这位漫画家笔下“如将飞去”的“奇姿逸态”的舞女所折服，以至“数数临摹”，唯恐不似。他不因浅予是国画后学而不学其所长，学了之后又能毫不讳言，甚至在垂暮之年，看到浅予的新作，犹以“未能步趋”为憾。这种谦虚好学、坦诚相见的精神实在可贵。这段跋语，当时就由沈苇窗将复印件给了叶浅予，可是叶浅予从未向外人透露过，直到张大千逝世后，才由沈苇窗在《大成》杂志的封底将叶浅予的新作连同张大千的跋语一起发表。这段艺坛佳话才在海峡两岸为人传颂。

叶浅予与关山月

关山月与本文作者包立民

1992 年初春，一年一度的“两会”（全国人民代表大会、全国政治协商会议简称）在北京召开。关山月是第七届全国人大代表，自然要赴京与会。从漫画家方成处，我获悉了关老下榻的住所，又通过方成的引见，我访问了关老。访问关老的缘由，是请他谈谈与叶浅予的艺术交往。

谈起他与叶浅予的交往，关老不无感慨地说，那是半个世纪以前的事情了。1939 年盛夏，关山月利用学校暑期放假，借澳门濠光中学的礼堂作展厅，举办了他平生第一次个人画展——“抗战画展”。当年关山月只有 28 岁，是一个初出茅庐、名不见经传的穷青年画家。他做梦也没有想到，“抗战画展”展出后，竟然轰动了港澳。澳门居民听说自己身边发生的日寇暴行和避难生活场面也上了画卷，于是自发川流不息地赶来参观，澳门报纸报道了，并出特刊介绍了画展内容。更使他想不到的是，有两位他并不相识，却赫赫有名的漫画家，特地从香港赶到澳门来观赏他的“抗战画展”。其中一位是老漫画家张光宇，另一位是看上去年龄与自己相仿（实际上比他大 4 岁）的叶浅予。他俩边看边称赞，还邀请关山月把画展办到香港去。关山月接受了张光宇、叶浅予的邀请，鼓起勇气来到人生地不熟的香港，展出了他的“抗战画展”。由于叶浅予、张光宇的大力宣传推荐，他的画展引起了新闻界和文化界的重视。叶浅予在他主编的《今日中国》（画刊）上用两个版面刊登了他的几幅作品，张光宇也在《星岛日报》上为他开辟了抗战画展专刊。事隔数十年后，关山月在《我与国画》一文中忆及此事时，这样写道：“……没想到的是，我的‘抗战画展’竟受到观众格外的欢迎。但这并不是说我的艺术怎样高明，它之所以得人心，是所画出自抗战。因此，我每每在举办画展时认识许多朋友，到处都意外地得到这些新交的鼓励与支持。”叶浅予就是他第一次在澳门举办画展时结识的一位鼓励和支持他的新交。

那么叶浅予对当年关山月的“抗战画展”留下的印象又是怎么样的？为此我询问了叶老。叶老告诉我说，关山月用中国画的形式画出了抗战的现实生活，这对中国画来说确实是一个大胆的突破。当年他画展中有几幅作品，至今还记忆犹新。其中有一幅《渔民之劫》，画的是日本飞机在低空盘旋，同时扔出了雨点般的炸弹，海边的渔船被炸得狼藉不堪，桅樯沉在水里，水板漂在水上……这幅巨画既画出了日寇的暴行，也画出了画家同仇敌忾的义愤，在当时起到了很好的鼓动宣传作用。叶老还坦率地告诉我说，在现代中国画坛上，是岭南画派的创始人高氏兄弟较早倡导革新中国画，倡导“新国画”，他们重写生，主张反映现实生活，不仅有理论主张，而且有创作实绩，取得了较大的成就，中国画史上应该有他们的一席地位。谈到这里，叶老又悄悄地披露了一件藏在他的心里已有半个多世纪的秘闻。以往他谈到自己由漫画转到中国画时，总是提 1942 年他在贵州苗区采访作画，作为他改行的起因。其实早在 1939 年，他在港澳看了关山月的“抗战画展”后，就萌发了用中国画的笔法来作画的念头，组画《逃出香港》、《战时重庆》就是最早采用中国画的笔法的尝试。不过这两组画在形式上还是脱不开漫画速写的特点。后来他在苗区实地考察苗族妇女，发现苗族的妇女打扮得非常漂亮，而他手中的那支习惯于画漫画速写的笔，又无法画出苗女的美好形象。从那时起，他才下定决心从漫画式的夸张丑化中跳出来，寻找塑造人物形象的新手法。而较早借鉴塑造人物形象的新手法，就是岭南画派的“新国画”手法。

当我把叶老对岭南派的评价以及他怎么由漫画转向中国人物画创作的这段藏了半个多世纪的内心独白转告给关老后，关老沉思良久，颇为动情地说了这样一句话：“这番话自叶老口中说出，说出了他虚怀若谷的胸襟，真不容易啊！”

抗战初期,关山月辞别了隐居在澳门寺院的高剑父老师,决心“出山”,行万里路,走向社会,走向万水千山。以社会人生为老师,以自然造化为师,对于一个毫无靠山、背景的穷青年画家来说是十分不易的。事隔数十年后,他再回顾那些岁月,他怎样跑了七八个省,怎么一步一步踏向自己退而求其次的目标——“行脚有心师造化,手头无处不江山”时,答案是“当日靠的只有一条,就是自力更生,以画养画”。可是在旧社会,一个名不见经传的穷青年画家要以画养画又谈何容易?“要养画就要卖画,要卖画就要展览,要开展览就要花本钱,作品要装裱,会场要租金,还要招待协助展览的有关人员吃饭。如果画卖不掉,就要贴老本。”(以上均见关山月的《我与国画》)

因此,以画养画,除了自力更生外,还要靠朋友帮忙,这里用得上一句老话,“在家靠父母,出门靠朋友”。关山月说,他离开了老师,等于离开了父母,而办展览卖画就全靠朋友了。前面提到叶浅予在他主编的《今日中国》上发表他的作品,向广大读者宣传引荐,这当然是对他的一种极大支持和帮助。但是有一次在成都开画展时,叶浅予曾代表张大千悄悄地到展厅订购了他的几幅作品,在经济上雪中送炭,这件事叶浅予却从来未向关山月透露过。

关山月只记得张大千以重金订购了他展品中标价最高的一幅画,解决了他的燃眉之急。这件事发生在1941年4月25日关山月在成都首次举办画展之时,画展尚未揭幕,就遇上场主逼收展场租金之事,搞得他十分气愤,又十分难堪。请看他的自白:“正巧这次画展的第一天,张大千先生第一个到展场来看画,一见面他就问我,哪张画定价最高?他要买,并立刻吩咐同来的人替他交了现款。我记得那是一张峨嵋山写生画,价钱是多少我都忘记了,大约足够我数月的开支。当时,自从这画挂上张大千的红纸订条之后,许多不懂画的买主也纷纷争购我的作品。我正当流落异乡,像行脚僧一样靠自己的手脚来养活自己的艺术,而且正处在被逼债的窘境,大千先生于此时伸出援手,真叫我感激涕零!”

其实,张大千以参加开幕式订购最高定价展品的方式来扶掖提携后进青年画家,不自关山月始,但对关山月来说却是没齿难忘的一次雪中送炭。可是关山月怎么也没有想到,事隔四年后,正当抗战胜利之日,他为了筹措妻子养病的医药费和还乡的路费,又在成都举办了一次西南、西北写生画展(包括一些临摹敦煌壁画画作)。这次画展,张大千事先就知道了,但他并没有到展厅道贺,而是委托借居在他家中的客人——叶浅予代他前往道贺,并悄悄地告诉浅予，要贴红条订画捧场。叶浅予带着张大千的使命来到关山月的展厅道贺。与四年前相比，这次画展已今非昔比了，一是关山月敦煌归来，名声大了；二是关山月在成都结交的朋友也多了。因此贺展的朋友多，订画的朋友也多。叶浅予就在展厅中挑了几幅价格不太高，但画得较精彩的作品贴上红条，并付了订金。他回到张大千家中，得意地把他如何挑画得较精彩、定价又不高的几幅作品订下之事向张大千绘声绘色说了一遍，只见大千笑着拍了拍额头说："哎呀，我忘了告诉你，应该挑标价最高的订啊！"这件叶浅予代张大千订画之事，叶氏没有告诉关山月，也从未向别人透露过，是我在叶、关之间穿梭互访的过程中，叶老悄悄告诉我的。当我将这件轶事转告给关老后，关老又一次深深感动了，对张大千不露声色雪中送炭的高尚品格增添了一分敬重。

新中国成立后，关山月与叶浅予各奔南北，一个在岭南执教广州美院，一个在京城中央美院任教，都当上了国画系的教授、系主任，都将主要精力转向了美术教育，创作成了业余副业。但是他们手中的画笔始终没有放下，关山月主攻山水花鸟，叶浅予主攻舞蹈人物，而且在各自不同的领域达到了应有的高峰。

"文革"期间，关山月尽管也因画梅有梅枝向下而被诬为"攻击社会主义倒霉（倒梅）"，被批斗、下放，不准作画四五年之久，但是，与叶浅予以"美蒋双料特务"的名义琅珰入狱相比，受罪轻重犹如小巫见大巫了。更为幸运的是，70年代初关山月就被"解放"了，指定为外事活动画礼品画，他一改画墨梅为红梅，且都是枝繁花茂、冲天怒放，以示社会主义欣欣向荣、蒸蒸日上之意。由此关山月的红梅红遍海内外。

关山月画红梅，画枝繁花茂的红梅，画欣欣向荣的红梅，明显是受了毛泽东《卜算子·咏梅》词意的影响，一反陆游咏梅的孤芳自赏，同时也一反文人画家与墨梅的清高孤傲。他的红梅固然有迎合外宾喜好有色彩的、丰富的一面，就画论画，花茂枝繁的红梅也不失为百梅园中的一梅，但是在70年代特殊的政治气候下，他的红梅被别有用心的人抬到一花独放的地步，这是关山月始料未及的。对此，美术界有些议论非议，这些非议不可避免地也传到了关山月的耳中。身陷囹圄、生性耿介的叶浅予也许未必耳闻，但是，有一件事使关山月对叶浅予产生了误会，困惑不解了十多年。

这件事发生在粉碎"四人帮"后不久。关山月赴京出席人大代表会议，会议期间隙他拜访十多年未见面的故友，叶浅予便是他想拜访的一位老友。他把登门拜访之意请在京的一位朋友转告给了叶浅予，谁知遭到了叶浅予的拒绝。关山月百思不得其解，为什么老友会拒不见面，是否与“文革”中他画红梅之事有关？

事隔十多年后，关老坦诚地将自己的疑惑告诉了我，并说道，自从那次拜访遭到拒绝后，他俩就失去了联系。与关老交谈后，我马上来到叶老家中，将关山月藏在心中十多年的疑惑和误会告诉了叶老，叶老听后细细一想点头笑道：“是有这件事，不过他也多虑了。当时我的政治问题没有被彻底解决，头上还戴了一顶敌我矛盾按人民内部矛盾处理的大帽子，所以心情不好，独居家门，不想见客，不单是他，谁都不想见。”关老听了叶老的解释后，疑惑顿消，离京前，将岭南美术出版社新出版的《关山月画集》托我转赠给叶老，并让女儿关怡给叶老家里通了一个电话，向叶老表示问候并祝他健康长寿。

老漫友欢聚文艺报

春风又绿北京城。借着这股春风,《文艺报》邀请了11位20世纪30年代著名的老漫画家,在沙滩中国文联的二楼会议室举行了风趣盎然的小型座谈会。中央电视台《文化生活》节目组闻讯,也赶来录像助兴。

这11位漫画家都是50年前在上海驰骋漫坛的老友,其中9位久已迁居京都,只有两位来自外地。他们年事已高,平日往来不易,此时老友会聚,白首话旧,兴致很高。

座中年龄最大的要数鲁少飞,今年八十又五。他曾是30年代一位多产的、有独特风格的漫画家,又是《时代漫画》月刊的主编。尽管早已改行不作漫画,也早已退休,赋闲在家,学书遣兴,但是大家都很敬重他,让他坐主座,推他作首席发言。在电视摄像机前讲话,对他来说,也许还是第一次,不免有些紧张。他只好手捧事先准备好的发言稿——《漫画应为时代服务》照本宣科。

坐在鲁少飞右首的是满头白发的叶浅予。前不久,他度过了79岁生日。众所周知,他是30年代漫坛的一员骁将,笔锋辛辣,以画《王先生》、《小陈留京外史》驰名中外。抗日战争爆发后,他又一马当先,担任过"抗战漫画宣传队"的领队,所以在漫友中有"龙头"之称。近两年,他重返漫坛,画下了一幅又一幅独具一格的漫画速写。按说"龙头"当作重点发言,可今天他接受了一项特殊任务——为每位漫友画一幅肖像。任务不轻,时间又紧,只见他三下五除二,寥寥数笔,惟妙惟肖地勾勒着在座诸公的神态。年老艺更高,这套过硬的速写本领,赢得了大家的赞赏。

"领队"另有任务,发言自然要落到"抗战漫画宣传队"的副领队张乐平的头上。张乐平年迈体弱,蛰居家中轻易不出远门,要不是来京参加全国政协会议,他是不可能出席这次座谈会的。据悉,他身体虽差,但手中的画笔却没有放下,《今日三毛》、《人到老年》等佳作不断。请他发言,他自然离不开"三毛"。黄苗子在一旁说,我给张乐平捧一个场,接着,插入了一段"三毛"漂洋过海的远闻。台湾有位著名女作家,她的笔名叫"三毛",有人问她为什么用这个笔名,她说从小在家里看了三毛漫画,留下了深刻的印象,所以用三毛作

1986年4月2日老漫友相聚《文艺报》

一排：包立民(左一)、沈同衡(左三)、陆志庠(左四)、叶浅予(左五)、鲁少飞(左六)、张乐平(左七)、丁聪(左八)

二排：王乐天(左五)、黄苗子(左六)、华君武(左七)、宣文杰(左八)、宣相权(左九)

笔名。她还对人说，今后有机会回祖国的话，首先要看张乐平，看望这位"三毛"爷爷。张乐平马上接口道："她想来看我，要来希望她早来，来晚了恐怕见不着了。"可惜三毛女士不幸早逝，她是不能听到张乐平这句话了。

华君武是大家熟悉的一位政治漫画大家。他的政治漫画思想性强、艺术性高，可谓意艺俱佳，深受广大读者欢迎。他长期参与美术界的领导工作，统观全局，对漫画创作现状比较了解，他的话题是《谈谈当前漫画创作的倾向》。他认为现在漫画创作中有这样一种倾向，一是思想不深，二是艺术不精。这种倾向如不克服，漫画有被群众抛弃的危险。他的发言得到了与会者的赞同。

由漫画创作转入研究美术史论、现代书法的黄苗子接着发言。他首先分析到造成"艺术不精"的原因与漫画作者的艺术修养有关，不少作者见不多、识不广，只学一家一派、不求博大精深。讲到这时，他冲着华君武笑了一笑说："现在不少作者都学你的风格，很多报刊上的漫画看来看去都像你的作品了。"尽管是一句玩笑，但也发人深思。他认为要提高漫画创作的水平，艺术上一定要提倡多样化、多种风格。接着他又如数家珍地论述了黄文农、张正

宇等漫画前辈的艺术风格和艺术修养。

参加座谈的有一位聋子漫画家，他的名字叫陆志庠。这是一位为今天的读者所不知的颇有成就的老画家。早在30年代，他就以脍炙人口的漫画速写著称，出版过《社会素描》、《志庠素描》，建国后，除了在北京的化工厂、小五金厂、麻绳厂等街道工厂搜集素材画速写外，还与黄永玉一起深入到西双版纳的村村寨寨体验生活、观察少数民族的风土人情，创作了《庙宇》、《午饭》、《赞哈(歌手)》等数十幅速写。他静静地坐在沙发上，细细地观察着大家的发言，因为耳聋，只能从发言者的口形来猜测大意。不知什么时候，他向会议主持人，《文艺报》副主编吴泰昌递了一份发言稿。吴泰昌全文宣读了他的发言。在发言中他简要地讲述了自己在种种困难的条件下进行创作的甘苦。他今年76岁，还希望有关部门为他创造作画的条件，要继续作画，一个有残疾的漫画家，对漫画事业如此一往情深，与会者深受感动。

座谈会上有三位是同龄老漫友。他们今年正好同步迈入古稀之年。其中之一就是因为画讽刺漫画而吃了二十年苦头、粉碎“四人帮”后又挥笔创作的丁聪——永远不能称“老”的“小丁”；另一位是近几年创作颇为旺盛的王乐天；还有一位就是刚从无锡赶来赴会的“大阿福”宣文杰。会后得悉，“大阿福”还从“泥人之乡”捎来了两个老寿星，分别赠给两位同龄的七十寿翁。顺便说一句，长得与乃兄酷似的另一位“阿福”宣相权使当场画肖像的叶浅予颇费踌躇，突出什么特征来区分这哥俩？读者可以从插图中细细辨味。

最后还要提到的是另一位年逾七旬的老漫友沈同衡。他文质彬彬，活像个大学教授。他事先准备了一份书面发言，可是轮到他时却丢开了发言稿，针对漫画创作中的“讽刺难”问题，列举事实，有根有据地进行了评述。

由于诸多主客观原因，还有不少30年代共同从事漫画创作的老漫画家未能一一应邀出席，诸如蔡若虹、张仃、胡考、廖冰兄、王敦庆、特伟、黄蒙田等等。应该说这是此次座谈会的一大遗憾。作为一个组织会议当龙套的，我只能在此向未能光临的老漫画家们表示歉意了。

（本文原载于《漫画世界》1986年第8期）

附记：半个世纪前，鲁少飞主编的《时代漫画》曾发表过一组《画人互画像》，现与叶老的这组漫像放在一起，从中可以看出这代老漫友之间的艺术生活情趣。

1986年，老漫友相聚《文艺报》，叶浅予绘众漫友。

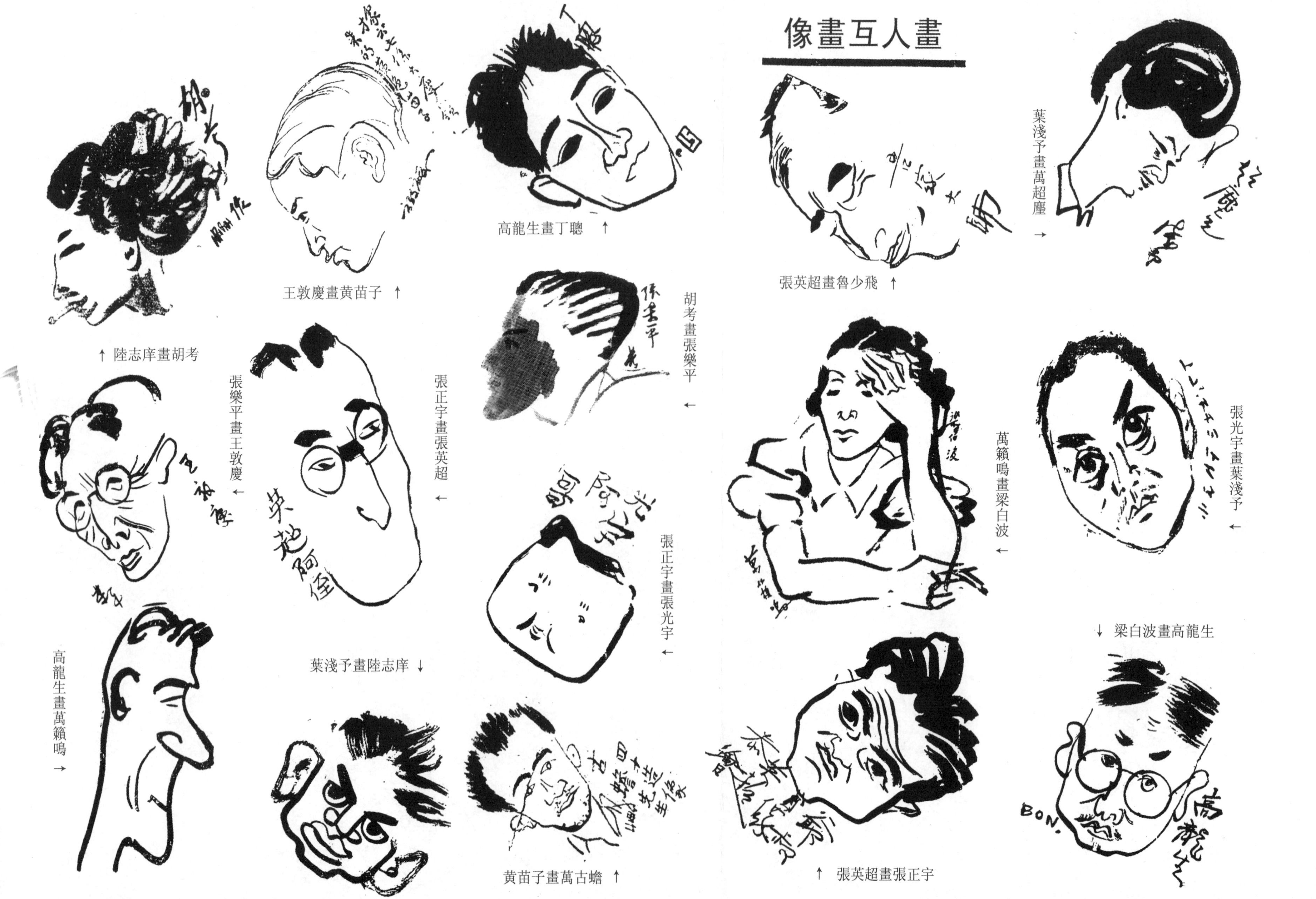

畫人互畫像

↑ 陸志庠畫胡考

王敦慶畫黄苗子 ↑

高龍生畫丁聰 ↑

張英超畫魯少飛 ↑

葉淺予畫萬超塵 →

胡考畫張樂平 ←

張樂平畫王敦慶 ←

張正宇畫張英超 ←

萬籟鳴畫梁白波 ←

張光宇畫葉淺予 ←

張正宇畫張光宇 ←

葉淺予畫陸志庠 ↓

↓ 梁白波畫高龍生

高龍生畫萬籟鳴 →

黄苗子畫萬古蟾 ↑

↑ 張英超畫張正宇

30年代发表于《时代漫画》的《画人互画像》。

叶浅予难忘总理情

大后方需要你们

叶浅予初识周恩来,应该追溯到1938年在武汉的时候,那时周恩来是政治部副部长,叶浅予是政治部三厅六处的中校美术科科员,因此,叶浅予见到周恩来,可能是周在大会上作报告的时候。周恩来给他留下的印象是:一位英武潇洒、口才出众、有宣传鼓动力的政治家。

他们的私人交往是从1940年初夏开始的。当时叶浅予与戴爱莲已在香港结婚,主婚人是宋庆龄。结婚前夕,戴爱莲曾向叶浅予提出,她想去延安,为中国的革命事业献身,叶浅予表示支持。新婚蜜月才过,戴爱莲旧事重提,并向宋庆龄正式提出了去延安的要求,宋庆龄征求叶浅予的意见,叶浅予点头赞成,她随即提笔给周恩来写信介绍。当时叶浅予为《今日中国》继续出版之事也正要去重庆向三厅请示,于是与戴爱莲带了宋庆龄写的介绍信一起从香港绕道桂林抵达重庆。

当时周恩来住在重庆化龙桥八路军办事处。叶浅予与戴爱莲一起来到八路军办事处,周恩来热情地接待了他们。他看完了宋庆龄的亲笔介绍信,诚恳地对他们说:"大后方需要你们,希望你们留在重庆开展工作。"这次见面时间不长,谈话不多,但说到了叶浅予的心坎上,他觉得周恩来真会做思想工作,说的话又十分在理,他这条鱼的确适合在大后方的水域里游泳,而戴爱莲的工作又离不开他的帮助。于是决定暂时不去延安,继续留在重庆工作。

"大三元"饯行

当然,周恩来是不会忘记叶、戴这一对曾经想去延安献身革命事业的进步艺术家的。1946年8月,当他听说叶浅予夫妇应美国国务院之邀,即将访

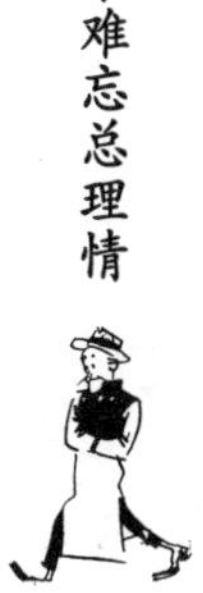

美的消息，马上让袁水拍、司徒慧敏向叶氏夫妇表示，启程前夕他要设宴饯行。

8月底的上海，骄阳如火。叶浅予与戴爱莲如约来到南京路上的广东餐馆大三元酒家，当他们跟随侍从走进一间包房，老朋友丁聪、廖梦醒早已经在那里张罗安排了。不久周恩来夫妇光临，随同前来的还有乔冠华、龚澎、叶以群等。周恩来和叶浅予、戴爱莲、丁聪、廖梦醒一一握手，边握手边说："来晚了，对不住，让你们久候了！"

叶浅予夫妇第一次与周恩来夫妇同桌进餐，心里有点激动。周恩来举杯向叶浅予夫妇祝酒道："我与叶浅予先生是老朋友了。武汉三厅就见过面，在重庆时又多次见面。今天你们要去美国访问，聊备薄酒为你们送行。希望你们能够帮助美国人民了解中国的真实情况。"短短的几句祝酒词，使叶浅予理解了自己访美的分量，他深知在国共和谈即将破裂之际，周恩来要他们在访美期间为中共做些工作。

席间，戴爱莲也许是酒喝得多了一些，她怔怔地看着周恩来，不禁脱口赞道："周副主席真漂亮！"叶浅予在一旁听了，嗔怪地白了爱莲一眼，怪她说话太没有分寸。

谁知邓颖超在一旁听了，不以为怪，反而调侃地对戴爱莲说道："叶浅予也很漂亮么！"一席话说得满桌欢笑了起来。

遗失照片之谜

笑声尚未过去，周恩来从衣兜里掏出一张照片，亲笔签上名字，送给叶浅予道："给你和爱莲留个纪念吧！"叶浅予夫妇双双观看照片，这是一张周、邓的四寸合影照片，背面粘痕犹在，显然是在赴宴之前，特意从照相本上取下来的。

这张四寸合影一直珍藏在叶浅予的大相册中。"文化大革命"期间被造反派抄走；"文革"后落实政策，大相册倒是归还了，但是这张四寸合影却被人揭走了。不知是被谁揭走的。

事也凑巧，80年代初，叶老应湖北美术学院的邀请，赴武汉举办画展。一天晚上，突然来了一个中年人，他自称是叶老的学生，"文革"初期参加了抄叶浅予家的行动。他翻阅叶浅予的这本大相册时，发现了这张照片。当时他想敬爱的周总理和邓颖超同志的合影怎么能落在"美蒋双料特务"叶浅予的手中呢，于是动手把这张合影揭了下来，寄给了邓颖超，还附了一封信。这位而今步入中年的学生，分配在武汉工作，对当年自己犯的“革命幼稚病”十分后悔，总想找一个机会当面向老师负荆请罪。叶老听了哈哈一笑道：“我也要感谢你，帮我解开了这张相片究竟到哪里去了的谜！”

向前看不必怀旧

新中国成立后，叶浅予任全国美协副主席，在文艺界的活动中，有不少机会能见到周总理，并多次聆听周总理的谈话。周总理总是以平等的态度，把自己摆进去，循循诱导，以理服人。有一次周总理召集文联各协会的领导人谈话，谈话的主题是不要怀旧，应该向前看。他先从郭老的一篇谈怀旧的文章说起，说自己读了也有同感。青年时代他曾在辽宁生活过，特别喜欢吃那里的一种食品，后来有机会重返辽宁，专门请人找来了这种食品，一吃满不是当时吃的那种味了！可见什么都在变，人也在变，不应该总是怀旧，要向前看，不要向后看。这次谈话，语重心长，给叶浅予留下了深刻的印象。

叶浅予十分佩服周总理的惊人记忆力。60年代初，也是在一次文艺界的聚会中，周总理看到叶浅予与王人美站在一起，不由走过来问叶浅予道：“戴爱莲呢？”叶浅予坦率地回道：“我们早就分手了！”周总理听了微微一笑后走开了。

文化大革命期间，叶浅予被诬为“美蒋双料特务”而锒铛入狱，在狱中想起自己的这段经历，他想周总理兴许能为自己说几句话，解除他的牢狱之灾。可是他看了看牢房，徒有四壁，笔墨纸砚都没有，怎么给总理写信？只得长叹一声作罢了。

“细叙沧桑记流年”

“画思渐稀文思寄，细叙沧桑记流年。”这两句诗，出自当代著名画家叶浅予的《八十自寿》。记得1987年8月18日，叶翁在中国画研究院度过他的八十寿辰后，悄然地向笔者透露：“近年来精力大不如前，创作细胞也大为减弱，加上心绞痛时有发作，所以八十以后可以封画笔，同时封画展。但要提起另一支文笔，集中精力撰写回忆录。”这段话，就是对前两句诗的注释。

两年多过去了，叶浅予的回忆录写得怎样了呢？这也许是广大读者较关心的一件事。

年前，笔者到他的新居拜访。走进画室，只见他坐在转椅上，微弯着腰，伏案写着什么东西。我叫了一声“叶先生”算是打招呼，他见我来了，放下笔，抬头点了两下。“听说您的《十年荒唐梦》已出版，我想要一本，先睹为快。”我开玩笑地向他求书，他笑着站起身来，转身从书架上取出一本书递给我道：“出版了好几个月了，谈不上先睹为快了！”

我接过这本装帧淡雅、并不太厚的小书，翻开头几页一看，好家伙，都是一些漫画插图，画的是他在“文革”十年中的亲身经历，每幅插图中都有他，在这些漫画中他或成牛鬼，或是蛇神；或陪斗；或受审；或被踏翻在地，或被轮番抄家；或被卡车游斗到天津，或锒铛入狱，或埋首于数不清的“坦白”、“交代”的文山下；或葬身于捉不完的跳蚤、臭虫的血海中；或“江青懿命抽我筋”，或“林彪立竿我影”……22幅漫画插图，将我重新引进了那血雨腥风、荒诞不稽的岁月，真是“满纸荒唐梦，一把辛酸泪”。两年前，当叶浅予正在苦心构思回忆录之时，曾征求过我的意见，回忆录从何写起。我见他画案上放着一本《文化大革命十年史》，于是灵机一动道：“您不是在读十年文革史吗？何不就从这十年写起，来个倒插笔，由近而远。”他欣然地点了点头。不过，事隔两年，当我翻阅这本配漫画插图，以漫画的笔法画自己、写自己、不怕“丑化”自己的回忆录时，心中肃然起敬地赞道，“不愧是一代漫画大师！”

我问叶老："第一本完成了，第二本写什么？"

"写什么？写《抗日行踪录》，写我在八年抗战中的行踪。已经抄写完毕，送交出版社了。不过，换了一家出版社，是新开张的，叫东方出版社。"叶浅予风趣地答道。

我惊奇地叫道："写得好快呀，我怎么一点也不知道呢？"

叶老露出顽童般的笑容道："兵贵神速嘛！告诉你吧，八七、八八两年。我已完成了六本回忆录的初稿，每本五六万字。今年修改缮抄。我的写作习惯是，先在笔记本上，以记流水账的方式，将头脑中想起来的事情随手写下来，这就是我的初稿，然后进入加工修改，边修改边缮抄，目前手中正在缮抄修改第三本，书名叫《任教三十六年》。"

叶浅予接着告诉我说，他的回忆录准备写八本，也就是有八个大段落，时间上交叉进行。第四本，写抗日战争胜利后的《美国之行》；第五本是《1985年》。这两本书，从时间跨度上都不长。我问叶老："为什么1985年要单独写一本书？"他解释道，这一年是他最忙的一年，一年之中在南京、苏州、武汉巡回举办了三次画展。举办画展对一个画家来说是一件大事，而一年举办三次画展，对他来说又是他画展史上的高峰，所以值得一书。

第六本回忆录叫《晴雨半爿天》，是写他的家庭婚姻生活的。叶浅予一生有过四次婚恋，组合过四次小家庭，作为一个具有如此传奇经历的艺术家来说，无疑是记者、作家追踪的传主。据我所知，就在他着手撰写回忆录的那一年，京、沪、杭有三位女记者先后追踪到他的桐庐老家，试图打开决口，摸第一手材料。当年我也正在他的老家，他风趣地对我说："三位女记者包围上来了，我应接不暇，只能打太极拳，虚虚实实推了出去。"事后他又对我说道："我的家庭生活，与其让别人写，还不如自己写，自己写可以掌握分寸。"据悉，在这部书中，他准备将他与四位夫人——罗彩云、梁白波、戴爱莲、王人美的婚恋生活以及他对四位夫人的看法客观地写出来。

回忆录的最后两本是写他的青少年时代的生活，一本是《上海创业记》，另一本叫《我的童年》。这两部书稿尚未动笔，拟在前六本书稿修改完才继续撰写。两年多的时间，先后完成了三十万字初稿，十万字定稿。还不包括他每年有一两个月回江南探亲、旅游，考察民风民情，写游记散文，画漫画速写，为上海《新民晚报》撰写《旅程画眼》的专栏文章，每年约几十篇。如果加上这一类文章，一年算下来，差不多有二十万字的成稿。对于一位以作画为主的

八旬画翁来，这确是难能可贵的！

我问叶老："你每天写几小时？"

"约四个小时，可得两千字左右。当然是初稿。我的习惯是，清晨起来散步一小时，上午写作。下午读书、读报、写信。晚上看看电视休息。"

叶浅予今年八十又三，精神不减当年，人显然老了，两鬓斑白，写字手也有些颤抖了。他平时借居在中国画研究院，只有星期天才回家，与孙女、重孙女团聚。谢绝一切社会应酬活动，为的是保持精力，争取时间，在有生之年完成这部自传体的传记——《叶浅予回忆录》。

（原载于《漫画世界》1990 年第 4 期）

叶浅予浙闽纪行

（1986年10月31日至11月14日）

10月31日

与慧钦妻随同楼家本、杨宝慧画家夫妇，一行四人搭乘民航1535航班离京飞杭（州）。是日，京城阴霾，乌云彤布，在万米高空，亦见黑云密集，偶见一缕阳光，白光闪闪刺人眼目。云层如海又如山，慧钦在机上意外地呕吐起来，也许是机身在急流中颠簸得太厉害所致，也许与她第一次坐飞机心理上不太适应有关。下午4点20分准时抵达杭州机场，叶明明在出站口招手示意。我以为她已随父（叶浅予）回桐庐了，她说：“你们不来，我怎么能走。”

我们上了小面包车，从机场直驶桐庐，整整走了两个小时。路上，问及叶老八十大寿祝寿之事，明明说，3月18日，家里热闹非凡，来了一百多口人，有从杭州来的，有从老家来的，有亲友、有学生，按照桐庐的风俗，要挂寿幛，点大蜡烛，老寿星还要穿长寿袍，由于天气太热，叶老没有穿成。客人们送来11盒大蛋糕。

晚7点，车开进了一扇大铁门里，直接进了车库。明明说，到家了。这里是富春画苑。我们随着明明黑咕噜咚地上了后山（指桐君的后山）。说是上山，实际上只是上了十几步台阶，台阶上面有一座院子，进了院门，只见一位老人在那里张望，慧钦走上前去叫了一声：“叶先生，您好！”叶老看了半天，没有认出是谁，后经明明提醒，才恍然大悟道：“噢，你是包夫人。”家本和小杨紧步跟上问好。

夜里光线太暗，画苑黑黝黝只有几间平房，其貌不扬。可是进屋一看，有吊灯，有瓷砖地板，灯火辉煌。晚餐早已准备好了，有炒鱼片，有松蕈烧豆腐等颇具地方风味的菜蔬，其味鲜美。

饭后，叶老谈起《人民日报（海外版）》女记者解波前不久来桐庐采访之事。他说：“解波厉害，这次她是带着问题来攻我的，问我的婚姻观、恋爱观、人生观，还从侧面了解我对社会主义的态度。她的结论，我是一个十分矛盾的人。我对她提出的问题，回答是真真假假，打太极拳。”

11月1日

清晨早起，与叶老走出画苑，沿着富春江边散步（富春江就在画苑山下，画苑楼上可以直面富春江），行二里路，至麦田坞。路上，叶老向我叙说麦田坞有两户翻身户，他们都是开拖拉机、搞运输发家致富的。我走到一户家门口看了一看，是一座两层楼房，门厅里晾晒着一地稻谷，本想进门看看烤凳——凳下漏空可以生火，山里人冬天坐在凳上可以取暖。这家人富了，不到冬天就生火取暖了，烤凳旁还放着一排现代化的沙发，客人来了，愿坐烤凳坐烤凳，愿坐沙发坐沙发，主人与客人对话，一个坐烤凳，一个坐沙发，倒是一幅绝妙的漫画题材。叶老曾画过此类漫画。正当我要进门，一位老太太上前说，儿媳妇病了，尚未起床，只得退出。

散步归来，明明陪我们到镇上农贸集市吃早点。去集市需过江，过江搭坐摆渡船，渡船不大，舱里设两条长凳似的船板，一边一条，可坐十来个人。船上只有一个船夫，手里举着一竿长篙，江面不宽，也就是几十米，几篙下去就摆过江了。客人上船，主动交钱，每位4分钱。

农贸集市在旧街与新街之间的马路口上，来赶集的都是当地农民，各式蔬菜、鸡鸭鱼虾应有尽有。江南水乡，物产丰富，菜蔬新鲜，鸡鸭乱叫，鱼虾乱蹦，十分热闹。在小吃摊上，我们吃了一顿价廉物美的早点，有鲜肉小馄饨、铜鼓饼、小笼包子，还有油炸馒头夹臭豆腐（这是桐庐特色小吃，叶老亲自点的，可是我不敢品尝）。六个人一顿早点吃下来，还不到十元钱。后逛菜市场，购得活鲤鱼一条，小杨掏钱我出力，一斤鲤鱼只要一元七角，便宜至极。明明陪叶老回家，我们四人游桐君山。山上遇到一位老建筑工程师，人称汤老头（富春画苑就是他设计建造的）。他带我们参观了一座正在修建的仿古亭子。汤老头是一位用民族风格来搞旅游的古建筑工程师。他派人到处去搜集破旧庙宇、祠堂及有年代的老房子上拆除下来的匾额、雕栋、屋斗、横梁、雕花成方等旧建筑部件，然后从这些旧构件中选出可以配对的构件，重新组装成仿古建筑。

桐君山上有一家茶室，正当我们要进茶室，在门口巧遇叶老。原来他一人悄悄上山，一来试试脚力，看能否上山，二来看看我们是否回来了。走出茶室，猛抬头，只见正面墙上有一幅壁画——《富春山居图》。这是叶老请他的两名学生姜宝林、王镛依据他的长卷原作临摹的放大稿。叶老说："桐庐县委领导很不满意，说这幅画不是原作，是两位学生的代笔。"我在一旁插话道："学生代笔天经地义，自古而然。"心里却在嘀咕，这位县领导也太不领情了，太不尊重艺术家的劳动了。要知道姜宝林、王镛也不是等闲之辈呵！

晚上在叶老居住的客厅里打洋麻将。我不会打，先在一旁观战看了几局，跃跃欲试，叶老叫我上场。叶老打牌很认真，像个老顽童，好胜心极强；我自知玩牌、下棋也太认真，明知是玩，却一步不让。两人较上了劲，谁也不让。最后我们以 4995 分险胜，叶老说是我做了手脚，少算了他们 5 分。我说可以复算。叶老说："你是一个赌棍。"我也反唇相讥道："你是老赌棍，我是小赌棍，赌棍遇赌棍，赌田又赌房。"大家听了哈哈一笑。

11 月 2 日

叶老安排我们上午参观瑶琳仙境。这是我第二次游仙境了。去年 10 月金秋，我曾单身游瑶琳，领略了仙境的奇妙景色。这次四人同游，加深了对溶洞大自然的认识。只觉得造化无穷，鬼斧神工，比人类艺术丰富多彩得多，艺术家只得从大自然造化中取一瓢饮而已。

下午去富春钓台，凭吊了严子陵的归隐之地。

11 月 3 日

早 8 点偕妻随叶老赴杭州火车站，拟转道去福州看东方书画社为叶浅予与楼家本举办的师生画展。小车只能坐四人，楼家本、杨宝慧夫妇另车随行。

途中，我问叶老："您平生最得意的学生有谁？"他说，有周思聪、李宝林、姜宝林等人。不过，周思聪得了类风湿病，现在手有问题，画不了画。前一段时期搞变形人物，但变得不成功。李宝林画过人物，现在改画山水。姜宝林，人很聪明，传统底子也有，不过去年在杭州与人合伙卖画，赔了本，出了点毛病，我对他有点看法。楼家本与我不是一个路子，他以前画过工笔人物，不过，这个人有头脑，有自己的艺术追求。

我问叶老，您很少与人开联展，过去开过联展吗？他说，3年前与（黄）苗子、郁风、秦岭云一起去新疆，开过一个书画联展。

我又问："有人对您与楼家本一起开联展感到奇怪，您为何要与他开联展？"叶老说，这是楼家本向我主动提出来的，说他要到福州开画展，问我愿不愿意一起开联展，正好我也想到福州去看看，旧地重游一番，所以就答应了。

我又问："有人说，您很器重楼家本，是不是？"叶老回道："这是别人的看法。"隔了一会儿，他又补充道："不过，我还是比较喜欢他的，他有自己的艺术追求。"

途中，我还问到了解波与他的访谈情况。叶老介绍说，解波问他的婚姻观是什么，他的回答是："我的婚姻观也许与人不同，有人对婚姻看得很重，设想了许多择偶的条件。其实，人的择偶有许多偶然性，有时男女双方一见钟情，一拍即合。不见得与原来设想的一样。我的外孙女就是这样，开始摆了许多条件，比如人要长得多高，文化程度要什么学历，人的长相如何，家庭人口又如何，她就按照这些条件去找，找来找去，找了多半年，也没有找到合适的对象。后来我就劝她抛开这些条条框框，她听了我的话，抛开了，果然解决了。"

解波说："您的观点是要把人重新变成动物吗？反正一男一女，一雌一雄在一起就能配对成偶？"他笑着回道："人当然不同于动物，人是有感情的。"

途中，我又问叶老，严子陵为什么要在汉光武刘秀中兴汉室后归隐钓台？叶老回道，过去我说过，弘一法师出家是个谜，现在又多了一个谜，就是严子陵归隐。不过，我想总有原因的。李叔同在民国初年出家，为什么早不出、晚不出，偏要在那时出家？恐怕与对民国后的政治产生了失望有关。我插言道，与袁世凯窃国、军阀混战、民不聊生有关。我接着又说，严子陵归隐，是接受了范蠡、张子房（良）的功成身退可以避祸的范例吧！历来的开国皇帝登上宝位后，第一件事就是杀功臣，拿身边最有功劳的人开刀。是不是这样呢？

车进杭州城，联系购买当天去福州的火车票，告知已经售完。找熟人走后门也未办成。最后我想出了一个急办法，直闯贵宾室，提前进站，找列车长。列车长看了看我的记者证，又看了一下叶老的"美协"会员证，总算解决了三张卧铺票、两张坐票。

11月4日

原以为杭州到福州十四五个小时，住一宿，第二天上午可到了，想不到足足开了一宿一天，火车上倒是聊天的好地方。我问叶老，人到老年，是否色彩观也会发生变化？他回道，会有变化。这就是对某些色彩特别敏感，而对有些色彩又特别不敏感。我问，对哪些色彩特别敏感？他说，比如在我的印象中江西是红土地带，一到江西，我就特别注意江西的土壤，果然是红土。如果要我画江西的山水，我就用赭红色。我又问，老年人是否对浓重的色彩特别敏感？他说不一定。人到老年，画画喜欢单纯的色彩，如纯黑、纯红，正如用线用笔讲究简练一样。我说，巴金认为文学的最高境界是无技巧。叶老说，这与画画是一样的，从有法到无法，最高境界是无法，从心所欲不逾矩。

晚7点，抵达福州站，东方书画社经理梁桂元接站，到西湖宾馆住下。叶老说："1927年，我曾到过福州，住了两个月。当时我随黄文农一起进入了上海海军政治部，并当上了中尉。北阀南下，海军政治部派了两个人到福州设立办事处，一个搞组织工作，一个搞宣传工作。我是搞宣传的，画了不少宣传画，当年我也到过西湖，所以一到这里，我就认出来了。当时的福州妇女头上插着三把刀的装饰品，我画过。"我问，为什么要三把刀来装饰？梁桂元说："开始是用来保护自己的，后来就作为装饰品了。解放后，因为带三把刀头饰不方便，搞不好要伤人，所以取消了。"叶老又说："福州多种榕树。我记得当年在一家饭馆吃过饭，这家饭馆的招牌忘记了，但记得饭馆的墙上挂了一幅大榕树的画，墙四周爬满了壁虎。屈指算来已有六十年了，六十年旧地重游。"

11月5日

画展定在11日，《福建日报》要一篇画展的新闻稿，任务落到我的头上，白天构思文稿，题为《师生联展各具风貌》。我写稿有个习惯，一定要在自己的书房或办公室里写才行，外出一般不动笔。但这次情况特殊，属于逼上梁山。

晚上，叶老和楼家本问我厦门画展是否落实，我说丁仃正在落实中。又问起我的旅差（车）费由谁报，我说，老丁说厦门报不了。叶老插话说："这样吧，关于旅差费，我的由我自己负责解决，你们就帮他（指我）解决。"小杨抢着说："那怎么行呢？不是事先说好了吗？"叶老说："我的旅差费从来不要人报，都是自己付的。"我说："这不行，如果报不了，那就由我自己负责。"大家不欢而散。

11 月 6 日

上午去展厅看如何布展。

下午,(复旦老同学)李国庭来访,他原分配在福州部队,“文革”后调省社会科学院文学所。说起评职称之事,他告诉我说,因尚无著作出版,所领导说,可以照顾一个副研究员头衔,他主动拒绝了。

厦门画展终于有了下落。厦门美协吴伟程来电说,画展事项都已落实,我的旅差费可由厦门文联报销。事情解决得比预想的好。

11 月 7 日

趁画展开幕还有 4 天的时间,省美协安排我们到武夷山一游。

吃完早餐,登上面包车,驱车直奔武夷山。翻山越岭,翻了两个山头,途经闽侯、古田、建瓯、建阳、崇武五县,全程 370 公里,海拔最高 1000 多米,路上足足开了 9 个小时。叶老精神很好,睁着一双神采奕奕的眼睛向窗外看个不停。

金秋时节,绿水青山稻浪滚滚,景色宜人。在闽侯县,司机陪我们拜谒了福建最古老的一座庙宇崇圣寺。走进大雄宝殿,果然气势非凡。这一天恰好是庙里寺僧的放生日,只见几个和尚正在河塘驱鱼放生,桥上围着一群年轻和尚,有的站在栏杆前,有的横跨在桥墩上,光着脑袋,指手划脚手舞足蹈,好不乐哉!叶老指着说,好一幅和尚行乐图。寺僧群里最小的只有十来岁。据说这些小和尚有的是家里父母在庙里许了愿,是送来还愿的。庙宇较大,正在改建。

晚投宿武夷山宾馆。

11 月 8 日

早餐前散步,我问叶老,画舞蹈人物在舞台上捕捉什么细节。他说,捕捉舞蹈中最打动人心的动作,然后在脑子里将这个动作定格,这种定格不同于亮相,亮相是程式化的动作,人为痕迹太重,而我捕捉的动作,是观众都见过而又很难固定下来的动作,我称之为动中有静。

上午游九曲溪。乘竹筏荡漾溪水,凉风习习,划船女唱起山歌,煞有风味。上岸后,叶老在溪边吟诗一首,说是诗,实际上是顺口溜:

“面包”奔驰跨群山，
灯光通明到崇安。
为探武夷任颠沛，
敢教老骨献名山。

我听了建议改一下，修改如下：

“丰田”翻越群山间，
灯火阑珊进崇安。
平生好作名山游，
不到武夷心不甘。

叶老说，后两句不明其意，前两句改得可以。

晚餐后，叶老觉得不适，有点感冒。慧钦是医务人员，取出备用的感冒药来让叶老服用，还用热水为叶老洗了脚，服侍叶老早早安睡。

11 月 9 日

晨起散步，叶老说，诗已改妥，念给你听听：

“面包”连翻几座山，
灯火阑珊进崇安。
敢教老骨献名山，
不到武夷心不甘。

早餐后，叶老感冒加重，我们劝他多吃几片发汗药，卧床休息。午餐后，驱车往回赶，开了三个半小时赶到南平。由武夷到南平是下坡，车速较快，比上坡快了一个小时。

晚宿南平招待所。市政协副主席设宴招待，叶老胃口不佳，只食用小半碗面，即上楼安寝。

11 月 10 日

晨五时起，转登游艇回福州，游艇比坐车要舒服一点，但船舱极小，坐不能直腰，只得让叶老躺在舱里休息。

游艇在闽江行，两岸青山翠竹，景色优美，不由也吟起诗来。其一曰《九曲溪杂咏》：

世人争说武陵好，
鸡犬桑麻无尘嚣。
我今放舟九曲溪，
看罢“玉女”听“虎啸”。

注：玉女峰、虎啸岩均在二曲溪南岸。

其二是《南平途中即事》：

买舟南平下福州，
苍松翠竹一目收。
猿鹤不知何处去？
烟波江上马达吼。

不辨平仄，胡诌而已。

11 月 11 日

上午参加师生联展开幕式，叶老带病出席，丁仃代表省美协致词，提及福州画展后，叶老还要去泉州、厦门旧地重游，届时举办厦门画展。联展在多景楼展厅展出，展厅虽然不大，但气氛热烈。

下午谈到去厦门办展事，叶老突然变卦说，不去厦门了，过两天由福州直接打道回京。我表示同意，电告吴伟程，推掉厦门画展议程。

晚看文艺会演，早寝。

11 月 12 日

赴厦门办画展又有变化，小杨获悉福州至厦门有飞机，说动叶老改变计划。从全局出发，我又电告吴伟程，画展有望。

上午省文化局的一位同志邀请我们去博物馆看清代闽籍画家黄慎的画展，后来又获悉我是《文艺报》记者，便邀请我参加黄慎学术讨论会，会期两天。

午餐席上，叶老讲了一段“文革”期间被关在秦城监狱，面壁自编自说长篇评书《松林湾》的故事。这是一个发生在“土改”运动中的故事。每天下午、晚上讲一段。开场白是“中央人民广播电台现在开始广播长篇评书《松林湾》”，然后开讲，他绘声绘色，讲得十分投入，还仿照评书艺人用手代替惊堂木，猛地向地上一拍。如此这般讲了几天，被看守发现，把他叫去审问：“你每天嘴里嘟嘟囔囔说些什么？”他回说是在说故事。看守又问是什么故事，他说是土地改革的故事。看守听了狠狠训道：“狗嘴里吐不出象牙，不准再说了！”叶浅予点头说好。

虽说是答应不说了，但他依然说下去，只是声音小了，自己听见就行了。他为什么要坚持编说长篇评书呢？这是为了练发音，怕长期不说话发音，出狱后发不了音说不了话。叶老在狱中练发音与丁玲在北大荒的情况倒有些相似。

下午去博物馆参观黄慎画展，他的简笔泼墨写意人物给我留下了深刻的印象。除了展出黄慎画作外，还展出了馆藏明清书画、漆画，江走轴、伊秉绶的两副对联也给我极大的审美享受。

晚上，参加黄慎学术讨论会、筹备组为部分书画家举办的笔会。中央美院美术史系副教授薛永年当众挥笔，写了一幅草书，一点也不怯场。看来还真的要练练字，不然参加笔会真的无法应酬。

11 月 13 日

整天参加讨论。与会者主要围绕扬州的商品经济及商品画市场对黄慎的创作有何影响、如何评价黄慎作品中的雅与俗、黄慎是否师承过上官周、黄慎的艺术成就和地位等等问题展开讨论。

会上结识了一位南京师范大学的青年教师陈传席，这是一位颇有才气的学者，他还带来了两位研究明清书画的外国学者，一位是日本的井上先生，另一位是美国研究黄慎的女博士研究生。

11 月 14 日

上午参观林则徐祠堂，祠堂内陈列了他的书法作品，还参观了乌山石刻。下午散会。

最后的午餐

真是晴天里一声霹雳，20世纪的一代漫画艺术大师、杰出的中国人物画家叶浅予走了，走得这么突然，这么快！

今年春节（大年初一下午），我到叶老家中拜年。家里静悄悄的。他的女儿叶明明告诉我说，春节前老爷子在屋里摔了一跤，伤了胯骨，走路不方便，昨天吃年夜饭，四世同堂，一二十口人，热闹了一宿，今天都走了，让老爷子休息。我问老爷子现在如何，明明说，精神好一点了，还是吃不多，没有胃口。

叶老的晚年，基本上是在中国画研究院度过的。星期一，从东城坐班车到西郊研究院，院里为他配备了一套起居室和画室，周末下午再坐班车回家。每周有五六天时间吃住在研究院。倘若要统计出勤，他比在职的画师和办公人员还要多些。中午食堂开一顿饭，他是常客，来了客人也往食堂里带，临时添几个菜。因此他与食堂炊事员的关系十分融洽，高兴了与炊事员开玩笑，说笑话。90年代以后，叶老很少画应酬画，连给荣宝斋的画也不多，可是研究院食堂的炊事员，恐怕每人都有他的画。

大年初一，我们来给叶老拜年。叶老说："昨天年三十，是金家（指女婿一家）来，初五是叶家（指在京的叶氏亲戚）来，初四是黄苗子、丁聪一批人来，还请了一位大师傅来烧菜。对了，初四侬也来。"我知道，叶老要请30年代的一批老漫友聚餐了。这种聚餐会，80年代，每年总要聚上一两回。可是进入90年代以后，聚得少了。黄苗子、郁风新近从澳洲归来，怕是聚会的起因。

大年初四上午10点左右，我来到东总布胡同，走进熟悉的叶家大客厅，客厅里已坐着几位客人。叶老女婿老金走上前把我介绍给客人，又把从苏州赶来的龚之方、作曲家瞿希贤、话剧演员吕恩及其丈夫向我作了介绍。正介绍着，从厨房里又走出了一位身体微胖的妇女，叶明明赶上一步介绍道："这是宋阿姨，是著名电影演员宋曼薏，今天请她当掌勺的大师傅。"看来，今天参加餐会的还不止是老漫友，还有音乐、戏剧、电影界的朋友，阵容着实不小。客厅里没有叶老，我知道画室里还有一批客人，于是向里走去，只见黄苗子在画案前弯着腰正与叶老交谈，郁风坐在一旁听着。叶老抬头见了我，嘴里念道："噢，包立民来了。"说完，伸手取笔在本上记下了我的名字。我知道叶老有写日记的习惯，"文革"前的日记大部分毁了，"文革"后又恢复记，十余年如一日，即使在病中也坚持写日记。难怪他年逾八十，还能亲自执笔撰写三四十万字的自传体回忆录——《细叙沧桑记流年》和《老笔忆童年》。这不能不归功于他的日记。

丁聪、吕恩、黄苗子(从左至右)在叶老画室

客厅、画室两摊朋友，正在倾心交谈。丁聪、沈峻夫妇与张光宇的夫人及女儿，一行四人"打的"同车抵达。张光宇的夫人年龄最大，九十多岁，除了叶浅予叫她大嫂外，大家都尊称她为张家姆妈。只见张家姆妈白发红颜，看上去只有七十多岁。紧接着胡考的夫人张敏玉在儿子胡小胡和孙子的搀扶下也到了客厅。叶老听说大队人马都已汇总客厅，于是起身一拐一拐地向客厅走去。

张敏玉、宋曼薏、黄苗子、胡小胡(从右至左)在叶老客厅

自从他完成了自传体回忆录的最后一个段落——《老笔忆童年》图文后,我很少看到他写文章。也许他认为该写的都写过了,写文章的笔可以封了。至于画笔倒没有封,只要精神还可以,他就提起画笔,在日本长卷宣纸上重新绘制三四十年代的速写,由于这批速写原稿已散失,只能对照出版印刷品重新临写。所不同的是,原稿是一幅一幅单幅速写,而长卷却要将这些独立成幅的速写重新组合成可分可合的长卷速写。由此进展很慢,时断时续画了两三个月,准备今后捐赠给叶浅予艺术馆。据我所知,画这两卷速写时,他已力不从心,有点费劲。画完后,他像散了架似的,身子一下子垮了下来,人也越来越衰老。

叶老一边叫着胡考夫人的名字,一边走进客厅,走到张敏玉的面前。半身不遂的张敏玉挣扎着想站起来说:"胡考不在了,要不然他也来了。"叶老忙打断张敏玉的话说:"侬勿要讲了,胡考在,也勿会来的,这个人我晓得的,是勿肯出门的!"说完,在张敏玉身旁的沙发上坐下来。他环顾了一下在场的朋友,又冲着坐在对面的龚之方说道:"今朝鲁少飞来勿了,胡考又勿能来了,龚之方啊,再过几年我伲都要变成历史人物了!"张敏玉在一旁打岔道:"不会的,今朝日脚(上海方言:今天这日子)哪能讲这种话呢?"叶老用手指了指张敏玉道:"侬呀还讲迷信,人啊,总要死的,啥人也要走这条道路的。"一席话,说得在场的人无不伤感起来。

叶浅予确实不讳言死。去年4月下旬，他在家中会见廖冰兄、廖陵儿父女，在座的还有韩羽和我。他握着老友冰兄的手说道："待身体好一点，我就要回桐庐去了。桐庐是我的老家，那里有山有水，风景优美。我想躺在那里，不再回来了！"长眠桐庐，是老人家的心愿，可惜从春盼到秋，由秋再盼到春，盼了整整一年。今年4月中旬的行程早已定了下来，最后还是因病而取消。

初四的午餐很丰盛，是叶明明负责采购的。二十来人分成了两桌，老字辈坐大桌，小字辈坐小桌。

宋曼薏是戴浩的夫人，她的烹调手艺的确不错，在座的多数是美食家，吃得大家赞不绝口。

1995年2月3日叶浅予在登记参加午餐客人的名单

这顿午餐，吃了一个钟头。据大桌的张敏玉事后告诉我说，叶老吃得不多，但很开心，还对她说："下次侬来掌勺。"以往叶老到胡考家里，都是由她烧菜。

不知为什么，吃着这顿热闹而丰盛的午餐，我的心里却升起了一种不祥的预感：这可能是叶老与30年代老漫友之间的最后的午餐了。谁知才过三个月，我的预感不幸应验。这确是叶老与老漫友的最后的午餐。

叶浅予之死，为中国现代漫画史的第一代漫画家划上了最后的句号，中国人物画坛上也陨落了一颗巨星。

（原载于《解放日报》1995年5月30日第5版）

忆叶浅予

张佛千(台北)

结交全部漫画名家

大陆最有名的漫画家也是国画家的叶浅予,于1995年5月8日在北京逝世。我在第二天即接到在香港服务的大陆女作家杨芳菲电告。以后又有大陆朋友来信要我写悼念之文,浅予长我一岁,相识之时都少年好事,有许多回忆可记。

叶浅予与张佛千在桐君山(1991年)

我在1935年5月由北平到上海,创办《十月杂志》,因为内容是综合性的,所以结交多方面的作家,也有诗人、画家、影剧明星。那时中国漫画刚刚起飞,上海的报刊多发表漫画。我向许多漫画家拉稿,后来都成为好友,与叶浅予、黄苗子往来最密,苗子方当弱冠之年,传统诗做得极好,我与江南才子卢前(冀野)都十分器重他,三人成为忘年之交。浅予天赋聪明,头脑灵活,热情而多豪气,他的长篇漫画《王先生与小陈》在销路最广的《申报》连载,风靡全国。还有漫画名家鲁少飞、张光宇、张正宇兄弟,年轻的胡考、华君武、丁聪、廖冰兄。而张乐平、陆志庠二人更是天真淳朴,如原木之未雕,什么都不懂，只对漫画无师自通，好像七窍中六窍皆避塞，只有绘画的那一窍是开的。张乐平画《三毛流浪记》，经报刊连载，三毛乃与王先生齐名。陆志庠不是“天聋”，不大说话。好在当时漫画界的老大哥们都重义气，对小友极力扶持提携。抗战开始，他们都以一支画笔报国。抗战胜利后，我们重逢匆匆；又一别半个世纪。我在1988年第一次由台回大陆，到杭州的第二天即巧遇浅予，他同日由桐庐到杭州。又相偕参加华君武“五十五回顾展”的酒会，昔日十多岁的小友，今日已是年近古稀的大名家。（我曾专程到香港会晤黄苗子，他陪我去看杰出的大画家黄永玉，苗子告我永玉也是当年的小友，只是我缘悭一面。）

为程砚秋画像

镜头回到60年前，我到上海不久。一天，一位“要人”返国，我在社中设宴招待，此公喜好艺文，我邀请许多陪客，有作家、画家、诗人及影剧明星，筵开两桌，那天正好是四大名旦之一的程砚秋自北平到上海演出的第二天，此公希望饭后能去看戏。头一天演出程戏的黄金大戏院已经“拉铁门”（客满），第二天当然更买不到票。黄金大戏院的老板是黄金荣，我姑且打一个电话试试。我只说有位南京来的客人想要看程老板的戏，黄金荣要我直接到戏院，他派人招呼。客人们听了这个消息，都要做陪客，我只能说：“恐怕没有这么多座位。”他们都说：“没有座位我们就不看，没有关系。”于是大队到达戏院，在门外招呼的人我认识，大队一直进去，一二排的客人纷纷让座。招呼我的人说：“他们都是老大请来的自家人，明朝还可以请他们来，弗要紧格。”于是二十多人全部一齐入座。我又告诉戏院的管事，我同程老板在北平相识，散戏后可否到后台去看他？回报：“程老板说欢迎。”于是散戏后，我们走进后台，这位要人与程老板接谈几句。他回到南京，逢人夸说我在上海如何吃得开。后来我告诉黄金荣另一娱乐事业“大世界”经理徐福生，他说：“你正好遇到老大招待自己弟兄，不然哪能让出这许多座位来？就我所知，这是从来没有的事。”

浅予给程砚秋画了一张像，不是夸张手法的漫画，而是正规的速写，归后并加上彩色，非常传神。第二天我拿到程下榻的旅馆，他看了画，又知道画的人是大名家，十分惊喜，笑说：“是不是送给我？”我说：“我要香花供养。”并请他题字，表示他看过了，他想了一下说：“那我就写‘砚秋敬阅’四个字，合适吗？”在我极口称赞之下，他规规矩矩地写了这四个字，又说：“我也学着写字

画画，也有名家给我刻的印章，可惜不在身边。”我说：“这四个字是您的亲笔，已经够名贵了，将来再补章也可，留下这个题目，好来找您！”他浅笑说：“您来，还用着题目吗？”他的言谈温馨亲切。我将这幅画裱成立轴，后来连同其他书画一并打包运输，难逃敌机轰炸之劫。

为刘宝全画像

抗战前一年，有鼓王之称的刘宝全由津南下，在南京秦淮河畔齐芳阁的鸣凤茶园献唱，秦淮河一带有好多家卖面点的茶楼，齐芳阁之名最著。听宝全大鼓的茶资是每人大洋二元，这在当时是天价，原来的一角加了二十倍，首都人士震于鼓王大名，场场爆满。我每月都要从上海到南京，有公有私，小住一周，适逢鼓王登台，我邀家住南京的诗人卢冀野、潘凫公（字伯鹰，后随章行严任秘书赴北京为和谈之使）及由沪来京的浅予、苗子，一同听歌，一连三次都是风雪之夜，第二次又加入“三张”：恨水、慧剑、友鸾。

宝全登台，先依例说开场白一段，脱下皮帽；唱了一段，脱掉皮大氅；再唱一段，又脱掉背心，只剩下长袍有带束腰，常以巾拭汗，可见其卖力使劲之态。高亢则悲壮，低沉则哀感，满座凝神屏息而听。浅予下楼到附近文具店，购得宣纸、毛笔、墨汁，为宝全作速写之像。我拿到中央饭店访刘，出示此画，他大为惊叹，我请他钤一印章，他只有木刻的章，但能存真亦佳。潘凫公题了一首七古长歌，只记得开头一两句：“二三子者颇好我，雪花邀听刘宝全。”其余已不能记。卢冀野题了一阕《采桑子》小词：

> 白头人在，岁晚相逢风雪外；行李匆匆，烽火连年照海东；
> 长歌博望，虎门龙争成绝唱；檀版零丁，又见人间柳敬亭。

黄苗子题了七绝一首：

> 烟尘北国三千里，风雪江南一片愁；
> 飘泊秦淮老歌客，解衣击鼓说曹刘。

苗子并加短跋：“予诗与字，不能见人，佛千强之，不敢辞也。”今天他的书法已卓然大家，名满海内外矣。

此书未裱，故于抗战中也未打包运输，历劫来台，犹存行箧，我也作《采桑子》一阕，补写于此画纸末，词曰：

蓦然唤起华年梦，裘马清狂；龙战玄黄，飞雪秦淮听鼓王。
酒徒生死无消息，沧海尘扬。孤岛流亡，墨迹摩挲鬓尽苍。

此画曾持示台静农、梁实秋二老，都赞为难得。当时台湾对大陆政策尚未开放，画家诗人都在“投共”之列，未敢装裱张挂，置之书橱，为虫尽食，欲“墨痕摩挲”亦不可得矣。

画茶壶与花瓶

一家瓷器公司邀我参观工厂，并在冠生园晚宴招待。我邀冀野、苗子、浅予、乐平等同往，老板见来了画王先生与画三毛的画家，更加高兴。我灵机一动，要他取来尚未进窑的成品，请大家作画，大概一人画了两件，我得了三件，一个小小茶壶是浅予所画猴子抱蟠桃，并题“齐天大圣偷吃蟠桃”，告我“因为你生肖属猴，此壶为你而画”。另一个托壶的小碟子，是胡考所画，他的画风别具一格。另一高约尺许的中型花瓶，方形四面，一面请浅予画王先生，一面请张乐平画三毛，一面请张光宇作画，我在光宇家曾见壁上挂了一幅他画的上海乡下来的年轻小老妈，别有风情，十分妖娆，我请他照样画在瓶上。浅予、苗子都对我称道光宇的功力，光宇自笑这张画比他家中的那一幅画更好。三面画画，尚有一面便请冀野题诗，冀野却要我作打油诗一首，须将王先生、三毛、小老妈都写进去。我仓促成诗：

才子相看也发愁，妖娆小妇太风流，
王胡翘起三毛笑，拿了花瓶却打油。

王先生有两撇小胡子，故曰“王胡”，冀野有“江南才子”之名，故曰“才子”。冀野对我说：“把你也写进去就更好了。”他写时改成“张弟卢兄共发愁”，大家鼓掌。最后由张正宇为四面沿边画图案。

这一花瓶置于我的书桌之上，小小茶壶，时时在手，抗战中连同许多物件寄存戚家，胜利后返港，皆已不见。此瓶如果尚在，当是异宝。

正宇、光宇有一位过继给舅家的弟弟曹涵美，是画《金瓶梅》插图的名家，

在上海一家著名的大型画刊(好像是《良友》)连载。当然有许多不能发表的画。画室在四楼,不许家人进入。我因正宇、光宇的关系,数度登楼欣赏,承他赠我二幅,一为有相之相,一为无相之相,前者春色无边,不可说、不可说,后者超以象外,意可会,虚胜实。

一天,浅予在我处吃饭后,随兴画了一张王先生逛街,小陈后随,鼻头上落了一只苍蝇。在旁几位画家,分别画行道树、楼房、商店招牌、上海弄堂口墙上常见的“在此小便是乌龟”,补了许多景,居然杂凑成章。我的表兄时为《十日》杂志编辑的杨祖植,作了一首七古长诗,重点在王先生鼻上的苍蝇,事情交关稀奇,诗句极跳宕嬉笑之能事。我将此画以两页连接在《十日》杂志制版发表。(参见拉页《色情文化图》)

阵中日报战地服务队

抗战初起,我奉令在苏州创办《阵中日报》,日印十万份,每日黎明前送达前线。我请浅予组织“阵中日报战地写生队”,速写英勇的战士,我用整张的版面刊出。画家们不怕危险,十分辛苦,在他们返沪时,除了稿费外,我将一大叠钞票塞进浅予的衣袋里。(我曾请准我的上司袁企公(守谦),在战地我要用的钱是无单据不报账的)我同浅予重逢提到此事,他笑说:“大家高兴地分了。”

我还有三幅长卷:一是春节街景、一是舞龙与舞狮、一是老鼠嫁女,都热闹之至,传神可喜,是张乐平、陆志庠之作,但哪一人画哪一幅画,我已不能确记。与前述浅予的画,都在重庆炸毁。

我现在还保存一幅浅予同大家合作的画,有小山、有亭、有一松横出、有一人散步,由漫画大老鲁少飞题记:“正宇、光宇、苗子、英超、浅予、少飞、籁鸣,全班明星合演。己亥秋夜。”己亥是民国二十四年(1935年),此画是在我处晚宴后即兴之作,因未装裱,所以折叠置于行箧,逃离兵火之劫。我拟裁成同样大的纸,寄澳洲黄苗子作一题记,可述当时少年呼啸欢乐之状,同裱横幅,并列壁上。

最为可惜的是浅予曾应我之请,画“天女散花”以赠,在台曾持示大千居士,他大为赞赏,不慎为虫食尽。与浅予重逢,他在作品中选了一幅新疆少女舞姿相赠,并说:“将来要照老样子为你重画一幅更大的。”今浅予已作古人,天女舞姿,只能徒存想象了。

叶浅予师友艺术行路团

我是在1988年9月初，第一次回大陆，先飞北京，后飞上海，再乘火车到杭州。当天就打听浅予的消息，经过旅游社多方联络，幸而遇到热心的杨芳菲，她在午夜冒大雨骑车到我住的饭店，我们是初见，她在杭州艺术学院工作，凡是台湾到杭州的艺文人士，她都热心招待。她告我，浅予今天刚到杭州，明天陪我去看他。到第二天傍晚才见到浅予，一别逾半个世纪，他依旧是当年轮廓，只是小胡子已经白了，一对炯炯有神的眼睛瞪着我半天，然后第一句话："我们还能见面！"然后哈哈大笑，然后紧紧拥抱。

浅予是杭州邻县桐庐人，他将他的大部分画作捐给桐庐，县政府为他在富春江畔的桐君山上盖了一幢小楼，他名之曰"富春画苑"，春秋住桐庐，冬夏住北京——他是北京中央美术学院教授，中国美术家协会会长。这次由桐庐来杭州，是因许多久已毕业的弟子到杭州来听他讲学。浅予后来精研国画，他的人物写生已有极高的造诣。过去国画传统的学习方法是临摹，缺少写生训练，所以认为"画鬼易，画人难"。近代来台的两位大师，画美女与高士，一百个人都是一个样，浅予不知道速写了多少各式各样的人，所以笔下的人像千姿百态，极尽其妙。而在山水画方面，以西方的技法融入东方传统，都是由于他的自修而得，正如孟子所谓"自得之"，故能"左右逢其源"。这次自北京及华北各地来的二十多位高足，都是已有名气的画家，他们租了一条大型画舫，放乎中流，在美丽的西子湖中开讲，真是一个最美的设计，可惜我上午没有联络到，未能参加。

浅予告我，他的高足们还要游绍兴及千岛湖，再到富春画苑，游富春江畔名胜。他们组织了一个"叶浅予师生艺术行路团"，邀我参加，还有来自香港的张玲麟（即过去著名影星钟情）与艺术评论家黄蒙田，因而浅予将旅行团改名为"叶浅予师友艺术行路团"。马上印了名片，第一名叶浅予，接着是我、华君武、张玲麟、黄蒙田，然后是高足们，殿后的是热心服务的杨芳菲与浅予的女儿明明，我尚保留了这张纪念性的名片。

东湖、兰亭、沈园

我在上海工作时也经常出游，只限于由杭州到南京火车沿线的名城，一方面工作忙，一方在上海娱乐之道太多，总苦于昼短夜也短，所以火车线外的

名城如绍兴及富春江都无暇一游，这一次参加行路团，可一偿夙愿。

我在杭州遇到浅予的第二天，便随团乘一部大客车向绍兴进发。绍兴是历史名城，春秋为越国之都，秦始皇改名山阴，唐代改名越州，宋高宗南渡曾一度为临时首都，改号绍兴元年，因又改名绍兴府，现在的绍兴市合并诸暨、上虞、嵊县、萧山、新昌五县。我们游览只限于绍兴。绍兴出了许多大名人。第一位是治水而崩逝于此的大禹，其次是卧薪尝胆的越王勾践，大书法家王羲之，大诗人陆游，大画家徐渭，大思想家王守仁，大史学家章学诚，近代革命先烈徐锡麟、秋瑾，现代教育大师蔡元培、文学大师鲁迅，中共总理周恩来。总之，绍兴有数不清的名人。

我们在绍兴共停留两个整天，要看的景点太多，下文根据手册追记，只是先后，已非当时次序。

东湖：湖岸石崖如屏，有石桥九座，最美之处是两个石洞，一是仙桃洞，如天神挥斧，将巨石劈成三片，上窄下宽，见天一线，小舟盘旋，曲折有幽致。石壁上刻联："洞五百天不见底，桃三千岁一开花。"传说原来洞顶石上有一桃树，结桃味极鲜美，故名仙桃洞。另一为陶公洞，来源未考。也是如斧削成，一线见天，高壁飞泉，入潭有声，暑气全消。我们分乘小舟，行两洞间，不舍离去。杭州西湖无此奇也。

兰亭：距城约十公里，一片小坡之下，是王羲之雅集的流觞曲水，石上小坐，俯视清波，发思古之幽情。水畔有亭，亭内有碑，刻"鹅池"二字，是右军手迹。再进则是御碑亭，碑的正面刻康熙兰亭集序全文，背面刻乾隆诗"兰亭即事"七律一首。据说此碑是我国最大的石碑之一。右军祠的正殿有王羲之像，殿前有一相当大的"墨池"，中建墨华亭，有桥可通，两侧为长廊，壁上遍嵌唐以来书法家摹写兰亭集序的刻石，长廊有茶座，可以小憩。

沈园：有大诗人陆游十分哀怨的故事。陆游初娶唐琬，因迫于母命离异，数年后，二人在沈园一顾而过，各已嫁娶，陆游《钗头凤》词一阕，题于壁上："红酥手，黄藤酒，满园春色宫墙柳；东风恶，欢情薄，一怀愁绪，几年离索。错！错！错！春如旧，人空瘦，泪痕红浥鲛绡透；桃花落，闲池阁，山盟虽在，锦书难托。莫！莫！莫！"在《放翁诗集》中，有多首唐琬已逝他再游沈园的诗。其中一首有句："玉骨已成山下土，墨痕犹锁壁间尘。"另一首是园已易主，旧屋需整修，乃将题词移刻石上："坏壁醉题尘漠漠，断云幽梦事茫茫。"最为后人传诵回肠荡气的是两首七绝："城上斜阳画角哀，沈园非复旧池台，伤心桥下春波绿，曾是惊鸿照影来。”“梦断香消四十年，沈园柳老不飞棉，此身行作稽山上，犹吊遗踪一泫然。”桥已重建，根据诗意名“春波桥”，我们在桥上走过。沈园本为宋代名园之一，规模很大，久已荒废，亭台轩馆均仿旧重建，特增“陆游纪念馆”，保留土墙一段，云是沈园旧物。

徐渭、秋瑾、鲁迅

青藤书屋：徐渭曾在院中植藤一株，并作“青藤书屋八景图”，距今已四百余年，数易其主，现照原样整修，三间书屋是传统的瓦房青砖地面，屋前小池仍在，假山依旧，青藤不老。室内壁上嵌石刻徐渭画像，并有自题像赞，徐渭自书“一尘不到”的匾额及部分书画。徐渭逝后五十年，另一位明代大画家陈洪绶一度居此，室内“青藤书屋”匾额，即陈所书。

徐渭自谓：“吾书第一，诗二，文三，画四。”后世则认为他的画第一。近代许多大画家吴仓硕、齐白石、张大千，都对他极为崇拜。清代诗书画三绝的怪杰郑板桥自刻闲章：“青藤门下走狗。”

秋瑾故居：三开门五进，第一进有何香凝书“秋瑾故居”匾额，第二进中间有秋瑾像，旁为秋瑾卧室，木床书桌都是当年旧物，三四进为陈列室，有手书、题词、照片等，还有秋瑾就义处的绍兴石桥版画两幅，上“社戏”、下“婚嫁”“风雨亭”，取义“秋风秋雨愁煞人”遗诗名句。有石刻中山先生挽联。徐锡麟起义的基地大通学堂、内有徐烈士祠堂，蔡元培作文立碑，因时间不够未去。

“鲁迅博物馆”规模很大，不及细观，匆匆而过，故居老屋多能保持旧观。

鲁迅的祖父母、父母及鲁迅出生之室，均有说明的牌子，厅堂中有八仙太师椅、茶几，还有一张古色古香的皮躺椅是鲁迅的祖父久病时所用。屋后是鲁迅儿时游玩的“百草园”，种有花草而已。距故居约一百步是鲁迅读书的私塾，正中悬有“三味书屋”匾额，桌椅书画都是当年旧物，距今一个世纪，保存仍颇完整。中间的方桌、太师椅是老师的位子，旁有八张学生的小书桌，鲁迅有一次上学迟到，受老师责备，他就在书桌上刻了一个“早”字，这张书桌仍然存在。（原载《鲁迅笔下的绍兴风情》一书）可见鲁迅之能“不贰过”、刻苦用功，成就绝非偶然。

再到“咸亨酒店”，进入了孔乙己世界，酒店是官方重建，将原来的一间门面改成三间，观光客慕名必到，加上本地的顾客，经常满座。进门仍是曲尺形的柜台，放着酒坛酒瓶，还有一碟碟茴香豆、鸡肫肝、花生、豆干、笋片等下酒

物，我买了几袋著名的茴香豆，一路吃到杭州。

周恩来故居：绍兴人旧称“百岁堂”，因为周的高曾祖母是“百岁寿母”。房屋是中等人家规模，三进，两侧都有走廊，明代建筑风格。因周恩来不愿搞“纪念”，仅对旧屋稍加整修而已。

绍兴石桥多而美

城外有很多地方未能去，包括风景美好的鉴湖，湖水最清，绍兴酒即以此酿制。禹陵、禹庙及舜庙，数十丈孤立的石崖刻成巨佛，秦始皇东巡至此的“秦望山”，上有有名的李斯颂德碑，连近在城内的越王台也未一游。

在游程表之外，而令大家流连忘返的是绍兴的石桥，多而形式不一，都有一种朴拙之美，河旁的人家鳞次栉比，石岸老屋，富有古意。还有两座桥，一为“题扇桥”，王羲之在桥上遇一老妪卖扇，羲之于每扇书五字，妪有愠色，羲之曰：“但言右军书，每扇百钱。”妪如其言，扇售尽。桥以此得名。（事见《晋书·王羲之传》）另一为“拜王桥”，是越王钱镠战胜归，父老迎谒于此。

我曾在鲁迅纪念馆买了一本《鲁迅笔下的绍兴风情》，内有两张版画，可见石桥之美。

富春画苑浅予家

第五天预定游千岛湖，因为风雨甚大，招待人员怕我不能走太多的路，劝我不要去，又因张玲麟、黄蒙田也不去而径到浅予家，于是我们同行，仍附乘旅行团的大客车，到浅予家附近下车。

浅予家在桐君山上，面对富春江，楼下正中一大间客厅，两旁是卧房，楼上是浅予画室。长案之上一个陶制大瓶中，插了一把芦花，朴而雅。

园中遍植花本，小楼门首有浅予自题的“富春画苑”横额。墙外有石刻浅予自作自书的“富春画苑记”。浅予因我们到来，特将未裱好的画，一齐张贴在大厅的壁上，都是水彩写生，有少数民族的舞蹈，也有印度舞蹈，有独舞、双舞、三五人及多人联舞，他的写生功力已入化境，线条之美，灵活、有力，表难表之神情形态。我们坐在厅中，壁上舞衣翩翩，真觉四面生风。我要求看他后来画的山水画，于是他取出几大张挂在墙上，造境、着色，都有突破，令我非常惊喜。这些画后来都收入张玲麟所编印的《叶浅予画集》中。

在富春画苑一宿，第六天一早，浅予带我们到桐庐县城吃早点，县城在江那边，我们走到山下江边渡口，有新油漆的木造渡船，中间客舱可坐二三十人。船行片刻即到对岸，拾级而上，菜市占了好几条大街，人声鼎沸，乡下农民挑来的菜蔬水果，鸡鸭鱼肉，也有日用品。大街挤得水泄不通。我们走过一家小棚，豆浆醇而浓，油条香而脆。吃罢逛城隍庙。遇一人背负新猎得的野獐，重约二三十斤，喊价二十元，台北客看来实在太便宜了。浅予也未还价就买下，他说今天晚上有二十多人来吃饭，指的是游千岛湖的一群。浅予的女儿明明非常能干，在街上又买了鸡鱼蔬菜，回来后她就下厨忙碌。大厅中摆了两张大桌，一群游饿了的年轻人，仍然吃不完丰富的菜。饭后，浅予已请接待单位安排大队住于附近的旅馆，我们三人仍住富春画苑。

富春江上好风景

第七天一早，全体同游富春江畔，先到严子陵祠堂，壁上有范仲淹撰书的“严先生祠堂记”，这方珍贵的碑文已剥蚀难识，只有“云山苍苍，江水泱泱，先生之风，山高水长”四句，尚依稀可辨。祠前有碑廊，刻了唐宋元明名家的诗，“客星亭”源于汉光武帝留严光同榻，严熟睡后以足压帝腹，次日太史奏：“客星昨夜犯帝座。”故建此亭。“东台”即严子陵钓台，巨石悬仲江岸，石面甚广，上有石亭，已重修多次，范仲淹诗：“世祖功臣三十六，云台争似钓台高。”明袁宏道有诗甚幽默：“溪深六七寻（八尺为寻），山高四五里，纵有百丈钩，岂能到潭底？”“西台”为谢翱恸哭文天祥处，也建有石亭，亭前屹立“西台恸哭记”巨碑。

碑廊尽处有临江小筑，楼上为“清风轩”，设品茗雅座，四壁多名家书画，室外有回廊，最宜观赏江景。轩侧有清泉一脉，陆羽《茶经》指此为“天下第十九泉”。亭侧石壁刻此六字。我们小坐，真个泉甘而茶香。

过了富春江水电站，便是“白云源”，又名“芦茨源”，是一条约十余公里的清溪，溪流曲折，两岸奇峰怪石，风景优美，前行是“白云村”，又名“芦茨村”，是晚唐诗人方干的故里。再前行是茆坪村，村口有由两株巨大的古樟构成的拱门。村中的建筑都在数百年以上，我们参观了一幢大屋，二层楼的四合院，除四面砖墙外，余皆木构，楼上回廊四抱，中为天井，采光甚佳。再到胡氏宗祠，内有戏台，可容观众千人，回廊外有小园，园中有亭，古树一株，弯曲的断干已成化石，而其余大部分则枝叶繁茂。溪水绕村而行，对岸山麓有修竹万竿，境界幽深奇丽，多次有人来拍电影外景。

随着大队回到他们昨晚住宿的旅馆晚餐，我同张、黄亦留宿于此。翌晨（第八天）大队乘车返杭，因黄要为其主编之《美术家》杂志写访问浅予的专稿，需要再去富春画苑，我也愿与浅予多见一次，乃与黄、张同行，要走三四公里桐君山的山路，浓荫石凳，中途有亭可憩。后来浅予告知桐君山上有桐君祠，有古塔，“江天极目阁”上还悬有浅予捐赠的《富春山居新图》。早知何妨多游半日。

午餐后，我们三人同回杭州，张、黄飞港，我回故乡——安徽庐江。

速写像与嵌名联

在浅予家，周思聪女士为我速写小像。浅予题其上：“富春画苑贵宾留影，浅予记之。”（画像附右）

周思聪画张佛千

在“叶浅予师友艺术行路团”中，大家对我都十分热情照顾。途中休息闲谈，我答应每人赠一幅嵌名联。浅予要我先作两幅，并指着一位曹无，说他的姓名两字都难嵌。言下有考验之意。曹无是山西人，魁梧奇伟，比众人高出一个头，一把兜腮胡子，大有风尘三侠中虬髯客的风采。于是我成一联：

独出其“曹”，北人异相；
有生于“无”，老子哲言。

我又说：“如要把你这个老师拉进来，可将‘北人异相’改为‘大师高足’。众皆称赞，浅予又指另一高足王超考我，我很快交卷：

“王”其神而行以气；
“超”以象乃得其环。

上联本《庄子》：“其神王”，王是旺盛、强旺之意。下联本《诗品》：“超以象外，得其环中。”正贴切其为画家。

浅予又要我制联赠他，我也很快作成：

“浅”斟亹亹谈往事；
“予”怀渺渺思故人。

浅予大喜，画家们纷纷索联，我答应以后一一寄上。回台事忙，又三次住院，跌断了右腿，所以这一大堆的人情债一直在拖。苗子自澳洲来函建议，大陆艺术界都佩服楚戈，嵌名联最好请楚戈写。正好我接到张玲麟寄来浅予画集，乃为浅予再制一联：

良友醇醪不厌“浅”；
天才妙诣能起“予”。

上联本《三国志》：“与周公瑾交，如饮醇醪。”下联本《论语·八佾》：“子曰：起予者商也。”

我后来接到香港沈苇窗寄来他主编的《大成》杂志，附函告以中有方地山赠叶浅予联：

相对深人无“浅”语；
敢言举世莫“予”知。

函中并谓此联只是嵌了名，但对受者并不贴切。谓我之二联，胜于昔贤。良友好我，在《大成》中敷有溢美之词，今苇窗忽作古人，益增伤感。

我要找楚戈写联，他是一个大忙人，迟迟写好后，适苗子、郁风伉俪由澳洲返北京，乃寄其转致，幸能在浅予逝世前送到，否则将焚之于其墓前矣。

回首前游，是我们一别五十余年最快乐的相逢，也是最后的相别，日月飞逝，人生无常，可胜叹哉！

（选自台北《传记文学》第68卷第3期）

我与浅予

黄苗子

打开回忆之窗

回想二十来岁的往事，总不免有点吃酸梅的味道——甜里带酸，酸里带甜。

1931 年年初，我正在香港念英文，由于受到“一·二八”淞沪抗日战争的激发，也就顾不得我爸爸大发雷霆和哥哥焦急万状，我利用那年春节放假，偷偷地离开家里溜到上海。从此，我就逐渐和上海的漫画家们厮混起来。这批人“阴魂不散”，到老还是像小猫那样偎依在一窝之中，张光宇是 1965 年病逝的；老弟张正宇——自称要活到一百岁，终于也在 1976 年以 73 岁的年龄和我们告别了。浅予、少飞、乐平、胡考、陆志庠、特伟、丁聪、华君武、张仃……这些当年的薛丁山、杨宗保，现在也都是挂起白胡子唱老生的角色了。

算起来我们大约都有将近五十年的交往。像蚂蚁那样，我们也都大同小异地沿着一根线在走着我们的人生历程，只是有的“蚁们”爱在半路上拐几个弯，有的凭着它那敏锐的触须，较快地走到前列去。而叶浅予则一向被认为是我们的“老大哥”的。抗战时期在重庆，50 年代初在北京，特伟眯着一丝小眼，俏皮地提起“龙头”，我就知道他说的是浅予。

这位老大哥名不虚传。我还记得 20 年代末，那时浅予和鲁少飞、张光宇在上海出版了一份单张画报型的《上海漫画》，这份刊物在香港出售，至少对我是着了迷那样爱读的。四版彩色石印漫画，四版单色图文，叶浅予的长篇连续漫画《王先生》每期都占一版彩色地位。那时我十六七岁，还在中学里念书，商务印书馆香港分馆举办了一个香港学生图画成绩展览会，我画了一幅模仿比亚兹莱的黑白画《魔》(别提画得多么蠢劣了,现在想起来身上还起鸡皮疙瘩),记得我的忘年交黄般若(不幸在我写此文时,这位天资横溢的香港老画家,已经入土多年,再也见不到他了)给我拍了一张照片,我就鼓着勇气把它寄给《上海漫画》。不久,我意外地接到一封上海来信,打开一看是叶浅予亲笔写的,告诉我画已发表,还鼓励了我一番。请想想,一个远地的中学生居然接到一位大画家(在我看来,叶浅予当时是顶大顶大的画家了,他能画出同美国《大力水手》、《菲力猫》那样的连载漫画,这多么了不起呀!)的鼓励信,你能说出他的心情是如何激动吗?

淞沪抗日战争似乎是草草了事的,我于是待在上海。1934 年以后,我和浅予便常在一起,后来我同陆志庠还跟着他到过南京,过了半年所谓的“波希米亚”(Bohemia)生活。浅予那时就已经养成一个习惯,速写本子不离身,路上、屋里、咖啡店、公园、饭馆、夫子庙、中山陵……只要有两手空着的时候,他都掏出白纸本和 5B 铅笔,留下他生活的痕迹。这个习惯坚持了四五十年,1966 年前,他的速写本堆得像小丘那么高了。然后到 1976 年以前,这十年间,他被四个人那一帮“冷藏”起来,没有去填速写本上那些空白。后来,他“冬眠”过后,又迅速地拿起铅笔和本子了。

1936 年春,我从南京回到上海,当了个小官,他还在南京画他的《小陈留京外史》、《王先生新集》。1936 年第一次全国漫画展览会在上海大新公司展出,他到上海来,并且带着这个展览和一批漫画家到苏州去展出,记得我们还到过网师园去吃了张大千先生一顿丰富午餐,看过张善孖在花园假山洞中养的一只小虎,我们才回到上海去。

《王先生》,是叶浅予 1928 年到 1937 年这个长时期的创作,像人们爱说的那句话,这已经是“古时候的事”了。但是,老一代的读者都还记得,《王先生》在当时上海、南京的报刊上发表,曾经轰动一时,还拍过电影,演过滑稽戏。这位子虚乌有的“王先生”成为当时妇孺皆知的社会名流。漫画以王先生及其朋友小陈这两个市民阶层的人物为主角,通过这两个小人物及其家属的一举一动,暴露了半封建半殖民地社会的面貌。正因为作者从实际生活中吸取题材而加以夸张或漫画化,因此使得多数市民阶层的读者对它感到亲切。通过王先生和小陈,有些自以为“庄严伟大”的人物突然瞧见自己只是一个滑稽丑角。有些生活在“自己的真理”中悠然自得的人物,突然发现这个“真理”原来只是一块遮不住屁股的破布。《王先生》虽然刻画了几个小人物

的滑稽可怜之状，但是大家都知道，使人变为鬼并不是他们自己的本愿，而是别有原因。正因为如此，这一长篇连续漫画能够持续十年之久，始终让读者津津有味地看下去。

"八一三"的炮火跟着摧毁了租界时期上海的旧秩序，"王先生"这个和上海畸形社会分不开的人物，失去了生存依据，也就只能和广大读者告别；从此，叶浅予也就永远和他的"王先生"告别了。在重庆，有一次我们的漫画伙伴谈起《王先生》，有人幽默地发表意见，说将来回到上海，就由叶浅予在外滩公园给王先生立一块墓碑，说明此人是被日寇炮火埋葬在上海，与他的朋友小陈等，全都同归于尽的。

叶浅予自己大约从来没有想过给在抗战中"殉难"的王先生立碑的事。但是"王先生"的时代确实从此宣告结束。虽然它作为历史，作为当时社会的影子，还是长留在人们心目之中。将来一定有有心人，出版一本《王先生漫画集》，这将会像唐、宋诗人的《金陵怀古》、《赤壁史》之类的作品，永供后人咏叹的。

40年代，叶浅予参加黄苗子、郁风婚礼合影

"八一三"事变，我那时在广州，知道叶浅予组织了全国文艺界抗敌协会的漫画宣传队，同胡考、张仃、张乐平、陆志庠等沿着长江各个码头进行抗日宣传，最后到了武汉。这个漫画宣传队后来属于政治部第三厅领导，其后乐平带了一部分人到上饶，特伟和黄茅等则到了重庆。浅予到香港负责主编《今日中国》这本宣传抗战的画报，直到1941年冬香港沦陷。

浅予是一个外表豪放而内心严谨的人。1934年夏天，我跟着他到过浙江桐庐县城他的老家，叶老伯伯（我最深刻的印象是他老人家那雪白的长胡子和满头白发，这是我生平见过最漂亮的老头之一。浅予虽然很像他父亲，可是他的头发和胡子却还没那么白得可爱）的房子是相当大的，记得要经过一个堆满箩筐磨砻和锄锹的大厅进入天井，才到起居室和饭厅，但是已经相当破旧了。正是由于并不富裕的家境，浅予没有受到高深的教育，他从未进过美术学校，虽然对于中学时代发现他的绘画天才的楼老师，他是经常想念起的，可是他后来却跑到福建一所大学当了半年旁听生，读了一阵子书。后来浅予跑到上海，在当时以“自由布”出名的三友实业社站柜台当过售货员，兼画广告画。记得张光宇说过，他们开始结为朋友，是浅予向光宇、正宇合办的《三日画报》投稿这一段因缘，那时浅予还是一个见了陌生人就带着羞涩表情的小伙子，此后，他和鲁少飞、黄文农、张光宇，还有我们那位被上海小报界称为“小无锡”的张正宇，就志同道合地办起《上海漫画》，以后他们又加入时代图书公司，由浅予主编《时代画报》半月刊，《时代》当时是以内容丰富、编排美观著称的，这份画报曾经畅销一时，日寇压境，战争前夕的不景气，使得全国经济萧条，出版事业也不例外。浅予终于离开了时代图书公司。

抗日战争，真像一场狂风暴雨，把不可一世的日本军阀冲下大海，把繁华都市里的男女老少冲进穷乡僻壤，让他们见见世面。它的延续，是那些军阀官僚、洋奴买办、鸦片妓女，一时冲出了大陆。战争是坏事，但也是好事。我们这许多人都受过抗日战争的教育，是战争让我们睁大眼睛，认识人生的伟大意义的。这个时期叶浅予画过许多街头展览的大幅布画，配合演剧队的宣传画。他有慷慨激昂的时候，也有苦闷无聊的时候，他到底是个知识分子。

抗战中期，浅予到了重庆。重庆这个地方多雾，人们往往在模糊的道路上走着，谁也看不清谁的面目。可是老伙伴们在一起，还是肝胆相照，除了泡茶馆、躲防空洞之外，还凭着信任和热情，共同去进行大家认为该做的事。当时的战时首都连制版都很困难，漫画这门艺术在报刊上得不到用武之地，可偏偏有人不甘寂寞，用展览的方式把漫画作品向观众介绍。1940 年，叶浅予在重庆展出了《战时重庆》组画。1942 年，他从香港逃难到重庆，又展出了《香港的受难》组画。总之，作为艺术家的叶浅予，他按照历史的节拍来安排他的创作生命，他如实地反映这个遭难的国家日常的不平凡生活，屠杀、反抗、轰炸、逃难……大多数的民族庄严与一小撮的荒淫无耻。

在这一时期，浅予是把漫画和速写结合起来的，他的许多作品，都是他的速写画页的加工，只是稍微把它夸张一下就够了。在技法上，浅予也出现了一个飞跃，这一时期，叶浅予开始吸收传统的中国画技法，在成都住张大千家，受到大千作中国画的启发，从此开始了他的中国画创作。叶浅予说：“我之从漫画转向国画，也是在张大千作品的引导之下成熟起来的。”开始吸收传统的中国画技法。他同戴爱莲结合，到过印度，又到西藏旅行，到大后方的少

数民族地区采风问俗，他开始创作以舞蹈为题材的画，这些画多数是用国画技法表现的。到了 1947 年，叶浅予从美国回来，应徐悲鸿先生之邀担任北平艺专的速写和中国画教师——由漫画到中国画，浅予的风格正是从这个时期开始转变的。1982 年时，叶浅予是中国美术家协会副主席，但他还是中央美术学院的中国画系主任，这老头只要健康状况容许，总是全心全意地指导工作和亲自讲课。

数十年前，叶浅予曾是一位老画家、画报编辑，并且创作过大量的漫画作品这一点，恐怕除了几个老头，知道的人就不多了。

抗战期间在重庆，浅予和张光宇、廖冰兄等住在北温泉一带，他们都没有什么长期固定的工作，他们自然属于天生不会发国难财的一种人，吃了上一顿没了下一顿，生活有时相当艰苦。抗战胜利以后，浅予曾应邀到美国去旅行，1948 年在北平《新民报》发表了一组连载漫画《天堂记》，对美国生活方式稍稍加以讽刺。这可能是他最后的一组连载漫画了。

1948 年冬，张光宇、丁聪、特伟这几位无可奈何地被“放”到香港的流浪汉，办了一本《漫画时代》。远在北平的叶浅予还用笔名画了一幅漫画，遥远地寄到香港发表，画的内容是即将黎明的时刻，北平学生从《水浒传》中受启发，卷着铺盖准备“上梁山”的。我那时候在南京，他来信说：“我们家已经腌好了腊肉，准备在这里迎接新年了。”

50 年代以后的叶浅予，除了进行国画创作外，还发表过大量的速写，其中由于出版物的需要，以舞蹈和旅行速写为多，但是我说过，速写本是浅予朝夕不离的伴侣，他到哪里就画到哪里。“万板楼主”王青芳，这位在过去社会潦倒了大半生的版画家，刚刚得到安定不久就死去了，浅予给他留下了张画像。老舍先生请他到家里做客，浅予也忙个不停地给他画几张生活速写。浅予说：速写本就是画家的笔记本，他为画家准备了创作素材；其次，它本身又是一种绘画艺术，它的任务是捉住描写对象的一刹那，它必须练出心灵手快的本领；第三，速写是线条的艺术，对于线条技巧的锻炼，画速写是最好的方法之一。浅予后期的速写，达到了高度的艺术境界，1960 年画的毛笔速写《文成公主》中的松赞干布，用笔的扼要简练、笔触的矫健活泼、掌握造型的深度，都使人叹服。浅予的中国画大都以舞蹈为题材，而这些舞蹈则多数是根据速写的再加工。可以说，他的中国画创作是植根于速写的。三十年来，叶浅予的国画教学，也提倡一面钻研国画传统技法，一面从生活速写下工夫。

作为版画(graphic)艺术家的叶浅予,他还从事插图的创作。1957 年,他为茅盾的《子夜》画过插图,1978 年,《子夜》再版的时候,他又补绘了几幅。由于作者经历过《子夜》的时代,接触过那时的各种人物,因此,他对于书中故事情节领会深刻,加上他非凡的线条功夫和表现能力,《子夜》的插图,在中国插图史上,也是值得大书特书的。

叶浅予的家乡富春江一带非常美丽,桐庐就在它的上游,再过去二十里就是严子陵的钓台了。那年我同浅予、陆志庠从桐庐坐小船到过那个地方,水天如梦,确实迷人,但是不知是否受了郁达夫《钓台的春昼》那篇名作的影响,总觉得这些地方不免有点颓废荒凉。印象至今未忘的只是小渔船钓上来的鲜鱼放在锅里,旁边伴着面条,就在锅中边煮边吃,其味之美,远胜我所尝过的山珍海味。至今已过了四十多年,还深深印在记忆之中。前年我到杭州,浅予正住在钓台附近七里泷水电站新建的招待所,创作他的《富春山居新图》,我本还想再到那边去看看,凑巧由于别的原因没有去成,但从郁风后来带回来的速写本中,看出由于水利的开发,这水光山色之乡已披上了新装,一扫过去那种荒寂之感了。尽管在向前发展过程中总是走“之”字路,但发展是事物的规律,浅予已经走过了五十年的创作历程。60 年代中叶以后,他同自己国家的命运一样,经历了些坎坷,但是十年风雨,使他锻炼得更加坚实,艺术创作更加旺盛。去年秋冬,他住过几个月协和医院,但在叶夫人、我们的王人美女士(我们有时叫她“娘娘”)的悉心照顾下,他的健康日见康复。倒霉的日子让它像轻烟那样逝去吧,我们又把眼光瞩目于梦寐中的未来了。

青松挺洁

为应国内外报刊的要求,我写过不少关于叶浅予的评介文章,1981 年时,《美术之友》又把这个任务交给我,实在感到被动,因为写的太多了。尽管我和浅予在当时结识已经将近五十年,不但在年龄上,并且在做人和艺术成就上,他都是我的老大哥。从我这个角度来看这位老人,有不少值得记下来的东西,虽然在艺术见解和艺术教育成就方面,他的许多学生会比我了解得更多。

从 30 年代初我到上海认识叶浅予以来,我对他印象最深的是“待人以诚”。不论是对朋友、对学生(他在北京中央美术学院任国画系主任三十多年),总是胸怀坦荡,知无不言。他是一位艺术家,他不善于像政客那样要手段、玩花招、弄虚作假、搞小动作这一套。在旧社会里,他上过别人许多当,但他从不给别人当上。近来中国画外销，“公私两利”，有些画家却并不热衷于私利，浅予是其中之一。他不满意好的中国画都“外销”了。他曾建议有些画店设内、外销两个市场，而以内销为主，因为好画都“出国”了，以后研究中国画的人就需到外国去，而且不利于现代画家的艺术交流和改变社会上无偿“求画”、使画家应接不暇的风气。

中央美术学院在十年浩劫中受到林、江一伙的摧残，学校已经不像样子。叶浅予个人这十年的遭遇更不必提，把他存放在铁窗里头度过了七八年。初被释放时，学校给他一份出入证，职务栏填的是“本校杂工”，老头乐呵呵地说：“这回可算获得‘工人阶级’的荣衔了。”但1976年深秋之后，叶浅予一心关怀的不是别的，而是怎么去把美术学院国画系整顿好。记得1977年他病后从医院出来，就以全副精神扑到美院的工作中去，当我去探望他的时候，感觉到他的心情，完全可以用唐刘禹锡那首著名的七绝来表达：

马思边草拳毛动，
雕盼青云睡眼开；
天地肃清堪四望，
为君扶病上高台。

可惜我们亲切的老朋友、当代著名的书法家张正宇已经逝世了，不然真想请他写成条幅送给浅予。

那时我知道这位年逾七十的老头，还经常上美院去亲自领导系里的工作。他亲自指导国画系的研究生，十分关心第二代的成长。后来，报上发表了叶浅予把学院发还给他的三万元，捐赠给国画系作为奖学金这件事，我觉得这正好说明叶浅予的为人风格。

三十多年来，叶浅予的弟子遍天下，他们都津津乐道老师那“诲人不倦”的态度。他对学生要求严格，也是大家熟知的，然而他的学生在背后议论，都感到叶先生可亲可敬。叶浅予平日主张既要继承传统技法，更需从传统中突破，创造出具有时代精神和个人特点的中国画。他鼓励青年画家多作速写和写生，更鼓励青年画家从传统画论——例如“以形写神”、“不似之似”、“迁想妙得”、“以大观小”等理论观点中，去探讨中国画的创作方法。叶浅予本人是一个刻苦好学的艺术家，在他的一篇文章中提到1979年夏天动了结肠肿瘤手术（这是他1977年心脏病之后的又一次重病）后，到1981年春以来，住院三次，他利用住院的机会来读写笔记。他书读得很多，古代画论、美术史、新出版的美学理论以及当前许多美术杂志，他都充分利用时间阅读。像这样一位年已 74 岁并且名满中外的画家，为什么还孜孜不倦地“学到老”，难道不值得我们深思吗？

1977 年以后，叶浅予始终不断地挥笔作画。起初他每年回到家乡浙江桐庐一次，为的是写一幅以富春江一带为题材的山水长卷《富春山居新图》，这幅作品于 1980 年完成。他以充满激情的笔调把他从小生长的富春江那春夏秋冬、阴晴雨雪绘于一幅，这种浪漫主义的手法，是他充分利用中国画的特点和长卷的形式的可喜的尝试。元代大画家黄子久的《富春山居图》是数百年备受推崇的山水杰作，叶浅予故意用“新”字，正好说明黄子久的时代到底过去了，富春江呈现新貌，山水画艺术也自然呈现新貌。那时他还是“心有余悸”，觉得画山水比画人物“保险”些，然而艺术到底是画家接触到的现实通过思维的产物，富春江的阴晴雨雪、春夏秋冬，何尝不是人类生活的阴晴雨雪的反映，又何尝不是画家的心情在冬去春来的反映呢？但后来，在精神鼓舞下，他又从事人物画的创作了，他在 1981 年发表的那篇文章《师古人之心》中，谈到他自己 1978 年在中国画创作组展览会上的《红绸舞》与《荷花舞》（图见本书第 168 页）的创作经过和感情：《红绸舞》是五六十年代叶浅予常画的舞蹈画题材，但是“这次画，因为经过十年浩劫的创伤，有第二次解放的切身感慨，气壮意豪，特别带劲”。他在北海公园对荷花写生，偶然从广播中听到我国艺术团正在纽约上演《荷花舞》这个节目。《荷花舞》也是叶浅予常画的舞蹈题材，但十年浩劫，舞蹈和绘画都同样被践踏得一塌糊涂，谁能料想到《荷花舞》又会在国际艺坛中放出光彩呢？由于思想上产生了这种激情，他这次的作品就和以前的迥然不同：“这个题材”以前画过多次，都是从舞台形象得到启发，转而想象荷池的幻景；1978 年这幅，由荷池联想到舞台，又由舞台回到荷池，构思过程有所不同。不同的感情，触发起不同的构思，叶浅予引用了晋朝顾恺之的话，叫作“迁想妙得”。

既然“迁想妙得”发自艺术家的感情（或者叫激情），那么从叶浅予近年这几幅作品中，不论是描写自己最亲切的富春江山水也好，再次表现 50 年代初期令人奋发的《红绸舞》也好，从广播中听到《荷花舞》在太平洋彼岸演出而重画《荷花舞》也好，也都是一个生活在此时此地，经历了迂回曲折，而仍然坚信自己国家民族有一个美好希望的艺术家的真挚感情——一句话，对自己祖国

的山川文物和社会前景的无可形容的爱！

叶浅予1980年到过一次西安，从半坡原始社会遗址、秦始皇兵马俑、大唐贞观开元的恢弘文化到“马嵬坡”的故事……都引起他许多浮想。一次，他在甘雨新居画室中打开了四幅大画稿给我看，正是他经过一年的酝酿，消化了古城长安这些象征着祖国悠久历史的印象后创作出来的一组“狂想曲”乐章。（图见本书第213、214页）

一年多以来，叶浅予除了到中央美术学院主持教务之外，多数住在西郊藻鉴堂，这三面环湖的小山，环境安静，足以避开喧嚣的长安车马——即不必要的应接往来，对于这位把心交给了艺术并且主动地企图为后来人留下些宝贵经验的老人，这是较适宜的场合。

叶浅予常常表示：人越老就越想多做点什么。我不知道年轻朋友是否能体会他这句话，但我自己却经常了解他这种心情。他现在很健康，我们都由衷地祝他长寿。

30年代，叶浅予是著名的漫画家和速写画家，40年代他开始从事中国画的创作，以后就长期进行教学和创作工作。在他身上，总是主动地肩负着一个庄严的使命，这就是为艺术，为自己民族文化的继往开来。近三十多年，他愉快地工作过，虽然上面也说过，在刮逆风那个年头，他同样在雨雪中。

陈毅写的那首著名的松树诗，象征着我们民族的性格，同时也使我自然而然地想到叶浅予。

大雪压青松，青松挺且直；
要知松高洁，待到雪化时！

临摹敦煌壁画（1954 年）

荷花舞(1960 年)

印度婆罗多舞(1962 年)

锡兰缶舞(1962 年)

西藏舞姿(1962 年)

西藏舞姿（1977 年）

重写60年代彩蝶纷飞（1977年）

写评剧舞台形象（1979 年）

善　　舞

舞蹈是通过人体的动作姿态表达人类在各种生活中的思想感情的一种艺术，由于这种姿态是人类最美的姿态，因此，画家都爱采为题材。五代顾闳中的《韩熙载夜宴图》，20世纪初法国德加（Degas）的各种舞蹈绘画，都是脍炙人口的艺术珍品。但是德加只是从舞台前后的角度描写芭蕾舞，“夜宴图”也只是从韩熙载家伎的《六幺舞》留下了我国古代舞的一个场面。叶浅予的舞蹈作品则是题材广泛，形象多样。从边疆的土风舞到我国民族舞蹈——《荷花舞》、《采茶扑蝶》，从印度的《婆罗多舞》到罗马尼亚的民族乐舞，都收入他的笔底，像这样取材丰富的舞蹈画家，是很少见的。

叶浅予从事国画创作，是抗战中期在四川的时候，那时他住在重庆北温泉，他第一次把他的舞蹈速写稿加工整理，绘在四川皮纸上。我记得大约在1944年他在重庆中苏友好协会举办的个人展览会上，有一幅《印度献花舞》，当时就受到观众的热烈称赞，叶浅予国画的开始，也就是他以舞蹈为题材的创作的开始。

浅予的舞蹈作品之所以具有艺术感染力，首先是他熟悉舞蹈，有一个舞蹈的环境，曾和他长期在一起的戴爱莲女士是最早把英国芭蕾舞带进中国的著名舞蹈家，这是大家都知道的。由于长期生活于自己所要表现的题材中，也就是深入自己所要表现的生活中，因而能够入木三分地刻画、表达这种生活，这是任何艺术家都必须具备的条件。老舍如果不是从小在北京的大杂院生活过，他就无法写出《骆驼祥子》和《龙须沟》。同样，鲁迅如果不熟悉他的故乡绍兴的生活，他绝对写不出《阿Q正传》和《祝福》。叶浅予的舞蹈作品也不例外。

其次，浅予是我国著名的速写画家，几十年来，他孜孜不倦地从事于各种人物、风景、静物的速写。速写是用最快速简练的线条去捕捉客观事物的主要形象和动态。速写不但锻炼画家的手，更重要的是锻炼画家的眼力和头脑，眼、脑、手的敏锐观察和准确用笔，产生了简洁美妙的艺术语言，这在中国画主要是线，其次是构图和色彩。叶浅予的舞蹈作品，主要得力于他的速写功夫，浅予从数以万计的速写习作中，打下了国画创作的基础。他是速写画得最勤奋的画家之一，速写本始终不离身。他只要遇到舞蹈演出就去看，每

次看舞蹈都手不停挥地画速写，要问浅予舞蹈作品成功的秘诀，我想，对于描写对象的熟悉和速写功夫的深刻，这都是主要的。

当然，由铅笔速写稿到一幅国画舞蹈创作，还需要很精细的加工，这其间国画特有的笔墨技法的锻炼修养，也是重要的。大家知道，叶浅予早年是著名的漫画家，他在40年代才开始国画创作。他初期的国画用笔细致，色彩明快，令人有飘逸明秀的感受。50年代初，他对于宋画的工笔重彩感兴趣，风格有所转变。《中华民族大团结》是这个时期的作品。后来浅予更加熟练地掌握了国画毛笔和宣纸的特性，1961年所作的《印度献花舞》、《夏河装》，就逐渐趋向豪放和爽朗。如果说，60年代以前叶浅予的国画线条是接近于“游丝描”或“铁线描”，那么，60年代初起，就更多地运用顿措自如的“钉头鼠尾描”。在用墨方面，他更发挥了“水晕墨章”的特点，即使在印刷品上，也看得出茸茸的水分以及层次鲜明的墨色。这种风格，到了近两年来，就更加老练了。

叶浅予的舞蹈作品，喜欢用比较单纯的色彩，墨色之外，洋红、花青、石绿、佛蓝、粉红是他爱用的色彩，这些色彩，几乎都是用来和墨作对比的。浅予的用色，主要是为了显出墨的光彩，色的作用只是用来烘托墨，这本来是明代的徐青藤、陈白阳、清代的扬州八家以至赵（之谦）、吴（昌硕）、齐（白石）等花鸟画家的传统方法，浅予只不过是第一个把这种风格运用到人物画的创作中去罢了。

浅予的用墨十分讲究，他把墨的焦、干、浓、淡、浅（传统的说法叫做墨分五色”）发挥得淋漓尽致，这也是他近二十年来从齐白石、黄宾虹等花鸟、山水画的方法借鉴到人物画中来的技法。本来传统的中国人物画中，从宋代的梁楷、石恪的“大写意”开始，就很注意水墨的运用。一直到明代的吴小仙、张平山一派，也是讲究笔墨的，这一流派的人物画，到了清代就衰落了。任伯年是清末大家，山水、花鸟、人物都擅长，在人物画上，他也同样兼善工笔重彩和写意笔法，但他更着重于线条的韵律而不太注意墨的色泽。浅予吸收了近代诸家之长，巧妙地运用到人物舞蹈画方面去。在传统国画中，遵循着继承、扬弃和发展的原则，这就是浅予的道路。

《印度献花舞》中舞女的头发，《西藏高原之舞》和《夏河装》，都是浅予在用墨方面的技法表现。

浅予的人物画接近于任伯年但又不同于任伯年，任伯年还离不开陈老莲的人物造型，偏于古拙，线条波折流丽，适宜于表现宽袍大袖的古人。浅予的画，则是描写现代人、现代的舞蹈艺术。如果表现现代舞蹈演员，却袭用了任伯年的古拙形貌，那就格格不入了。这就是说，浅予对于传统技法，不是盲目继承，而是有选择、有目的地去借鉴的，是“古为今用”的。

浅予十分留意于古代绘画著述的研究，康有为是较早地提出中国绘画要发展，应当吸取欧洲绘画的某些长处这个主张的，叶浅予认为这个主张在当时是进步的，他对于康有为的《万木草堂藏画目 · 序》予以好评。浅予留心我国古代“传神”(肖像画)技法，他认真研究了清代丁皋的《传真心领》和蒋骥的《传神秘要》等不大被人注意的关予肖像画传统技法的著述，从那里得到古代画人物肖像的心得经验。清沈宗骞的《芥舟学画编》、迮朗的《绘事雕虫》等，他也认真地研读。浅予对于我国传统绘画理论的钻研，使他的创作得到丰富的养料，他自己收藏任伯年等现当代画家的原作，目的也是为了借鉴。

绘画是客观外界事物通过画家的头脑再创造出来的艺术作品。绘画反映人类社会生活，应当比普通的实际生活更高、更强烈、更有集中性、更典型、更理想。西藏人民把他们的生活编成舞蹈，叶浅予在这个舞蹈中选取最动人的场面，通过笔触、构图、色彩，把西藏少数民族的舞蹈，经过艺术的再加工，这就给我们留下了这个民族健康、朴素的生活形象。《西藏高原之舞》调子明快，构图简洁而有变化，线条生动灵活，舞蹈人羊皮衣的灰色，用皴染表现出衣服的质感和体积感，这些都使观众感到比客观现实生活更真实、更美和更感动人。

舞蹈的姿态，变化快速，要捕捉住这最美的一刹那，是不容易的，不但需要心灵手巧和熟练的速写基础，而且还需要对于舞蹈有较好的理解力。有了对舞蹈的理解，你才能抓住最关键的一瞬间。但这还不够，还必须通过自己的大脑去进行去粗取精、由表及里的抉择。我们并不提倡、但也不反对有人画舞蹈速写有时参考一些照片，但照片毕竟不能代替绘画。绘画可以由头脑加工，可以把作者的感情寄于画幅，可以有适当的夸张而使舞蹈的姿态更美妙动人。《婆罗多舞》夸张了右臂的长度，这不但不影响人体的比例，相反的，正是由于这点夸张，才能使手、足和眼的联系，更加真切和恰当。

中华民族的传统绘画，有无限的发展前途。50 年代以后，山水花鸟画有很多杰出的作家，他们有崭新的面貌和鲜明的时代精神。人物画方面，从徐悲鸿开始，就尝试着以中国传统的技法和工具表现现代人物和现代生活。叶浅予是进行这种尝试的老画家之一，他的舞蹈作品是被公认为成功的。但正

如张仃兄1963年读了浅予的人物画后写的，叶浅予的各种尝试（包括他1951年作的工笔重彩画《中华民族大团结》），“在当时，对于国画的推陈出新，有它的重要意义”。浅予的舞蹈作品，只是他的成就的一个方面，他不仅表现“长袖善舞”，并且也通过国画笔墨表现穿短衣背心——劳动人民的形象，这就是叶浅予在我国国画革新方面的贡献。

1995年2月3日，黄苗子与叶浅予在叶氏画室

苗子案：

叶浅予先生终于以88岁高龄，于1995年5月8日逝世于北京。这时我似有预见地在睽隔多年后回国相聚了几个月。老人以衰病之身，还不时约到他家晤聚。从中秋节到春节，吃过他家好几次饭。那时他还力疾为荣宝斋画店绘人物长卷，以木版水印方式行世。3月中我离京南下，旋抵澳洲，不久，就听到他的噩耗。人的生死，实在是一种缘会。浅予如果死于抗日战争的炮火，那么他只是一位海派漫画名家；他如果死于十年动乱的牢狱之中，他将是一名“反革命分子”。所幸天假以年，使他在历尽风霜之后，有机会继续从事创作，陆续整理、出版、展览他的作品，并且以惊人的毅力写出数十万字的个人回忆录，给这一世纪的中国知识分子，留下了真实的爪印。1996年春，浙江桐庐为了纪念这个山水之乡的杰出人物，于桐君山

麓为他立像树碑，并以碑文就商于余。余以为桐庐山水所钟，代出艺人高士，如汉严光、元黄公望等，浅予盖足以方驾焉。

再者：本文开头提到的30年代上海漫画家生存的九位，那已是十多年前的事，现在，排在前面的五位，也都先后乘风而去了。明月黄垆之痛，为之慨然。

附：叶浅予先生挽诗

（一）

海外闻凶耗，悲予老大哥。
驯良遭鬼瞰，耿直受天磨。
彪炳丹青在，吉凶梦寐过。
嗟来子桑户，而我独如何。

（二）

崛犁出天性，堂堂对世人；
《沧桑》留信史，天壤此雄文。
笔底众生相，心中血泪痕。
十年秦火后，抉目认昆仑。

（三）

二十识君始，相交六十秋，
桃李满天下，画稿积山丘；
巴蜀流民苦，彝羌舞态优，
苍生与牛鬼，一代笔端留。

（四）

漫画尊先导，当年上海帮。
齐驱叶张辈，我等添同行。
刀笔诛倭寇，贪庸斥虎狼。
《王先生》不朽，今日尚风光。

（五）

八十祝翁寿，油诗报上刊。
何期再八载。一叶落长安！
富岭留公住，桐君盼汝还，
云山与江水，千古子陵滩！

（原载于《画坛师友录》三联书店2000年版）

热爱漫画事业的老头

丁　聪

我和叶浅予有六十多年的交往，而且不是一般的交往。最早，他是我父亲的朋友，比我大9岁，我把他看作叔叔；后来我长大了和他共事，把他看作同事；到我们都老了，又成了无话不谈的好朋友。今天，和我关系这么密切的良师益友离我们而去，我的心情格外的沉重。

叶浅予对他的绘画事业从来是孜孜以求，到晚年，他曾说过，要“自强不息，死而后已”。他无愧地做到了这点，他一直不停地画，画到了生命的最后一刻。

回顾叶浅予的一生，漫画和他有着不可分割的联系。早在20年代，他就开始画漫画，后来他创作了极有社会影响的《王先生和小陈》等一大批漫画。但同时，他又受了张大千先生的影响，开始钻研国画，他不满此现状，总想创作，对绘画，他是极为刻苦的。1947年当他从美国回来，徐悲鸿先生很欣赏他，聘他到“北平艺专”教国画；新中国成立后，1954年，他又被任命为中央美术学院国画系系主任，培养出一大批极有成就的国画大家。因此，人们就认为他是一位国画大师。其实，叶浅予内心对漫画从未忘情，在他从事国画工作的同时，也常为漫画刊物供稿。到了晚年，他更是怀念漫画，他曾对我说：“我还要画漫画！”他做到了。从他晚年所写的《十年荒唐梦》、《旅程画眼》、《老笔忆童年》等书和文章中，我们看到了他特有的漫画式的插图。

他的一生应该说和漫画结下了不解之缘，他为漫画付出了许多心血，是很多漫画家的带路人。华君武就曾说过：“叶浅予是现代漫画的老前辈，是我漫画的引路人。”因此，今天我们怀念他的时候，绝不能忘记他对漫画事业所作的贡献。

（原载于《叶浅予》人民美术出版社1997年版）

家兄叶浅子

叶　岗

当代画家叶浅予在他88岁生日后不久去世，度过了他多姿多彩的一生。他1907年出生在浙江桐庐，生肖属羊，乳名就叫阿羊，他1岁时，正是光绪归天、溥仪继位的年月，故自称“清末遗童”。

阿羊有一个威风的童年时光，他出生时，父亲的事业正在上升，又有一个富裕的外祖。外公外婆，从富阳移居桐庐时很穷，靠银匠的手艺谋生，还做点苦力以增加收入，逐渐挣起了一份家产。鼎盛时，拥有一家银楼，加工和销售金银饰品，街上有很多房产，还积累起几百亩田地，所以母亲嫁到叶家，带来陪嫁田12亩，这在山乡小镇，算得上一份阔绰的嫁妆。嫁过来后，物质支助也源源不断。外婆经常给阿羊送私房菜。不过，这样的舒服日子并不长。随着外公外婆去世，他们积聚起来的家业一世而斩，被舅父的鸦片烟枪消耗完结。清末民初，父亲独开门户，开了一爿南货铺叫“乾元慎”。这个店名很特别，商气甚少，而儒气倒有一点，不知是哪位老先生给取的。但是父亲经营此店却并不慎，不久就难以为继。浅予晚年写回忆录时讲到他的童年，自称奉母命跑“乾元慎”的那段日子是个“小店王”。

画龙少年

阿羊自幼好画，作画的工具就是厨灶烧剩的炭块。先在厨房画，再延伸到厅堂，画龙，画虎，画一切见到的事物，可称之为“厨房艺术”。现代的小孩有纸有笔，已见不到炭块。用纸笔作画自然要方便得多。

他的第二艺术制作是糊龙灯，糊送灶神爷上天下地的纸轿，这是一种手工艺，还需用笔用色的图案功夫。

第三种艺术就是画戏了，画戏的老师是他的大表姐胡家芝。她的父亲胡奏平是桐庐有名的书法家，当地商店的金字招牌大多出自其手，家里厅堂摆着大画案，纸笔齐全，广交各方书画同道。每年夏季祭祀芦茨菩萨，社戏连台，胡家芝就随母到外婆家做客看戏，带领小表弟们制作戏中人物的纸偶。阿羊是她的热心学生。浅予到了晚年还常提起这位比他长寿的大表姐，并为她的剪纸集写序言。

度过童年，进入少年，家道也开始走下坡路。父亲安排他的出路是到杭州进盐务中学，希望他毕业后在盐业这个铁饭碗里谋个生计。没有想到，“盐中”的教导主任胡也衲是位画家，善作大笔写意花卉。纶绮（阿羊的学名）进了“盐中”，倒是如鱼得水，正规接受造型训练，背起画架踏遍西湖各处。跟他同班的申石伽后来成为杰出的山水画家，晚年尤以画竹出名。比他稍后的陈从周成为知名的古典园林建筑专家。他们不忘师恩，为贫病以终的业师在永康重新修建了墓碑，体现了中国尊师的传统。

叶浅予后来长期从事美术教育。他的学生也很尊敬他。前些年他们还搞了一个“叶浅予师生艺术行路团”，定时定地聚在一起，边走边谈边画，开办师生画展，是颇为新鲜的一种观察生活方式，也是师生情谊的范例。

幽默细胞

纶绮“盐中”没毕业，到厦门大学去做了半年旁听生。去厦门的动机有二：一是厦大初办，到各地招生，他动了心；二是他因为谈恋爱犯了校规，操行得了个“丙”，留校没了面子。父亲得知儿子行事出格，寄去路费把他从厦门召回。这是他人生道路的第一个挫折。他不愿意再回“盐中”去做“回汤豆腐干”，从《新闻报》的一则招牌广告上找到机会，寄了两张画到上海应征，考进了三友实业社当练习生，进入上海滩。时在1925年。

20年代的上海滩，西方的物质文明已大量涌入，文化艺术也接踵而来。上海的画家开始接触西方绘画，包括西方的漫画。叶浅予构思《王先生》时，受到美国漫画连载 *Bring Upfather* 的启发，那是一个怕老婆的故事。中国的《笑林广记》也不乏惧内的故事。这使他勾出了两个惧内的市井人物：王盛和陈，即王先生和小陈。1927年，由黄文农、鲁少飞、张光宇、张正宇、叶浅予合力创办了中国第一本有影响的漫画刊物《上海漫画》，办公地在麦家圈（现山东路），当时议定由五人中最年轻的叶浅予画一个连载，滑稽列传《王先生》就这样诞生。以后,浅予遂因此而享盛名。

漫画是夸张的艺术,生活中的笑料经过夸张,便容易引人发笑。像王先生雇填鸭师备料填肥自己的趣事,只有漫画家才想得出。天生开心的浅予,身上有许多幽默细胞,他常说:“漫画使我习惯于用夸张的眼睛去看周围的形象,包括自己在内,常常想把周围的形象漫画化,获得有趣的效果。我画了一阵国画之后,有时总想作一两张有趣的漫画,说这是条件反射也好,是玩世不恭也好。”漫画家好幽默,予人玩世不恭的印象,则是误解。浅予说:漫画家笔底针对丑,心目中有个美的理想在指导。丑极则美,由丑到美,漫画家是这样处理他的形象素材的。

《王先生》从漫画而电影,在30年代,那还是稀罕事。汤杰饰王先生,曹雪松饰小陈,李莉(一说即孙维世)饰王小姐。叶浅予自任新时代影片公司经理,有时也拿起传声筒,代替导演左明说戏,在摄像机前喊:“开麦拉!”

浅予生性活泼,开朗豁达,而又随心所欲不逾矩。我寻索他的思想根源,从父祖辈的身上,似乎找到他道家为体、儒学为用的底子。漫画家的幽默,使他生活中充满兴致,即使7年秦城囹圄的孤寂,也没有击倒他。

艺术宗旨

叶浅予的艺术宗旨是自强不息。他一生勤奋,作画千千万,出版画集文集几十种,晚年“画思渐稀文思寄,细叙沧桑记流年”,还写成了一生的回忆录,连童年的事也补成,准备修订时补入。诗志言,他近年还不计平仄写起旧体诗来。诗如其人,类皆透明。

总括浅予一生的艺术,可以归成三大类。

第一类是漫画。以长篇连续漫画《王先生》开其端,《小陈留京外史》发于中,《天堂记》殿其后。这是浅予艺术的辉煌期。上海杂志公司在30年代后期出齐了他的王先生、小陈漫画集,留下了一份上海生活的形象资料,描绘了市井的众生相,推出了一套现代官场现形图。

80年代,由毕克官收集编印了两本选集。一本是上海的《叶浅予漫画选》,一本是北京的《王先生与小陈》。两书的编成,端赖藏书家魏绍昌提供了这套书的全帙。这套王先生、小陈全集,已成海内孤本。1990年他把这套书送给画家本人,叶浅予喜出望外。“王先生”艺术得以完整保全下来,藏书家功不可没。

第二类是速写，叶浅予的速写，在画界无出其右。他从30年代起就速写本子不离身。那是从墨西哥漫画家柯佛罗皮斯处学来的。速写本成为画家的形象库。历年来，陆续出版过好多本速写集子。前几年，湖南美术出版社计划出版浅予速写集十种，已出版四五种，尚未出齐。浅予速写，自然以舞台人物最有名。年青一代人认识浅予艺术是从他五六十年代发表在报刊上的舞台速写开始的。他的速写，大部分是用铅笔线，从《天鹅湖》开始用水墨改画，线条减至无可再减，堪称减笔大师。画界对他的速写成就是一致公认的，所以前些年曾有他的学生创议建一个浅予速写馆，以收藏和弘扬中国的速写艺术。

第三类是舞蹈人物画。40年代，叶浅予离开漫画，走向国画，第一批作品便是他访问印度归来所作的印度舞画。他用敦煌壁画和佛画的手法画天竺舞，用色厚重，线条工整流畅，有点壁画风。对这批画，徐悲鸿的评语是：浅予之界画，如其速写人物，笔法轻快，动中肯綮；宗白华的评语是：浅予的印度舞画，是古典美与现代美的结合。到了60年代，他的笔墨解放，出现了画舞的高潮。代表作如《婆罗多舞》和《献花舞》，《和阗装》和《夏河装》，画上人物洒脱、妩媚、奔放，画界咸谓浅予舞画60年代是高峰。可惜一阵政治狂飙，打落了他的画笔，掐断了他的艺术黄金时期。70年代后期，他重握画笔，把全部感情倾注到家乡的山水人物。他以两年之期，三易其稿，画成《富春山居新图》长卷，以后又再画《富春人物画谱》百本，老笔纷披，重见他30年代画漫画时的恣肆笔墨。这时期，他不以画舞为满足，尝试国画与漫画的融合，《长安怀古》四题便是。半坡纹、马嵬坡两题，都是有点漫画味。黄苗子说有点马蒂斯味，这当然是画家寻求绘画形式色彩中的一种巧合。

造型、造型，造型艺术就是创造形象的艺术。中国画延绵千余年，直到齐白石，总结造型原则为“似与不似之间”一句话，有时也说为“不似之似”，真是说得极明白，极透彻，极概括，一句话就把画理说清楚了。不似为欺世，太似为媚俗。用浅予的说法是不能遗形传神，也不能死抠细节。前者就是那种抽象画，后者大概就是照相画了。浅予是白石的信徒，所以主张以形写神，有神才灵。

感情生活

叶浅予1925年到上海，到1927年只两年，就已走上漫画创作的道路，并开始其《王先生》的事业。20岁回家乡，已是西装革履、头戴呢帽、身背照相机的旅行家模样。他带着我这个8岁的幼弟去严子陵钓鱼台远足，一路拍照，一路采风。同行还有11岁的福英姐和禄英姐。他拍照并不完全为了好玩，他是上海黑白摄影会的成员，用“初萌”的名字发表摄影作品。他还为云裳公司设计时装，主持过上海第一批时装模特儿的表演会。他的生活兴致和艺术兴趣是多方面的。

他称第一次恋爱为“纸上谈兵”，跟杭州女师学生王文英谈朋友无结果。22岁时，奉父母之命回乡和罗彩云结婚。罗是旧县人，距城十里，是唐以前的县治所在。旧县罗家是桐庐望族，罗家祖父在外面做过两任县官，致仕后回籍盖了个花园别墅养老。罗家花园在当地小有名气，园内以白兰花最有特色。每逢初夏花期，罗家一早就派专人把刚摘下的白兰花送到县城亲戚家供女眷佩戴，是很风雅的礼物。彩云生在罗家花园，父祖都是士子，她却不愿读书，成年后终日陪着有洁癖的老祖母打麻将，成了个半文盲。叶浅予跟她成婚后，除了饮食男女，别无共同语言，没有好感，也没有恶感。罗氏为浅予生了一双儿女，儿子叫申苐，女儿叫明明。儿子继承父业学了画，专攻水彩。成家后，奉养生母，尽人子之责，并劝其母跟父亲办了离婚手续。罗彩云在“文革”中发现身罹癌疾，怕不治受苦，服过量安眠药而逝。浅予出秦城后闻讯深为自责。

使叶浅予离开罗彩云的是梁白波。女画家梁白波，广东中山人。毕业于上海新华艺专，天分甚高，思想激进，用的笔名就叫“Bomb”，后从朋友劝，改为“Bon”。她在做学生时，曾参加过共产党组织的南京路飞行集会，后去菲律宾一个中学教画图。回国后在《时代画报》与叶浅予相遇，一见钟情，遂成情侣。梁白波是油画家，是上海油画沙龙决澜社的成员，主其事的是庞薰琴和倪贻德。白波的艺风大胆而泼辣，她画的抗日宣传画也有阳刚之气。但如苗子所说，有点疏懒，故留下的作品很少。1938年她在武汉离浅予而去，与空军军官陈恩杰结为夫妇。陈恩杰，苏州人，是陆志庠的小时同学，他因陆的关系跟梁认识。他们婚后从南昌基地移居成都基地。梁白波在这一长段时间内几与艺术界断了关系，只是从新疆回上海时与郁风、苗子在国际饭店一见。她最后还是和陈分了手，从台南到台北，在廖未林所办的陶艺厂画瓶子，为林海音所编的《联合报》副刊画插图。她后来在致林海音信中把自己比作一块可以随意丢来丢去的抹布，心情凄苦，最后导致精神分裂，在台南海边一间小屋里郁郁而终。几年之后，我们从席与群的美国来信中得知此讯，浅予闻之黯然。80年代初他去武汉讲学，特地跑到武昌昙华林文华大学原址前三厅驻地凭吊

故人。梁白波当年住三厅的孩子剧团宿舍。他对白波为他所做的牺牲是永世难忘的。

戴爱莲是舞蹈大家。她与叶浅予的结合,有点离奇。她出生在西印度群岛的特里尼达岛。英国的温莎公爵逊位后一度到那岛上去做过总督。她后来随母住在伦敦学舞,芭蕾和现代舞都学过。她在伦敦时倾心一位捷克雕刻家,失恋后到了香港。因特里尼达老乡陈友仁(中国早期外交家,其子陈伊范是画家)的介绍,认识了宋庆龄。廖梦醒为筹办戴爱莲的舞蹈捐献演出,介绍她跟叶浅予认识。他们由相识而相恋,由相恋而结婚,速度极快,完全由女方主动。可能是她为浅予的艺术才华所吸引,也可能是为了填补伦敦失恋后的感情空白。那时,浅予也刚失去白波。

他们倒真是缺少共同语言,因为戴爱莲只会说英语,但艺术上的共同语言,使他们的感情生活丰富而新奇。戴说在香港只知浅予是位画家,到了内地方知他是如此有名。她婚后曾因妇科病回香港手术,术后医生告诉她将不能生育。戴说,她当时哭了,因为她真心想与浅予有一个孩子。她后来便把罗彩云所生的明明视同己出。1950 年她弃浅予而与她的舞伴丁宁成婚,“文革”中为丁所弃,所以又找到了明明。这些年,戴每年跑英国,大部分时间居海外。朋友们劝她与浅予复婚,她没有同意。我猜她在英国已有感情牵连,又听说她住在一位雕刻家的家里,不知道是不是就是半个世纪以前的那位捷克老恋人?那位雕刻家 1995 年 2 月弃世,3 月戴赶回北京开政协会,原来居处已借出,没处落脚,明明便把她接到浅予家里,她也坦然接受,使浅予大感意外。她开完会又回伦敦料理雕刻家的后事。没有想到浅予在她走后不久也以多病并发而弃世。这样的人生结尾有点辛酸。

王人美是大明星,渔光一曲,使她名满天下,但她把成名看成不幸事,她在电影界有“野猫”之称,下嫁电影皇帝金焰之后,丈夫要她在家里待着,她则不甘心做“家猫”,生活观不同,不免发生磕碰,最后还真的分手了。50 年代初在上海,一次政治学习逼得她的思想钻了死胡同,不实之词让她想不通,导致精神分裂,被她的姐姐接到北京去养病,病愈后到“北影”安身。她和浅予都已独居多年,好事者吕恩把他们撮合在一起,结了婚。幽默大师华君武说浅予是专找“霓虹灯”的老婆;见到他家的新陈设,说他发了妻财。因为浅予不攒钱,显然是王人美置办的家具。

他们的婚姻一开始就出现危机,因为两个中年人的生活都已各有定规,要适应也难，所以磕磕碰碰，矛盾不断。王人美责怪他是大男子主义，幸而理性占了上风，磕碰三十年，倒也至死没有发生婚变。王人美是湖南人，湘女多情，她先对金焰有情，后来对浅予也有情。在他生活中的4位女性中，对他的健康和生活关心得最多的是王人美。1975年浅予从秦城出狱，王人美和他到照相馆拍了一张照，一本正经，好像一对老干部的结婚照。照片上的浅予已没了胡子，秦城不容许犯人蓄胡，出狱后来不及长出，直到“四人帮”倒台，他才蓄起短髭，如他壮年时的模样。

浅予的感情生活，在他回忆录《婚姻辩证法》一章中有详细的记叙。

他的生活宗旨是知足常乐。他一生收入不少，但自奉不丰，待人却不薄，他从不攒钱，钱多了就要想法散去。他常说，一个人不能没有钱，也不能太有钱。没有钱苦恼，钱太多烦恼。所以秦城七年，落实政策时发还他被扣的工资三万元，颇让他难以处置，引起了一阵“小富翁的烦恼”，最后是捐出了事。事先没跟王人美商量，她虽有点不快，却也引动她给附近的小学捐五千元让他们买一架钢琴。浅予有句顺口溜儿记其事：“平反冤假错案，补发工资三万，难煞老翁穷汉，捐讫浑身舒畅，老伴生性好强，搜出多年积攒，五千一架钢琴，送进小学课堂。”

80岁以后，浅予年年都要回老家住一两个月。他考虑再三，1988年把自己的全部作品赠给家乡，连带把七十件藏画和八百册藏书以及画册，也一起送去。桐庐考虑到画家年年回来，总住招待所不是办法，花了几万块钱盖了一间民居式的富春画苑，供他回乡时居住，他郑重其事地写了一个碑序刻石记其事。草图请建筑名家陈从周过目，老同学认为太简陋。浅予说，就算是个草堂吧。

浅予一生豁达，也一生谨慎。他艺术上奉献甚多，而所求也有限。回顾我这位长兄的一生，为他的艺术大成就高兴，也为他某些不公遭遇不平。这一切皆已过去，而他的艺术遗产将长留人间。

（原载于《叶浅予》人民美术出版社1997年版）

难忘的梁白波

魏绍昌

梁白波

我们三人，黄苗子在澳洲，林海音在台湾，我在上海，怎么会共同谈起30年代的女漫画家梁白波来呢？事情是从1992年年初我写的一篇《王先生与蜜蜂小姐》开始的。我与梁白波素不相识，但她画的蜜蜂小姐刚在1935年9月创刊的上海《立报》上连载时，当即引起了我的注意和喜爱。从此我就一直关心她的作品和活动。她的作品不多，她的活动我知道得也很有限。她的漫画生涯可以说是和叶浅予相恋密切地联系在一起的，1935年正是他俩同游北平、同居南京的热恋时期。1937年8月13日上海战争爆发，他俩便参加抗日漫画宣传队。在上海的《救亡漫画》和武汉的《抗战漫画》中，刊登过梁白波不少洋溢着抗战激情的出色作品；1938年所作的《妇女参战》一画，曾被选送至苏联展览，深得好评。可是也正在这个时候，通过聋子漫画家陆志庠的介绍，她认识了一位空军轰炸机驾驶员陈恩杰，竟然也像她三年前看到叶浅予便一见倾心那样，收起画笔，离开叶浅予，同陈恩杰远走高飞了。抗战胜利后，两人到过上海，此时已有了一个孩子。不久他们去了台湾，约在60年代末与70年代初之间，正当大陆"文革"热火朝天之际，她患精神分裂症不治，默默地死在海岛上了。

叶浅予一生与四位女子有过婚恋：第一位罗彩云，由父母做主，她是家庭妇女，不识字的；第三位戴爱莲是舞蹈家；第四位王人美是电影明星；只有第二位梁白波和他同行，也是漫画家，这就难怪暮年的叶浅予，对梁白波有说不清、理还乱的怀念之情了。

普罗艺人（梁白波作）

1993年8月，我的第五本文史随笔集《文心雕犬》在香港文茂出版社出版，我寄了一本给澳洲的黄苗子。苗子看到书中我的《王先生与蜜蜂小姐》一文，触动他写出《风雨落花——忆梁白波》一文，他动笔前写信给台湾的林海音打听梁白波晚年的情况，这样又引出林海音写了《吾友“蜜蜂小姐”》一文。黄、林两文连同梁白波生前写给林海音的最后四封信，今年2月一并在台北的《联合报》发表。黄苗子提供了梁白波当年的不少情况，林海音介绍了梁白波在台湾的一段生活，都是可贵的第一手资料，所附的四封信，那是梁白波自我解剖的内心独白，非常难得。

林海音文内“曾听人说起白波”的那段话，是引用了我那篇文章中的结束语，因而可以说黄、林两文，是由我这一块“砖”抛出去所引来的两块“玉”，趁此我再奉陪一篇，想介绍一下上海漫画界黄金时代的概况，这正是梁白波漫画生涯的背景材料。这样的补充，也许还不算画蛇添足吧。

如果说唐诗、宋词、元曲、明清小说，都是代表一个时代的最有创造性、最有活力、人才最集中、成绩最突出的中国文艺作品的特色品种，那么我看民国漫画也值得这样的推崇。第一本漫画刊物是民国七年（1918年）沈伯尘创办的《上海泼克》，那时还没有“漫画”这个名称。“漫画”一词是从1925年刊印《子恺漫画》才正式普遍使用的。1927年秋天，张光宇、叶浅予、黄文农、鲁少飞等11人成立了漫画会，第二年漫画会同人刊物《上海漫画》就出版了，这是一份八开四页报纸型的周刊，叶浅予的长篇连环漫画《王先生》也在创刊号上诞生。《上海漫画》出至1930年6月第101期，与《时代画报》合并。接着，1934年1月又创刊了鲁少飞主编的《时代漫画》，这本月刊的出版，迎来了漫画界万紫千红、光辉灿烂的黄金时代。

从1934年至1937年抗战爆发，短短的三年光景，有二十来种漫画刊物集中在上海出版。如，胡考编的《旁观者》，曹聚仁、江毓祺编的《群众漫画》，蔡若虹、庄启东编的《漫画漫话》，万籁鸣编的《现象漫画》，朱金楼编的《电影漫画》和《中国漫画》，张光宇编的《独立漫画》和《上海漫画》，张谔、黄士英编的《漫画与生活》，陈柳风编的《新时代漫画》，王敦庆编的《漫画界》和《漫画之友》，黄士英编的《漫画生活》、《生活漫画》和《漫画世界》，黄尧编的《牛头漫画》，叶浅予编的《泼克》，江敉编的《非常时期漫画》等。除此之外，在上海当时的非漫画杂志报纸上，也都有大片漫画园地。当时的画报（如《良友画报》、《时代画报》、《文华画报》、《中华画报》、《妇女画报》等）、电影杂志（如《联华画报》、《明星半月刊》、《电通半月画报》、《新华画报》等）、文娱杂志（如《万象》、《特写》、《现象》、《小姐》、《玲珑》等）、文学杂志（如《论语》、《人间世》、《宇宙风》、《西风》、《中学生》、《芒种》等）以及大报小报，漫画都是必不可少的，如《新闻报》每周辟有漫画专刊，《申报》、《时报》每周附出的画报，全有漫画，特别是《晨报》每星期日的画刊上连载的彩色《王先生》，还带来了《晨报》的畅销。

第一届全国漫画展于 1936 年 11 月举办，地点在上海南京路大新百货公司（今市百一店）四楼。我去参观时遇见了黄苗子，他在场内十分活跃，引起了我的注意，那时我们尚未相识。在这次展览会上，我订购了王敦庆所作的两幅“褚涛山”漫像摄影作品。当初大新四楼是一处很好的美术展览馆，地处闹市，交通方便，室内布置简洁明亮，又有宽敞的观众休息室。在漫画展之前，举办了木刻展览会，鲁迅曾去参规，他和几位青年木刻家围坐在藤椅上交谈的一张照片，就是在观众休息室内所摄，这也是鲁迅逝世前最后的一张留影。

漫画展览会促进了第二年（1937 年）春天“中华全国漫画作家协会”的正式成立，接着广州、西安、温州、兰溪、香港等地很快设立了分会。不过不久全民抗战，局势突变，在上海的漫画家大多参加了抗日漫画宣传队，向内地进军，胡考和华君武分别去了延安。上海人都说 1936 年是漫画年，这一年漫画在上海的突飞猛进，的确达到了白热化的程度。

漫画界的人才几乎同时集中在 30 年代的上海，近来有人问叶浅予：哪几位可称为漫画大师？叶浅予举了沈伯尘、黄文农、华君武三位。他没有举张光宇、丰子恺、鲁少飞三位，认为这三位的成就不是单纯地突出在创作漫画方面。他不举自己，是出于自谦。其实沈伯尘和黄文农对漫画虽有开拓奠基的丰功伟绩，可惜都英年早逝（两人去世时均三十余岁），壮志未酬，还来不及大展宏图。叶浅予出于怀旧尊贤之心，故对此两位特别重视。我认为沈、黄、华、张、丰、鲁、叶都有大师级的资格。而第一流的漫画家实不可胜数，我随手即可列举如下：胡考、张乐平、张正宇、陆志庠、丁聪、汪子美、高龙生、黄尧、廖冰兄、黄苗子、米谷等都是当之无愧的；又如曹涵美和张英超，曹专攻《金瓶梅》、《儒林外史》等古典小说的绘图，张专画现代都市青年绅士和摩登女郎的风姿，虽然画面单一，但笔触颇有特色，别具风格，也可列入一流；又如万籁鸣、蔡若虹、张仃、特伟，他们的漫画作品不多，出手却水平很高，且别有建树，也应列入一流；再看前辈中，如马星驰、钱病鹤、但杜宇、庞亦鹏、丁悚、杨清磬、王敦庆诸位，老当益壮，其创业的筚路蓝缕之功，绝不可没，也不可不提。

至于第二流、第三流的漫画家，尤其多如过江之鲫，数不胜数，他们的力量绝不能低估。当初尽管涌现出不少一流人才，然而如果没有占绝大多数的二三流人才，漫画的黄金时代还是不可能出现的。

以上列举的名单，全是男性。我尚未举出的，就是女漫画家梁白波一人。凭她那些“少而精”的漫画作品，她完全可以理直气壮地排在第一流的行列之中。特别难能可贵的是，在当初第二三流的漫画家中，也找不出一位女性来。所以梁白波在30年代的漫画家中，既是唯一的女性，又是一位第一流的女漫画家。

当初出现过许多种长篇连环漫画，可是比较成功的只有五种，那就是叶浅予的《王先生与小陈》、张乐平的《三毛》、黄尧的《牛鼻子》、高龙生的《阿斗画传》和梁白波的《蜜蜂小姐》。四位男漫画家笔下的主角，全是男性，只有梁白波笔下的是一位小姐，这个“唯一”，也使女同胞们拍手称快！

叶浅予（右一）、梁白波（右二）与胡蝶（左三）、萨空了（左一）等合影（1935年）

新中国成立后，我发现了梁白波早年为革命烈士殷夫的诗集《孩儿塔》所作的九幅插图，起初弄不懂她和殷夫究竟有什么关系。读了黄苗子的文章，才知道30年代初她参加过共青团，又接受过地下党员沈西苓的领导。沈西苓是《妇女生活》的主编沈兹九（胡愈之夫人）的胞弟，原来搞舞台美术，后来当了电影编导。1937年年初明星影片公司拍摄成轰动一时的《十字街头》，就是沈西苓编导的，此片使白杨与赵丹一举成名。黄苗子文中提到他和叶浅予、梁白波、陆志庠四人1935年到南京，正遇上马彦祥在闹感情纠纷，所指的那位美人，第二年就跑到上海来拍《十字街头》了。在30年代，马彦祥、唐纳和金山是影剧圈内三位出名的多情种子，经常可以听到他们的感情纠纷。而白杨在到南京之前和林海音是北平春明女中的同学，她们还有一位同学如今也在上海，那就是京剧界大名鼎鼎的须生泰斗余叔岩的二女儿余慧清。

（原载于《蜜蜂小姐》山东画报出版社1998年版）

吾友“蜜蜂小姐”

林海音(台北)

吾友“蜜蜂小姐”梁白波在给我的第二封信中，有一句话说：“我一看到你，就等于翻开自己的历史！”所以我得从1935年说起。何凡的朋友宗惟赓先生是摄影家，大高个子，头发天然鬈儿，一向在上海的电影公司工作，这一年他从上海带来了他的朋友，有名的漫画《王先生与小陈》的作者叶浅予，还有叶的女友梁白波，叶、梁二人一看就知道是一对情侣。叶浅予爽朗喜谈笑，梁白波则是一位斯斯文文、说话细声细气的艺术家，大家很合得来，常在一起吃喝玩乐。记得叶浅予曾对北平女人喜穿阴丹士林蓝布褂儿大为欣赏，他说他原是不喜欢蓝色的(或者不喜欢蓝色布)，到了北平看满街女学生的蓝布褂儿，竟改变初观了。而我记得梁白波也曾对何凡说，何凡像广东人而不像原籍江苏人。我更惋惜的是叶浅予曾以水彩画了我一张素描，我挂在卧室甚久，后来不知所终。他们后来租了房子住，是打算久居还是怎样，时代久远就记不清楚了。

叶、梁离开北平回到上海——这就可以接着看黄苗子先生的大文了。抗战以至胜利后，我们不再有消息或来往，但是他们只要有什么消息，我们总还是注意的，因为叶浅予一直是中国著名的漫画家。而梁白波在上海《立报》开始画漫画，我倒是很注意，因为上海《立报》是吾师成舍我创办的，我常有机会看到这份报，也很喜欢她画的“蜜蜂小姐”专题漫画。她画的是一位都市小姐，腰细臀肥，故名为“蜜蜂小姐”，因是一位女漫画家所画，也就颇为引人注意。这是几十年前的事了，抗战胜利后，接着是撤守台湾，在“文化大革命”时，彼岸偶有消息传来，也曾看到一张图片，叶浅予被绑在大车上，身后竖着被羞辱的牌子，实在是悲惨透了。

到了1958到1959年的样子，我正编《联合报》副刊。有一天，忽然文友

魏希文找我，他说要介绍一位女漫画家梁白波给我，我一听惊喊："这不是叶浅予的那位吗？现在怎样了？"希文才告诉我，白波早已离开叶浅予了，在廖未林的龙门窑厂做美工工作，生活不是顶好，想介绍她画画，我那时正准备把连载小说加插图，梁白波能画不是正好吗？从此我们便在二十五年后友谊再续，真是说不出的亲切。她来台北工作，闲下就到我家来，和我的母亲、女儿们都很好。一方面在龙门厂工作，一方面给我的副刊画插图，本是很安定的，但是她的情绪并不是很好，独来台北生活，我们也希望她重拾画笔，振作起来。除了我家，她的朋友似乎不多，看得出她独来独往的日子是很寂寞无聊的。她画了两三部小说的插图，就难以为继了。艺术家的灵感，像作家的一样，是勉强不来的，我是这样想，没有想到其他，因为我们虽然很谈得来，对于私事以及和叶浅予的事，她并不多说，我也很少问，直到她几乎是不辞而别回到南部去，给我的来信，才略吐露她苦闷的心境。

从此到她身亡，我们的友谊欲断又连的，也有四分之一世纪了。想起她，我很痛惜，记得她的妹妹（我真想能找到她或她的儿子）在她去世后，曾对我说，有一次她大概从报道上知道我到南部去，说她期盼我去看她。唉！我哪儿知道哪！那时她已经病痛缠身了，而且听说是精神不太正常。她死后，她的妹妹特代我在她的坟上献束花，也是后来才告诉我的。

曾听人谈起白波，是这样说的：

> 梁白波的漫画生涯甚为短暂，她留下来的那些"少而精"的作品，几乎都作于1935至1938年初这三年期间，也正是她和漫画大师叶浅予共同生活的那些日子。在我国凤毛麟角的女漫画家中她既是前无古人，而且是后起乏人，因此这颗早逝的彗星尤其值得我们怀念。

我和梁白波的这段友谊真可说是很奇特的，我家中留有一个她在龙门厂做的钵，除此以外就是这四封信了。这位在中国画坛上可说是惊鸿一瞥的女漫画家，就这么无声无息地过了一生，叶浅予至今仍老当益壮，在他的故乡富春江写文画画，他最近出版了一本厚达五百页的自传《细叙沧桑记流年》，其中把他的四次婚姻（旧家罗氏、梁白波、戴爱莲、王人美）都真实地写下来，看文章他还是最欣赏和爱怜梁白波的。我写至此，难以续笔，还是看苗子兄的大作吧！

附:梁白波给林海音的四封信

像站在一片荒岛上

海音姐:

我是在台南给你写这封信的,我已经离开龙门厂。

在8月中我动了一次手术,那是拖到不能再拖了,才让人家推我进手术室的。

我的唯一的一个孩子是剖腹生的,加上这一次手术,我腹部一共有两道疤痕,在医学进步的现在也算不了什么的。

我是长子宫瘤,每月出血很多,到愈来愈凶的时候,非要打各种针药才能止血安宁,那时候好心烦啊!每天做了8小时工,余下的时间就没有精神往外跑了。有时真想去看看你们,听你们讲点什么也好呀,就那样拖不动,有些答应人家做的事,也跟着弄得乱七八糟,最后只得一走了之,就像给海风的画吧,就此没有了,林适存他会气的。

现在是完全好了。想想刚到台北的时候,你们给我的帮忙真鼓励很大,实在应该对你讲讲才好,我也真叫"老古董"了,好像这种毛病的名称不太雅,难于开口讲似的。魏希文那边也好久没有通信了,有便请代表明一下,并不是有意冷落了老朋友的,这种病只有我们女人家才知道是多烦人的。

近两年你写作好勤呀,《晓云》这本书还高高地放在我书架上呢,我很以为是光荣的事,最近在《联副》写的《婚姻的故事》,那里面的情景给你想办法留下来了,真好!

你妈妈好吗?还有你们的小孩谁是赶上恶性补习的?教应督察在这里烧掉各国的参考书不少啊,有的早就藏到地下室去和老鼠做伴去了,他们是预备等"查"风一过又要搬来给孩子捧在手里的。

《联副》星期版停了,张英超也不见了,有一次他和朱血花到"龙门"门市部,给我留了个片子,原来他是领朱血花来找一位封面女郎去拍电影的,谁知道小姐一口拒绝,这也是少有的事,她说她绝不当明星,人各有志,是吗?

这一向有没有画插画的机会?分点给我做做好吗,我没有收入不成呀,还是再来走走你的门路吧,恐怕路远时间有问题是不是?

要是不太忙,请给我写一点,这里没有可聊的朋友,这就像站立在一片荒岛上,非常寂寞!有时倒很愿意有点腰酸骨痛的折磨,好无聊的想法,该打!

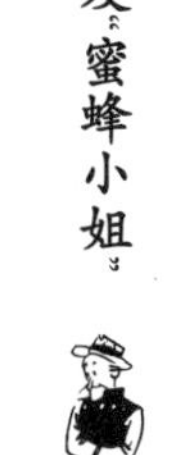

你还担任着学校的课吗？我没有方法对付学生，就不敢想去当教员，就是能硬起头皮去嘛，机会也难得，其实做做花瓶也很惬意的，我又不想再回去了。

我的小孩很想我，他说：“妈妈在身边，我生活得比较有意思。”你听，谁也不忍心再走开了！他又说：“妈妈，你睡过的枕头好香啊！”其实我不是爱收拾的人，他这样说，只表示他多乐于亲近我呀！女人！女人！心肠一软，什么都完了！

再见，祝好！

白波

11 月

一块又湿又烂的抹布

海音姐：

很快就收到你的回信，一共 4 页，这也表示你有怀念我的心情。你不虚伪！用什么字眼来描写我现刻的喜悦呢，我想不出来。

书也同时收到了，一口气看完——想当年，我们一起游山玩水的那一阵，当然谈不上互相了解，我那时也刚开始踏进人群中“混”。在看完这一本《城南旧事》，使我又想过去的一些女朋友（写文章的）以及现在的，我还是比较欢喜你做的，我觉得你写的还蕴藏着一点点可爱的思想，就凭这一点点的东西，你就能写下去了，你还会写出更好的来！我不是存心恭维你，实在一个作家是因为他的灵魂想说话，借故事来表现而已。什么“黑色的爱”，放他妈的狗屁！这样骂有欠文雅，拿这些来和你的一起谈论也真是不该！

一收到信，我就写到这儿停着了。

我现在像一块又湿又烂的抹布，随随便便地摔在那儿。对女人来说，一失足成千古恨——我呀！我是在北平游山玩水的那阵失了足的，我一看到你，就等于翻开自己的历史！离开远了呢，高兴就写点来聊聊也好，你的时间比我宝贵。不过我想你还是欢喜有个圈外的老朋友看到你写的，我是好像看一张图画一般地在看你写的，这并没有什么不对，是吗？

说起你的孩子，让他来玩玩吧。譬如说掉了扣子，或是要缝点什么，我可以代替你做，也好让我孩子在人家面前骄傲，他自己有了个大哥哥呀！说到我先生，只是我跟他合不来，他对人，对事，都没有错。这次，我是做了“回荡豆腐干”（江浙人的说法），那是我负气出走时，没有办法律手续，这次动手术，无可奈何就走回头路，是孩子的关系促成的，还有我的妹妹，也再不愿意帮我看顾孩子，她是看我在台北混不出什么名堂来，泄气啦！

其实我没有资格把自己搁在伤感情绪里面的，看看能不能把自己从难堪的现场站起来。

圣诞节过去了，阳历年也过去了，在阴历年向你、你先生、你一家大大小小：

恭喜！恭喜！

白波

1 月 14 日

只怕自己好不起来

海音姐：

我岁数比你大，可是做人方面来说，我比谁都不够当姐姐的份儿，叫你声姐姐也该吧。我是病了，又回南部来了，再谈到回台北来聊天的希望，恐怕不可能了。像我这种人，还是躲在家里比较好，因为在外面做事，我的应付和对付的手段，一点也谈不上呢。

我还未完全好，精神很疲困。

我欢迎你的大宝宝（音注：我儿正在台南成大）来我们家玩玩。我孩子是已经上学去了，头是剃得一片青青的，我好不赞成这种光头。实在要有人提出理由来抗议一下才对。

唉！我不知道还跟你谈些什么才对呢，想想又写写，又想就此停着吧，又觉得不客气，再写又写些什么呢？我觉得整个人有点改变似的，实在大约还是老觉得疲倦的缘故吧。

我想我是太会“闭关自守”那样的方式来应付生活。自尊心太重！实在有什么事都不妨问问朋友，多找朋友商量商量啦，多采纳朋友的意见，这样做错事的机会就少了。你说是不是？

若论到打牌，我从前最讨厌的啦，现在我恨我学不会呢，真的做人何必太认真呢，又不是想要人家的钱。

你身体好起来倒是好事情呢，反正中心诊所也不坏的，是吗？

我只怕我自己好不起来，怎办？

祝好！

白波

2月13日

能收到你的信吗？

海音姐：

你很忙了一阵，问到我的住址，写了信给我，我提起精神，给你回了信去，可是我信里有点牢骚味道，让你看了不对劲？这也不能怪我啊！好朋友，所谓老朋友也者，都可以不必计较这些的。

我在病中安静地想想自己所作所为，实在是有许多有问题的地方，一个人能老是不做错事吗？过去的就算了，不必提了，看到你热热的信免不了又想讲讲，如此而已，请别多心吧。也许我地址写不对你没有收到信，躺着无聊，给你写几个字来，看能收到你的信吗？

祝好！

白波

2月26日

（原载于《蜜蜂小姐》山东画报出版社1998年版）

风雨落花

——忆梁白波

黄苗子

人生有时爱反复找寻以往的脚印。

还差一年，就整整六十年了，事情就开始于1935年。

我见到梁白波，是叶浅予老大哥同她一起从北平返回上海的时候，白波比我大一两岁，是广东中山同乡。白波长得不算美，但是有种艺术家的风度与魅力。说话慢条斯理，一个字一个字吐出来。早年似乎到过一次日本，想学画，但因没钱，便回来了。

白波的娘家，住在上海北京路的一家废品店楼上，木扶梯摇摇欲坠，显然不算富足。

她有一位十分关心和爱护她的妹妹，我曾见过她几次，听席与群兄说：到台湾以后，妹妹始终对她殷勤照顾。

白波和浅予，先是租了辣斐德路一家私人舞蹈学校的楼上同居。这家舞蹈学校是刚从日本回来的舞蹈家吴晓邦先生创办的，吴晓邦其后和我们一直有往来，他和戴爱莲都是我国舞蹈界的前辈，对中国舞蹈贡献很大。浅予和舞蹈有缘，不自戴爱莲始。我和浅予、白波来往密切开始于那个时候。

后来《上海时报》和其他大小报对浅予和白波的事大肆渲染，浅予和人合办专拍“王先生”片集的“新时代电影公司”，似乎又闹纠纷，他们决定离开上海到南京去。这些经过，已详载叶浅予的回忆录——《细叙沧桑记流年》。记得是那年5月，我在上海生活得无聊，也就辞了那份闲差，和漫画家陆志庠兄一起，同浅予、白波一起上南京去。

“金陵自古帝王居”，我们与“帝王”无缘，自然“长安居大不易”了。志庠听觉有缺憾，我在南京无亲无故，整个生活的担子，最初都压在浅予身上（浅

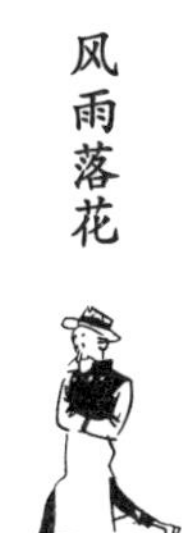

予有一份图片社的工作)。记得刚到南京,由名戏剧家马彦祥兄收容,暂住在成贤街他家的一个空亭子间里,四个人打地铺。但彦祥兄正在闹感情纠纷(和一位其后是著名演员的美人有关),我们四人不好意思夹在这纠纷里。浅予终于租了常府街三山里一层小楼住下。不久,卜少夫兄把我拉进陇海铁路办的报纸《扶轮日报》编副刊,浅予的负担减轻了一点。那时他又给王公弢老板的《朝报》画连续漫画,收入多了些,但还要负担上海夫人的分居费,生活仍是拮据的,白波倒也安之若素。

那时张若谷写了一篇关于巴黎穷艺术家生活的小说,题目叫《婆汉迷》,是从法文 bohemlan 这个词翻译过来的,意思是流浪汉或不拘束地生活的艺术家。在南京,我们过的是这种"婆汉迷"的生活。

那时浅予画过一组速写漫画,叫做《皮崃泥崃》(可能是白波起的这个怪名),其实是郊游野餐 picnic 的音译。画的是四个人到鸡鸣寺去野餐,是租了马车去的。

赵望云那时在天津《大公报》画农村生活写生,深受读者欢迎;刘宝全在北方,有"鼓王"之称。他们到南京,都来拜访叶浅予。文艺界中在南京的田汉、卢冀野,当然还有徐悲鸿、吴作人等的往来,使我们在南京并不寂寞。

白波并不都喜欢所有来往的人,但"婆汉迷"的生活,她是感兴趣的,有6块钱在附近小饭馆包饭一个月的享受,她很满足了。

梁白波有一本爱不释手的书:《邓肯自传》。

在30年代,世界著名舞蹈家伊沙多拉·邓肯(Isadora Duncan)这本因欠债而被迫写出来的自传,曾经风靡世界;尤其是中国的新知识女性,对邓肯的自由解放性格崇拜备至。那时邓肯因车祸去世不久,书也刚译成中文,邓肯那种对艺术的深刻见解,对生活、对爱情的坦诚和火热,深深地影响着白波。正如浅予在自传中说的:"白波不是一个寻常的女性,她有不吝施舍的精神,也有大胆占有一切的勇气。""她(白波)的一切生活方式、艺术思维、人生观念,对我来说都是新生的、诱人的,我无法抗拒。"

不管在很多人的场合还是一两个朋友在一起,除了偶然"爆发"几句十分精辟幽默的语句外,白波极少放言高论,她不愿意用语言表现自己,也从来不谈当时时髦的政治。但浅予在自传中,记她在30年代初,曾参加过一些政治活动。60年代初,还有东北一个机构来公函,向叶浅予打听梁白波的下落,原因是他们有个职员,向该机构的党组织说,他30年代加入过共青团,介绍人是梁白波。

记得白波偶然谈起，30 年代的著名导演沈西苓（他是共产党员）经常在政治和做人方面给她以帮助和指导。30 年代，正如姚莘农所说的，思想不左倾的青年人是极少的，对理想有狂热的憧憬，这正符合梁白波叛逆的个性，但后来，她显然对政治失去了热情（姚莘农自己，到了后期长年留寓美国，研究李商隐去了）。

我在南京《扶轮日报》工作了四五个月，因为工资发不出，便决心回上海。浅予、白波和陆志庠则仍在南京过他们的“婆汉迷”生活。

我回到上海，起初在环龙路租了一处前楼住下，白波有时来上海，也毫不避忌地要在我那里住上一两晚，我习惯于这位“叶大嫂”的性格，无邪地把卧床让给她，我自己打地铺。她有时一个人很晚回来，第二天醒来问她，她只淡淡地说，是“跳舞去了”。

30 年代，阮玲玉由于“人言可畏”而自我结束人生舞台。梁白波那时却根本把“人言”置之脑后，胸怀坦荡地我行我素。

在浅予的自传中，对梁白波的个性写得不多，这可能是自传以写他本人为主，不能占去太长篇幅的缘故。白波有极其复杂的内心生活，她热爱艺术，但心情懒散，创作并不多。记得 1934 年冬，她给《小说》半月刊画过封面（刊物是梁得所主持的大众出版社出版的，散文和翻译家丽尼、包天笑先生的公子可华和我是编辑，我负责美术方面），她谈了很多她的想法，可是只画过一幅。记得她常说的一段话，大意是：我心里常想着好多我要画的好画，可是经常把它放过了，我捕捉不住。

她不轻易看得起人，当代画家中，她只对庞薰琴等少数人的作品有好感。但她也不轻易臧否人物，某人的画怎样，某人的为人怎样，全都放在心里。她的内向性格，可以说是“孤傲”——既不容易受人之惠，也不容易为人所知。她一生的坎坷生涯，与她的性格有关。挪威画家孟克（Munch）、荷兰画家梵高以及明代的徐文长、清初的八大山人、清末广东的苏仁山，成就各有不同，但都是这一类“有病”的艺术家。

浅予在自传中，一直提到白波是漫画家。漫画后来是她谋生的手段，但她原是当时决澜社的成员，油画画得很好，风格接近欧洲的现代派，造型和色彩简洁明快，较接近马蒂斯。更可贵的是她的中国情调和女性特有的细致轻盈，说明她是一位不凡的画家。决澜社在 30 年代，是中国崛起的现代派画风

集团，时间短暂（1934 年左右在上海成立，1937 年抗日战争爆发，便结束了）而影响深远。白波在决澜社中，虽然不算“扛大旗”的，但可以说是较受推崇的新秀，可惜作品遗留太少。白波的作品多数签署 BON 的笔名，她自己说：这是法文“好”的意思。

1946 年冬，我与阔别十年的梁白波居然又在上海相见了，还是在北京路那废品店的楼上。当时她刚从新疆回来，拿出大约四十幅大小一律的作品，多数是画维吾尔族人生活的水粉画，正如她原来的风格一样，明洁简练，略带一点装饰情调，令人欢喜赞叹。她让我和郁风选一幅相赠，我们选了一幅打花鼓的姑娘。丁聪也藏有一幅，是维吾尔族的壮汉。

记得那一天，我和郁风是下午一时左右去看白波的。三点钟，郁风约了张瑞芳、吕恩、唐纳（记不清是否还有金山）等，在国际大厦茶厅，白波欣然接受郁风的邀请，这位艺术家穿一件宽大的红棉袄，一条蓝印花布棉裤，大摇大摆地和打扮得花枝招展的女明星们分庭抗礼。全场仕女，对于这位村姑打扮人物的出现，都在窃窃私语，白波却兴致勃勃地一心享受这大都市的气氛，到了意兴阑珊，她就一个人先告退了。这种气派，连瑞芳、吕恩都感到惊奇。

仅这一面之后，我们又是“鸿飞那复计东西”了。

以后，我和叶浅予都在北京度过了四十多年的岁月，偶然从席与群兄的间接信息中，知道白波家住台南，有一个时期在台北，似乎在廖未林兄的陶瓷厂工作（但愿她像毕加索一样，有陶瓷作品留存）。1980 年与卜少夫兄在港相见，谈起梁白波的《蜜蜂小姐》连续漫画原稿在他那里，打算在香港出版，但以后多次见到少夫老兄，又说已经将原稿带回台湾，交还给她的妹妹了。真可惜这“曲高和寡”的作品未能与世人相见。

最近因听说林海音大姐知道白波在台湾的情况，便写了一封信请教她，希望更详细地了解这位友人的晚年生活。

多谢海音在百忙中，复印寄来了她收藏三十多年的、白波写给她的四封信。信里的语言像她平常一样，表面看来是淡淡的，但深蕴着一种对自己、对人生的哀怨苦恼。字里行间，看出她心绪紊乱，极力抑制自己。真的像海音来信所说的，看了想哭！

似乎是莎士比亚的话：天才与疯子只是一纸之隔。个性特殊，不满现实，落落寡合，精神异常，是共同的特征。当与群告诉我白波是由于精神分裂症离世时，我似乎是预料到的。在长期的封建意识的桎梏下，突然受到“五四”

狂潮的冲击,不少中国青年产生各种矛盾和叛逆心理,白波当年是站在时代前头,敢于和旧礼教、旧秩序和腐败政权挑战的女性。出身贫穷和艺术对她的诱惑,促使她更大胆地“闯关”。但是她毕竟是女性,在生理和传统心理压力下,有时又十分矛盾甚至软弱无力。白波在1938年夏,突然从武汉漫画宣传队出走,舍弃了叶浅予,成为离开艺术家群、远走高飞的孤雁,这和白波的双重性格有关。长期潜伏的精神分裂症,使她的人生道路来了一个大转变。

海音寄来的白波的4封亲笔信,含蓄地表达了她将离人世前的心态:“我岁数比你大,可是做人方面来说,我比谁都不够当姐姐的份儿,叫你声姐姐也该吧。我是病了,又回南部来了,再谈到回台北来聊天的希望,恐怕不可能了。像我这种人,还是躲在家里比较好,因为在外面做事,我的应付和对付的手段,一点也谈不上呢。我还未完全好,精神很疲困。”“你身体好起来倒是好事情呢,反正中心诊所也不坏的,是吗?我只怕我自己好不起来,怎办?”(未署年份的2月13日信,海音编号是C)

有一封信是提到看完海音的名作《城南旧事》引起的感想:“我不是存心恭维你,实在一个作家是因为他的灵魂想说话,借故事来表现而已。什么‘黑色的爱’,放他妈的狗屁……”然后,她又用令人心酸的话来表达自己:“我现在像一块又湿又烂的抹布,随随便便地摔在那儿,对女人来说,一失足成千古恨——我呀!我是在北平游山玩水的那阵失了足的,我一看到你,就等于翻开自己的历史……”(未署年份的1月14日信,编号B)

编号D的信是2月26日的,似乎是白波最后一封了,文字也有些错乱。其中有:“我在病中安静地想想自己所作所为,实在是有许多有问题的地方,一个人能老是不做错事吗?过去的就算了,不必提了,看到你热热的信,免不了又想讲讲,如此而已。”

B信所谓“在北平游山玩水那阵”是指1935年她和浅予初结识时,同游北平那一段生活。一个精神病人,会把过去的事是非颠倒,她所谓“失足”,怕是十分复杂的感情在纠缠着她的“逆反心理”。但也说明,在她的一生当中,这是她印象最深的历史阶段。

回头再看浅予的自传,则是从心底里眷恋、怀念着让他重新认识生活和切磋艺术的梁白波的。很多人都看过浅予这本书,《传记文学》也发表过《细叙沧桑记流年》中关于婚姻的那一章,这里就不重复了。

梁白波是30年代中国社会从几千年的封建桎梏逐渐转变为要求解放和

民主文明的激荡时代中被牺牲的女性。一方面,邓肯的精神在召唤她;另一方面,残余的封建礼教还有力量在束缚她(这就是叶浅予说的:“可是她不能忍受情妇的地位,终于抛弃了我。”)。此外,艺术生活和妇女对家庭温暖生活的矛盾(在葬礼中,知道她后期的婚姻生活也不美满,但她深爱自己唯一的男孩)也缠绕着她。“心比天高,命如纸薄”的梁白波,于是产生了幻灭感。

“我现在像一块又湿又烂的抹布……”白波这样残酷地剖挖自己,道出了压抑到极点的极度悲怆,只有像白波那样的艺术家才能说出来。

梁白波似乎曾经冲出了困住阮玲玉(又是一位中国中山同乡)的社会樊笼,但是在最后,她和阮玲玉同样被拍岸惊浪撕裂了——她们都有同时代妇女软弱的一面。

以上琐碎的回忆与感想,只是个人对白波的一点肤浅印象。海音给我的信上说得对:“实在她的心情,只有她自己理解。”

写到这里,犹如面对狂风暴雨后的一片落花。

人到老年,常会向佛陀去找寻归宿,想起白波,就想到众生往往缠绕着各种冤孽。因此,借用李后主宫人把后主生前手写心经舍给寺庙时所写的句子,献给白波:

伏愿亡者游魂,拈一花而见佛!

(原载于《蜜蜂小姐》山东画报出版社 1998 年版)

叶浅予与戴爱莲

洪燧卿

1943年,我在雾都重庆山城马路上碰上了浅予,他鼻下两撇浓黑的胡须,一身英国绅士的打扮。我们自上海时代图书公司分手后,已十来年未见了。他一见我非常高兴,紧握着我的手,第一句话对我说:“我的宝贝飞了!”我急问:“什么宝贝?”他说:“梁白波啊!”第二句说:“我现在讨了个外国老婆,叫戴爱莲,她不会说中国的话,是个英国华侨,她在北温泉当舞蹈老师,我给她当翻译。”

叶浅予在《细叙沧桑记流年》中曾记述:“我与戴爱莲到了重庆,老朋友包围住我们,要看看叶浅予凭什么魅力,骗来了一个华侨舞蹈家。爱莲不懂中国话。见了我们目瞪口呆,只顾问我,朋友们议论什么。我把实话告诉她,说朋友怀疑我使了骗术把你骗来重庆。她急了,用英语回答说:‘不!不!是我心甘情愿嫁给他的,他是好人。’朋友都哈哈大笑。”

那么叶浅予与戴爱莲究竟是怎样结合的呢?叶浅予当时受军事委员会政治部第三厅之命在香港主编《今日中国》,叶浅予在回忆录内说:“有一天,以宋庆龄为首的保卫中国同盟派秘书廖梦醒大姐来找我,说孙夫人要为延安的国际医院筹措一笔购置医疗器材的基金,特邀请一位从英国来港的华侨舞蹈家戴爱莲举办一次表演会,要我在宣传方面给予支援,并替我约定和戴氏见面。见面的地方是我常去的一家舞厅,这家舞厅晚上营业,白天闲着,戴氏每天上午在此练舞编舞。我与她结识后即在一旁观看,有时画点速写,准备为她设计一张舞蹈晚会的海报。”

不会说中国话的戴爱莲,难得找得到有共同兴趣谈得来的人,想回英国去。这时一些画报编辑同仁如马国亮、李青、丁聪、李旭丹、叶浅予、张光宇、张正宇等人,认为千里迢迢来了又回去,是很可惜的,能写的写,能画的画,热

情捧场。在演出时,在后台拉幕,多半由浅予(那时还没有电动拉幕)。而浅予却是这伙人中最年富力强的一个,浅予称得上是美男子,他英气勃勃,目光灼灼,四肢健壮均匀,也算得上标准的模特儿。浅予提到梁白波和戴爱莲与他相恋,说都是女的主动,这是实话。戴爱莲一下子结识了不少从事艺术工作的人,艺术像一块磁石,将他们吸附在一起,戴爱莲也打消了回南美洲的念头。

叶浅予和戴爱莲二人的感情发展神速。浅予主编的《今日中国》与马国亮主编的《大地画报》同一室办公,朝夕相见。据马国亮说,浅予那时的英文程度并不怎样,马曾问浅予是怎样和爱莲谈情说爱的,浅予举起案头一本英文字典,笑着说:“靠这个。”

真是罗曼蒂克。

不久,戴爱莲、叶浅予宣布结婚。介绍人是马国亮,主婚人是孙夫人宋庆龄,她在自己住处举行了一个宴会。参加宴会的有同盟成员爱泼斯坦、廖梦醒、柳无垢、巧茉莱和《今日中国》的丁聪、刘邦琛。马国亮说自己是如假包换的介绍人,戴爱莲一直管马国亮叫 Matim—Maken(媒人)。

王人美曾说:“叶浅予是个好画家,却不是个好丈夫。”浅予的确不是一个善于体贴的男人。浅予与戴爱莲谈恋爱的时候,也经常和我们一伙人一起进行各种艺术活动,一起吃喝玩乐。每到夜阑人需散的当儿,浅予就把爱莲交给马国亮,让国亮送她回家,说是她和国亮都住在跑马地(香港一个地段)。

50年代初与戴爱莲及儿女合影

叶浅予作《戴爱莲四十年代舞台形象》：

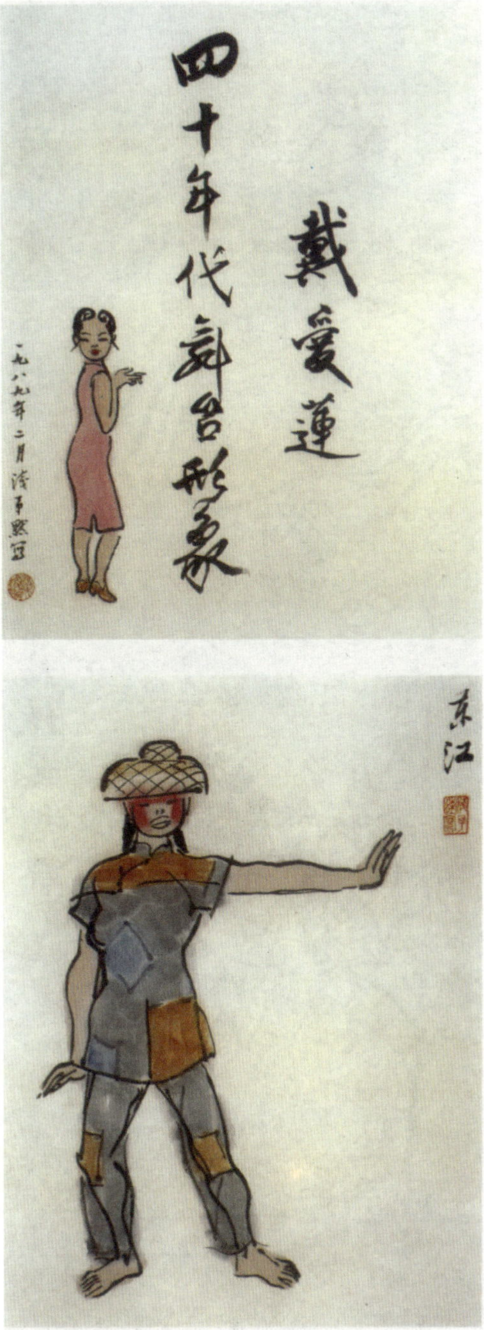

戴爱莲四十年代舞台形象之一、之二（1989 年）

戴爱莲四十年代舞台形象之三、之四(1989 年)

戴爱莲四十年代舞台形象之五、之六（1989 年）

戴爱莲四十年代舞台形象之七、之八(1989 年)

戴爱莲四十年代舞台形象之九、之十(1989 年)

戴爱莲抽烟图(叶浅予作于1946年)

叶浅予作《长安怀古》组画：

忆疆场，风流秦汉唐(1981年)

霸业促，谁记马前卒(1981年)

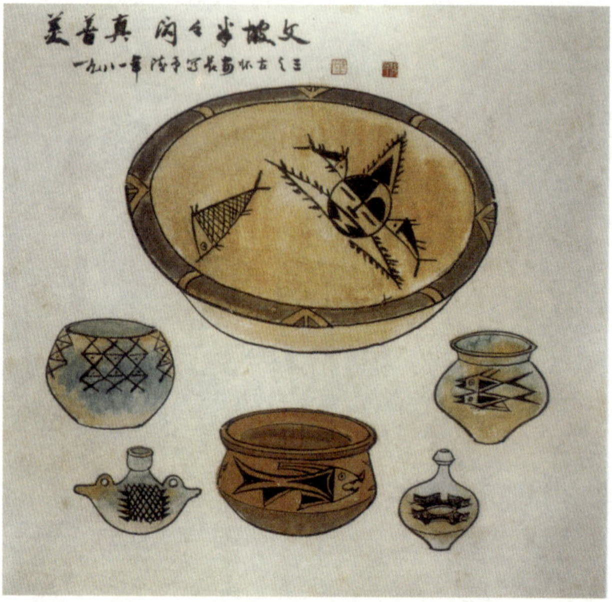

真善美,闪闪半坡文(1981 年)

马嵬坡,忍唱长恨歌(1981 年)

马国亮的妻子马思荪还谈过一件事:40 年代抗战时期,戴爱莲在成都演出时,马思荪给她弹钢琴伴奏。后来她们一起到青城山游玩(同行的还有马思荪夫妇,黎雄才等),当走过一条铁索时,爱莲心惊胆战,趔趄不前。此时浅予竟熟视无睹,不加援手。马思荪只好过去搀扶她一步步走过桥,做丈夫的浅予却袖手旁观,简直令人难以置信。

浅予这样那样地对待女人,朋友们似乎能原谅他。他们知道浅予不是故意如此。艺术是他的第一生命。他可以为艺术创作忽略爱情,而不能为爱情忽略艺术。他从一个漫画家到一个国画高手,成为国内最高美术学府的国画系主任,其中的苦学历程,是我们这些长期接近他的朋友们有目共睹的。直到耄耋之年,他仍孜孜不倦地创作。他对艺术的献身精神使他在其他方面显得我行我素,不会长期刻意与女人周旋。浅予的朋友们都知道当年他与马国亮送爱莲回家,而浅予回到住处不是倒头便睡,却是继续拿起他的画笔。因为那时候,他和其他的画家们组织了"人间画会",在坚道(香港一个地段)设了一个画室,晚上都在那里画素描。叶浅予积累下来的两千多册速写簿也是由此开始的。艺术第一,他身边的女人就不能长期这样容忍他。坚强的女人同样需要温柔的爱抚和细微的体贴。这正是使他身边的伴侣终于失望地离开他的原因。即使厮守终老的王人美,在感情上其实也早离了他。

除罗彩云是凭父母之命与浅予结合外,其他三位都是才女,是卓有成就的画家、舞蹈家和电影明星。艺术牵引他们结合,也促使他们破裂。其实,浅予需要的是一个懂艺术、爱好艺术却不从事艺术的贤妻,她该是一个愿向浅予付出一切,让浅予专心于艺术创作,自己却不斤斤计较于儿女私情的缠绵,而从浅予的艺术成就中获得喜悦和满足的人。可惜罗彩云不是这样的人,但从旧礼教的观点来看,罗彩云对浅予也尽到了一个女人的责任,给了浅予耄耋之年儿孙绕膝、佳节团聚的幸福。

据闻戴爱莲至今还关心浅予,有朋友曾尝试让他们复合,但未成功。叶浅予与戴爱莲都是以一生精力追求艺术境界而名扬天下,可谓已完成了人生的崇高使命。

(原载于《叶浅予》人民美术出版社 1997 年版)

此曲只应天上有

——舞蹈家戴爱莲的异国恋情

包立民

王人美病故后，年过八旬的叶浅予老年丧妻，又一次陷入了孤身一人的境地。京城的叶氏亲友不约而同地想起了一个人，这个人曾经和叶浅予做过十年夫妻，也是叶浅予画舞蹈人物的创作源头和动力，她就是舞蹈家戴爱莲。大家多次建议和撮合叶浅予与戴爱莲破镜重圆，重续琴瑟之好。担负穿针引线工作的是女儿叶明明，为此她磨破了嘴，跑断了腿，耐心细致地做了多年工作，做到了戴爱莲同意叶氏搬进她家，住进了客房，可是当叶氏尝试走进她的卧室重叙旧情时，她断然拒绝了。关于叶、戴为何未能复婚，亲友们说法不一，比较公认的说法是：戴氏长期孤身生活，脾气古怪，有外国老太太的怪癖，很难再组家庭。何况叶、戴都是事业心很强的人，耄耋高龄，谁也照顾不了谁，复婚已无意义。

叶浅予的胞弟叶岗曾在《炎黄世界》（1996 年第 4 期）上撰文，披露了他对戴爱莲不同意复婚的猜测："这些年（指八九十年代），戴每年跑英国，大部分时间居海外。我猜她在英国已有感情牵连，又听说她住在一位雕塑家的家里，不知道是不是就是半个世纪以前的那位老恋人？"叶岗猜测戴爱莲不同意复婚的原因是另有所爱，所爱的不是别人，很可能就是半个世纪前的那位老恋人。

叶岗的猜测没有错。戴爱莲亲口告诉过我，她没有答应叶浅予复婚的要求，原因有两条：一是叶浅予不可能真正理解她；二似乎是命运安排，她在英国神奇地遇到了 30 年代在英国尤斯·莱德舞蹈学校求学时的初恋情人——奥籍英国雕塑家维利·索科普。

英伦三岛苦学九年

戴爱莲并不是她的真名实姓，她不姓戴，也不叫爱莲，她本姓吴，名叫爱兰。

1916 年，她出生在西印度群岛东南隅的千里达小岛（现称特立尼达）上，特立尼达的面积相当于我国海南岛的十分之一。她的祖籍是广东鹤山（现名新会县），曾祖父是我国第一批漂洋过海到特立尼达出苦力的华工，由于他排行老大，广东老乡都尊他为阿大，广东话的“大”字和“戴”字发音相同，久而久之，“阿大”成了“阿戴”，戴字也就成了他的姓了。曾祖父究竟姓什么？后来才弄清楚，他原本姓吴。那么吴爱兰怎么又变成戴爱莲？只知道“爱莲”的名字，是由“爱兰”演变而来的。她在英国求学时，一位中国留学生说，“爱兰”没有“爱莲”有诗意，于是她就改名叫爱莲了。至于姓氏的更换，也许与她到中国从事抗日宣传的需要有关。

戴爱莲自幼生活在尚算殷实的小康之家。父亲在岛上除种植甘蔗和咖啡外，还经营粮食、棉布、文具等，母亲喜欢唱歌，爱好音乐，她就伴着母亲的琴声跳舞。5 岁那年，一位在英国学习舞蹈的表姐回岛度假，表姐发现，这个唱歌爱跑调的小丫头用手脚动作来表达音乐的节奏时却出乎意料地准确。于是表姐就教她一些芭蕾舞的基本动作，无形中表姐成了她学习舞蹈的启蒙老师。1930 年（刚满 14 岁），她跟随母亲和两个姐姐，横渡大西洋，来到英国的首都伦敦。又是在表姐的指引下，她先进入英国著名舞蹈家安东·道林的芭蕾舞进修班和玛莉·兰伯特芭蕾舞蹈学校学习，后随芭蕾舞大师玛格丽特·克拉斯克学艺，又在莱斯里的舞蹈工作室学习了一段现代舞，最后她以优异的成绩，获得了著名的达厅敦艺术学校尤斯·莱德舞蹈班的奖学金，成了现代舞蹈艺术理论之父鲁道夫·拉班“动作记谱法”体系的一名学生。她在英伦三岛整整苦学了九年，而在达厅敦艺术学校只学了半年，因第二次世界大战爆发而不得不辍学。

达厅敦位于英国西南角，是一个风景优美的村镇，像一座大花园。这里原来是英国贵族大家族的一座庄园，园内有一个大厅，每逢节假日，大家族的亲朋好友和村民就到这里来唱歌跳舞，于是庄主就以厅为中心，取名为达厅敦。20 年代中期，一对美国夫妇伦纳德和多拉西旅游至此，大为赞叹，于是花巨资把这座庄园买了下来，改造成一所艺术学校，由多拉西主持校务，1926 年

开学招收第一批学生。学校设音乐、舞蹈、戏剧、美术、电影、工艺等系，聘请欧洲各国著名教授学者来讲学。第二次世界大战前期，这里成为各国艺术家游览、游学的集居之地。

1939年春，戴爱莲以优异的成绩考取了达厅敦艺术学校舞蹈系，取得了奖学金。所谓奖学金，就是不必交学费了，但是膳宿费还得自理。戴爱莲自随母到伦敦求学不久，家中因父亲嗜赌债台高筑而破了产，她只得勤工俭学，半工半读。在求学的数年中，她参加过伦敦各种酒会的舞蹈表演，为电影厂、剧团充当临时演员，给贵族之家干杂务等等。达厅敦远离伦敦，又是一个以学校为中心的庄园，打工挣钱的机会相对也少些。读了一个学期，到了暑期。学校一放假，戴爱莲的家不在达厅敦，她面临的实际问题是，食宿无着落——到哪里去吃饭睡觉。幸亏放假前她就找到了一份工作，为一位画家充当模特儿，管吃管住，还有工资。可是刚放假，这位画家又变卦了，还没挣到一分钱就被解雇了。怎么办呢？在餐厅里，面对桌上一杯孤零零的咖啡，她正托着下巴为今后的食宿发愁，忽然对面来了一位似曾相识的教员。闲聊中，这位教员听说画家欲雇用她当模特儿的事，不无遗憾地说道："我真羡慕他，他有钱，可以雇请你当模特儿。我是搞雕塑的，也想请一个模特儿，可是我没有钱。"他双手一摊，流露出无奈的神态。戴爱莲打量了一下对方：他英俊潇洒、谈吐文雅，高耸的鼻梁上镶嵌着一双明亮传神的大眼睛。她心有所动，不假思索地回答："那位画家不想画画了，我失业了，正在找工作，只要你能提供食宿，我可免费当你的模特儿。"雕塑家听了，大喜过望，笑着叫了声"OK"，当场拍板。

这位雕塑家名叫维利·索科普，母亲是奥地利人，父亲是捷克人，他随母入了奥籍。维利家境清寒，靠勤工俭学在达厅敦艺术学校美术系学习雕塑，毕业后留校任教。他比戴爱莲大9岁，刚过而立之年。

维利在学校里已有未婚妻，未婚妻西蒙也是学舞蹈的，与戴爱莲同在一所学校学习，她是奥地利大银行家的女儿，暑假回奥地利探亲去了。维利在奥地利的母亲因故来不了达厅敦，孤身一人，衣食全由自己料理，既要搞雕塑创作，又要料理家务，真够维利忙的。戴爱莲看在眼里，自告奋勇地把维利的家务也包揽了下来。

戴爱莲这一年23岁，正值豆蔻年华，青春妙龄。她个头不高，身材娇小苗条，步履轻盈，有着东方少女特有的神韵。她自小在海岛长大，又常和表兄弟一起到海边捡贝壳、游泳、划船、钓鱼，或者爬树、踢足球，甚至打架……由于整天在户外活动，皮肤晒得黑黝黝的，在家里享有“可可巧克力”的美称。到英国求学后，户外活动大大减少了，肤色由“可可色”变成“棕黄色”，尽管她说的是一口流利的英语，可是东方少女的气质在她身上时有流露，也许正是东方少女的气质吸引了维利，他想以她为模特儿来塑造东方少女的艺术形象。戴爱莲是一位热情奔放、性格外向的女子，而维利则是一位温文尔雅、性格内向的男子，女的动如脱兔，男的静如处子，两人的性别性格整个来了一个颠倒。两位从事造型艺术的青年男女，从早到晚在一起工作、生活，维利为戴爱莲画了不少人物速写、素描；戴爱莲不但当维利的模特儿，而且包揽了全部家务，当上了家庭主妇。从艺术到生活，两人都有不少共同语言。他们在一起谈彼此的家庭生活、故乡见闻乃至勤工俭学、学艺经历、对艺术的见解感悟，越谈共同语言越多，日久生情，自然而然地点燃了一场爱恋之火。

在维利的工作室里，戴爱莲住了两个星期，维利为戴爱莲精心创作了一尊颇具东方少女气质的石质头像，这尊石雕头像如今安放在伦敦英国皇家舞蹈学院的大厅里，瑞典斯德哥尔摩舞蹈博物馆也收藏了戴爱莲石雕头像复制品。这尊石雕头像，是戴爱莲早期坚韧不拔地在英国学习舞蹈的见证，也可以说，是她与维利初恋的信物。

两个星期后，维利的未婚妻西蒙从奥地利回来了，西蒙进门见到戴爱莲不由得吃了一惊。她没有想到这位不同班的同学，竟然当上了未婚夫的模特儿，还与未婚夫一起生活了两个星期，一丝醋意和不快袭上心头，她强忍着不快，送走了戴爱莲。戴爱莲细细观察了过去从未注意的这位校友：金发碧眼，亭亭玉立，活泼可爱，两只眼睛好像会说话。维利看她的眼神很不一般，对她关心体贴入微，脉脉含情有加。戴爱莲是一个自尊心极强的女子，又有着东方女性的道德标准，经过了一番痛苦的思考，她决定礼让，从这场干柴烈火似的恋情中退出来，因为对方毕竟是订了婚的未婚夫妇呵！她把对维利的初恋之情深深地埋藏在心底，并且很快振作起来，变成学习舞蹈的动力。现在回忆起这段时光，仿佛就在昨天，她说，在维利工作室里度过的两个星期，是她一生中最幸福的日子。

鸿飞那复计东西

宋代大诗人苏东坡写过一首脍炙人口的诗篇，诗曰：

人生到处知何似，
应似飞鸿踏雪泥。
泥上偶然留指爪，
鸿飞那复计东西。

若用这首诗的诗意来形容戴爱莲与维利一段短短的初恋以及分手睽别，是最恰当不过的。

暑假刚过，开学不久，第二次世界大战爆发，战火迅速在欧洲蔓延。与欧洲大陆一水之隔的英伦三岛经常处于德国飞机的轰炸空袭之下，达厅敦的宁静生活也受到了骚扰破坏，艺术学校被迫停课了，师生们纷纷寻找撤离的地方。戴爱莲在这所艺术学校学习了半年，度过了她一生最值得珍惜的时光。同年底，在一位中国留学生的帮助下，她登上了中国当局接留学生回国的轮船，告别了尤斯·莱德舞蹈班和拉班大师，告别了达厅敦艺术学校，告别了英伦三岛，也告别了拨动她初恋琴弦的雕塑家维利！

经过一个多月的海上航行，1940 年春戴爱莲抵达香港。旅居香港从事抗日救亡活动的宋庆龄，对这位投身抗日的爱国归侨、青年舞蹈家热忱欢迎，关怀备至，她让秘书廖梦醒为戴爱莲找了一个练功的健身房，并介绍她与在港的文艺界人士相识，其中一位就是叶浅予。戴爱莲与刚刚失恋的叶浅予一见如故。据叶浅予回忆，戴爱莲与他从相识到相恋，从相恋到结婚，只有半个月，真有点迅雷不及掩耳之势。为什么戴、叶之间会产生这场闪电式的婚恋呢？在《细叙沧桑话流年》中，叶浅予直言不讳地写道："在我们快速的谈情说爱过程中，九龙半岛酒店那场舞蹈表演会是一个重要契机。我为这次演出尽了最大的努力，既是舞台监督，又是服装管理，还请了一位话剧团的朋友管灯光，廖梦醒是前台经理。我们三个义务者，帮助戴爱莲为祖国的抗日神圣事业献了艺、筹了款，为保卫中国同盟完成了一个政治任务。演出之后，戴告诉我，她想去延安，为中国共产党的革命事业献身。我说，我为《今日中国》的继续出版问题也要去重庆向政府请示，我俩可以结伴同行，但要先确定我们之间的关系，先结婚，后上路。爱莲高兴得像孩子似的把我抱住，连连亲我，我的反应，当然是欣喜若狂，暗暗自慰。我在地上失去了一个梁白波，从天上又掉下来一个戴爱莲，丢失了的艺术家庭又可以重建了。"

叶浅予说，在地上失去了一个梁白波，从天上又掉下来一个戴爱莲，言外之意是，他内心的感情空白得到了填补。其实对戴爱莲来说，又何尝不是如此呢？在伦敦失去了一个维利，又在香港找到了一个叶浅予，在感情上同样也得到了弥补。不过在戴、叶心中各自原先的感情牵连似乎隔着一层窗户纸，谁也没有点破。据戴爱莲告诉笔者，婚前她曾经要把自己的初恋告诉叶浅予，可是叶浅予不想听。婚后，又多次想告诉叶浅予，他也不想听，直到80年代，戴爱莲回英国与维利重逢，她还想告诉叶浅予，但是叶浅予的态度依然是不想听。由此，戴爱莲得出了这样一个结论：叶浅予根本不愿意也不想了解她！她认为，这也是她与叶浅予分手以及不能复婚的一个重要原因。

1939年底，正当戴爱莲乘船东归，维利和西蒙也正在为疏散去留之事大伤脑筋。从国籍上看，他俩都属奥籍，而奥国是德意的联盟国，与英国是敌对国，因此不能继续留在英国。怎么办？回奥地利吧，西蒙还可以，维利正值青壮年，很可能被征兵送上战场，他不愿为德意法西斯而战。商量的结果，西蒙回奥地利，维利转道去加拿大。他到加拿大不久，在反法西斯精神的鼓舞下，也投笔从戎，参加了反法西斯战争。由此维利与西蒙在婚姻上也多经波折，直到二次大战结束后，才得以结婚。但是这位雕塑家的心中始终也没有忘记戴爱莲。婚后他在给戴的一封信中这样写道："我感到很悲痛，战争把和平时期的美好生活打乱了。你走得太早了，我现在结婚了，没有办法了……"

新中国成立之初，戴爱莲与维利、西蒙一家还保持着通信联系，维利和西蒙寄赠了一张合影给戴爱莲留作纪念。不久，随着她的行政职务越来越多，由于西方国家与中国尚未恢复外交关系，与西方友人的通信也有诸多不便，她索性采取快刀斩乱麻的办法，坦率地给维利写信道，我们各自有了新的生活，今后就不再打扰你们了。于是，50年代至70年代后期，戴爱莲与维利中断了将近二十年的联系。

别时容易见时难

1978年夏日，戴爱莲有位英国朋友要回英国，临走前问戴爱莲，英国有什么事需要办？戴爱莲想了一想，开了三个人的名字和地址，请她打听他们的下落，其中有两位是她的老师玛利·兰姆和安东·道林，还有一位就是维利。朋友回国后来信说，这三位师友都健在，并转致了三位师友的问好。不久，她就收到英国拉班舞蹈中心的一封邀请函，邀请她参加世界著名舞蹈理论家鲁道夫·拉班诞辰一百周年的纪念活动。接到邀请函后，她找到文化部有关部门签办了赴英手续。1979 年 7 月 7 日作为拉班学生的戴爱莲应邀出席了这次活动，并在会上作了《拉班影响在中国》的学术报告。在伦敦期间，她看望了两位老师，会见了访问过中国的英国著名舞蹈家玛格·芳婷以及许多老同学、老朋友，当然也包括维利和西蒙。1979 年距离 1939 年，即整整隔了四十年。四十年前，维利是一位风度翩翩、英俊年少的青年男子，而今却是两鬓皤白、皱纹斑斑的古稀老人了，戴爱莲也过了花甲之年。四十年前的两位恋人，在大庭广众下见面，怔怔地互相注视了好一会儿，恍如隔世，恍如梦中，一旦证实了彼此的真实存在，又显得拘谨起来。当着西蒙和众多友人的面，戴爱莲只得蹒跚向前，礼节性地握手问好，然后与西蒙拥抱起来。据说，戴爱莲应邀出席这次活动，与西蒙在拉班舞蹈中心的穿针引线大有关系。1982 年，戴爱莲当选为国际舞蹈理事会副主席，自此以后她几乎每年要回英国讲学。

最令戴爱莲欣慰的是，1981 年 5 月 11 日，英国皇家舞蹈学院决定，把维利·索科普 1939 年为她塑刻的石雕头像安放在大厅里，以表彰她为中英两国艺术家之间的友谊和文化交流作出的杰出贡献。戴爱莲应邀出席了学院举办的隆重安放仪式。同年，瑞典斯德哥尔摩舞蹈博物馆也收藏了戴爱莲石雕头像的复制品，以纪念她为国际舞蹈事业发展所作出的贡献。

二次世界大战后，维利与西蒙双双回到英国，加入了英国国籍。维利继续在达厅敦艺术学校执教，担任雕塑系主任，而西蒙也放弃了舞蹈专业，夫唱妇随，跟随维利搞起了雕塑，当上了维利的助手。退休后，他们又从达厅敦迁居伦敦，西蒙的父亲早就为西蒙在伦敦购置了一座别墅。维利应 L. A. 皇家美术馆之聘，当上了美术馆的专职雕塑家，每年向该馆交 6 件雕塑作品，为了搞雕塑创作，他也在别墅附近购置了一所雕塑工作间。应该说他们的婚姻生活还是比较美满的，生有一子一女，均已独立成家。

西蒙怎么也不会想到，事隔四十年，两位六七十岁的老朋友——一位是自己的丈夫维利，一位是舞蹈系的老同学——多次见面后，居然还会萌发旧情，而旧情萌发的牵线人，不是别人，正是她自己。她对戴爱莲毫不设防，在戴爱莲赴伦敦期间，总是盛情邀请她到家里做客，为维利与她的见面聚谈创造了种种有利条件。有一次，维利开玩笑地对戴爱莲说："西蒙嫉妒你了！"究竟西蒙嫉妒些什么，维利没有说，戴爱莲也没有问，心有灵犀一点通，彼此心照不宣。不过戴爱莲告诉过笔者，关于她与维利这段时间的交往，有一条界限，她是严格遵守的，那就是家庭责任感，换一句话来说，绝不能破坏别人的家庭。维利是一个有妻室的人，妻子对他也很好，她绝不做夺人所爱的事，也绝不插足到维利和西蒙的家庭生活中去。她只是作为他俩的共同朋友而出现。当然，在心灵深处谁也无法筑起一道铜墙铁壁，来阻隔曾经相恋的两人之间的感情波澜，更无法阻隔他们对往日情怀的思恋。

此曲只应天上有

戴爱莲与维利久别重逢，怀旧、追叙昔日情怀固然是他们交谈的一项重要内容，但是更多的是交谈彼此的艺术创作和见解，交谈今后艺术上的打算。他们毕竟不是四十多年前的青年男女了，谈情说爱的方式和内容变了，变成了谈艺说业。因为他们都成了有成就有影响的艺术家了，艺术事业就是一切。

一年一度的讲学和艺术交流活动，加深了戴爱莲与维利的感情。恰在这时，西蒙病了，又得了不治之症，临终前她让女儿把戴爱莲请来，托付后事——把照顾维利生活的后事托付给戴爱莲，不在父母身边的维利的子女，早就从父母口中获悉了父亲与戴姨早年的一段恋情，对母亲的遗嘱深表赞同，尤其是西蒙的女儿与戴爱莲的感情更为融洽，很自然地把戴爱莲当作了家庭一员，十分放心地把父亲交给戴姨照顾。戴爱莲呢，作为维利的初恋恋人，经过半个世纪的波折，终于有机会结合在一起，心里也萌发起与维利结婚的念头。

西蒙死后，维利与子女隆重地料理完她的丧事，在瑞典定居的女儿与在法国当医师的儿子也分别要告辞父亲，临别前，他们建议戴姨陪伴父亲一起到达厅敦艺术学校作一次旧地重游。戴爱莲与维利接受了他们的建议，驱车来到了达厅敦艺术学校。半个世纪过去，校园依旧，校舍依旧，一长排砖木结构的二层小楼，有她上过舞蹈课的教室，也有当年她给维利当模特儿的雕塑工作室，她与维利朝夕相处两个星期的情景，像一幕幕电影闪现在她的脑海里。猛抬头，她发现当年维利创作的一件石雕——两只亲密相亲的白鹅，正在草坪上欢快地嬉戏，由这两只白鹅，她联想起当年维利在工作室里为她画素描，为她塑石雕头像，联想起美国雕塑家为邓肯塑造《美国在舞蹈》的故事……想到这里，她不由自主地冲着维利感叹道："可惜我老了，不然真想再为你当一次模特儿！让你塑一尊《英国在舞蹈》的塑像。"维利听了先是一怔，好一会，才若有所悟地回过神来道："是啊，我们都老了，《英国在舞蹈》的塑像怕是完不成了。"

从达厅敦回伦敦不久，维利也病了，从来没有照料过病人的戴爱莲担负起照料病人的角色。她细心地护理维利，又打电话告诉维利的子女：她盼望早日把维利的病护理好，早日与维利结婚。可是，维利的病始终没有好转。1995 年 2 月，维利·索科普病逝于伦敦，享年 88 岁。戴爱莲料理完维利的丧事，赶回北京参加一年一度的全国政协会议。无独有偶，就在这一年的 5 月 10 日——距维利去世 4 个月后，叶浅予也病逝于北京，享年也是 88 岁。维利、叶浅予都生于 1907 年，死于 1995 年，想不到这两位与戴爱莲关系最密切的艺术家，竟是同年而生，又是同年而死。难道有神灵在冥冥之中早就安排了的吗？有情人终成眷属，有情人又难成眷属！

英国大雕塑家维利·索科普为戴爱莲塑下了一座充满青春活力的石雕头像，而中国大画家叶浅予却为戴爱莲画下了无数幅舞姿优美的舞蹈速写和舞蹈人物！这真是富有传奇色彩的交响乐章——此曲只应天上有！

（原载于《今日名流》1996 年 5 月刊）

我的丈夫

——倔老头叶浅予

王人美　口述　解　波　执笔

我和叶浅予先生在1955年结婚，是老夫老妻了，过分熟悉，反倒觉得不知从哪儿谈起了。这样吧，就先说眼前的这座房子。1980年我们搬进这幢四合院，两家合住。这是座老房子，大门关不严，水管漏水，地板朽烂，房管所修了几次也没全修好。我催他再去找房管所，他不但不找，反倒帮着房管所说话，说什么房管所也有难处，这些房子千孔百疮，房租收来都不够修缮费用。还说什么不要为生活琐事烦恼，要知足常乐。你看，这老头子多倔。想起我们搬家的时候，正急需钱用，他却不声不吭，把补发的三万元钱全部捐赠给中央美术学院国画系，作为毕业班优秀学生的创作奖奖金。这三万元是他十年的补发工资。

他大概忘了自己在十年动荡中的遭遇，我可记得清清楚楚。1968年3月20日他被戴上"军统少将特务"的帽子，不久被关进监牢。因为抗战时期，他在重庆无法谋生，经人介绍为中美合作所画过半年宣传画和漫画。美术学院红卫兵说他的工资比国民党少将还高，于是他成了军统少将特务。现在听起来是个笑话，可那年月他为此整整蹲了七年班房。1975年4月出狱，回美术学院当勤杂工。1976年他心肌梗塞，几乎丢了老命。1978年7月又因患结肠肿瘤住院开刀。这期间，都是我维持着家庭生计，也是我为他奔走喊冤。1978年他当了全国政协委员，学院仍迟迟不给他平反，1979年年底才补发回他十几年的工资。我赞成他把补发的工资捐献给国家，可为什么一定要捐给学院呢？他辩解说他为的是学画的学生，为的是热爱美术的青年。

叶浅予、王人美与溥仪在一起

当然，我也想通了，他说的是真情，如今他七十多岁的人，按理可以不去学院讲课，不担负指导研究生的工作，可是，他给自己规定，每星期六上午都去学校，风雨无阻，就是在他住院治疗时也不肯间断。还有一件事也很有意思。你看见他房里挂的四幅油画吗？对，对，有一幅画的是几条鱼。我给你讲讲这几幅画的来历。1979 年中山公园举办迎春画展，他去参观，看中了四幅油画。作者是四位业余学画的青年，最小的才 15 岁，还在初中读书。他想买画，四位青年要求和他换画。老头子认认真真选了自己四幅国画去交换。我问他怎么和毛头小伙子换画，他说应该鼓励学画的青年人。

他对青年画家更是爱之深、责之严。有一位女画家周思聪，很勤奋，也有才气，她的画获得了广泛好评。因此，很多地方约请她去当场挥毫，一些港商也以优厚的待遇邀请她去香港表演。老头子知道后，心急火燎，在他住院治疗的前几天，专门把周思聪请到家里，足足谈了两个多小时，告诉她，成功标志新的起点。要成为一个有成就的画家，必须再下苦功。如果到处去表演，继续那种一天之内画二十张画的生活，那会毁了自己。他不但苦口婆心地开导周思聪，还告诉约请周思聪去香港的画商，不要毁了我们的年轻人。几年过去了，周思聪一直很感激他及时的教诲和指点。如今，在他们学院里，青年教师都比较尊重他的意见，还要推选他当文化系统的劳模呢。

接着说搬家的事。那时候他把三万元捐了，只好向荣宝斋借了一千元。叶浅予借钱，有的人不信。他们认为，有点名气的画家都是腰缠万贯，其实，叶浅予两手空空。记得我们1955年结婚,他47岁,我41岁。我们想老头儿老太太结婚不要声张。不知怎么,风声还是走漏出去了。朋友们纷纷送来贺礼,于立群亲自跑到我的宿舍,送来了四川产的绸缎被面。老朋友盛情难却,礼是收下了,可怎么答谢呢?叶浅予说请老朋友聚餐吧。几个人涌进四川饭店,有郭沫若、于立群,阳翰笙、吴祖光、丁聪、黄苗子、郁风等等,叶浅予花了将近两百元钱。回来的路上,他告诉我,他已经破产了,因为他全部财产也只有两百元。我又好气又好笑,只好自己掏钱去买必需的日用品。我说这件事绝不是主张结婚请客送礼,只是想说明叶浅予这个人从来不爱攒钱。

也许有人会说,那是50年代的事。现在荣宝斋、琉璃厂叶浅予的一张画标价两千。画价这么高,他的分成一定不少。我说,那是你们不了解情况。叶浅予从来不赞成画价过高,相反,他主张压低画价,而且从80年代起,他已经拒绝向任何画店售画了。当然,也有人希望画价越高越好。比如,我知道有位画家,他的画文物商店定价两千,琉璃厂定价一千五,他去责问琉璃厂,为什么压价。也有的画家自己漫天开价。他们这么做有多种原因,有的是为了增加收入,也有的是误以为定价越高说明艺术水平越高。叶浅予却有完全不同的看法,他认为:现在我们人民的生活水平还低,有多少人舍得花两千元买幅画呢?画价过高,等于取消国内市场。结果,只剩下国外市场,画幅大批外流。他担心有朝一日子孙后代研究现在的民族绘画得到国外去寻找原画了。他的苦心我能够理解。他从小喝富春江水长大,故土的一草一木都感到亲切。元代四大画家之一的黄公望画过《富春山居图》,六百多年过去了,富春江两岸早已换了人间。他虽然不擅长山水画,却愿意边学边画,为故土描绘新的山水长卷,来表达游子的寸草之心。

我想不到的是,他七十开外的人,完成山水长卷后,目光又转向了历史画。你看过他的《长安怀古》组画吗?那是他闯进历史画领域的标志。1981年他重游西安,触发了思古之情,画了这四张画。我第一次看时都不理解,为什么把杨贵妃画成倒地的唐俑。叶浅予说中国画的传统是含蓄,他也试探着把漫画因素融入中国画,使其更加耐人寻味。他不是直接画历史,而是比较曲折地反映历史。四幅画画的都是秦俑、汉俑、唐俑和半坡时期的器物。他想通过画人创造的物来反映人和时代。具体到"马嵬坡,忍唱长恨歌"这幅画,叶浅予认为不应由杨贵妃替唐王朝的兴衰负责,她只是唐宫中的玩物,所以把她画成弃之尘埃的唐俑。在技艺上也不用他习惯的飘逸的画法,而用民

间木版年画的画法。(《长安怀古》组画见本书第 213、214 页)

我从旁观察,这个倔老头对自己的画确实没有满足的时候。如今,他希望自己的画笔墨越来越简练,内涵越来越深刻。

我听他说过。他还想画几幅大画,其中一幅是《中国妇女解放史》。60 年代他勾过草图,后来因为他被当作资产阶级反动学术权威批判,未能完稿。他那次挨批是 1964 年,好像是文化系统把文化部、北影、美院作为搞社会主义教育运动的试点,他首当其冲地被批了。这老头子也是多灾多难,但又历经磨难而不悔。他那张《中国妇女解放史》的草图我见过,记得上面有贞节牌坊、白毛女、长征女兵,也有秋瑾、宋庆龄等等。他想把这幅画完成。此外,他想做些理论研究工作。目前,他正在进行《芥子园画谱》的版本考证,以此来论证这本画谱在中国绘画史上的地位和影响。他对中国画论里一脉相承的美学观点更有兴趣。他一方面自己埋头研究,另一方面扶植青年教师研究。我知道的就有哈尔滨艺术学院和安徽师范学院的美术教师给他寄论文。收到青年人的论文,他比自己写了论文还要高兴。他阅读、修改,推荐发表或出版。他希望有更多的青年人研究我们民族的绘画理伦。

他年已古稀,名满画坛,居然既不满足,也不保守,总在不断探索。他怎么能做到这一点?我也说不清楚,不过,我可以提供一些情况。叶浅予很爱学习。记得我们结婚以后,他给我的印象是天天晚上读书,常常读到深夜。因为他从 1954 年起担任中央美术学院国画系主任,白天忙行政事务,忙教课,读书只能放在晚上。他利用晚上的时间,从 50 年代到 60 年代初,把中国重要的画论通读了两遍,有些画论他反反复复地读,也不知道读了多少遍。像清代沈宗骞的《芥舟学画编》,宋代郭熙的《林泉高致》,清代邹一桂的《小山画谱》等等。除了中国的画论,他还看日本、波斯、印度以及欧洲的画论。他的观点是画画的不读画论绝画不出好画。他认为中国画家对中国画论要学深学透,对外国画论要学广学多。他主张"吞吐古今,涉猎中外"。

叶浅予学习兴趣广泛,对新事物尤其注意学习。你知道他现在读什么?说出来你也许不信,他在读什么《第三次浪潮》、《信息传递》之类的文章。他说他应该眼界开阔,了解最新消息。他对历史也感兴趣,有段时间还订了份《历史研究》。他说,画画的人应该上知天文,下知地理,知识越渊博越好。当然,他最关心的还是国内外美术方面的信息。你看,我受老头子影响,也讲什么信息了。1949 年前他喜欢找各种各样的美术杂志看。此后,"美协"有个图画资料室，他常常去看那些新来的资料。前些日子，我看他很晚还不睡，问他在干什么，他说在看新出的《文艺研究》，上面有篇王朝闻谈审美辩证法的文章，文章有两万字，排得密密麻麻，他戴上老花镜，一字一句翻来覆去地读。老头子一大把年纪，还读这读那，津津有味地研究别人提出的新观点、新想法，这大概是促使他不断探索新课题的因素之一。也有人劝他，上了岁数，保重身体要紧，别尽给自己出新题目了。他连听也不听，实实在在是个倔老头。

你问叶浅予有什么业余爱好。他现在老了，谈不上什么业余爱好，吃过晚饭看看电视里的《新闻联播》，既是消遣，也可以了解国内外的人事。他年轻时喜欢的东西可不少。我听他说过，小时候，家乡玩龙灯，他管敲锣。他也会拉二胡、京胡，照现在的说法，是位民乐队队员。30 年代他在上海也喜欢摄影，是上海黑白影社的社员，黑白影社年鉴里有他的摄影作品。现在他还给摄影协会讲课，题目是摄影与美术。40 年代他喜欢舞蹈。你知道他的前妻戴爱莲是舞蹈家。抗战期间，我在桂林听朋友说，叶浅予帮助戴爱莲学习桂戏的《哑子背疯》，并把它改编成民族舞蹈。可以说戴爱莲的早期创作都有叶浅予的影响。你知道了他业余爱好音乐、舞蹈、摄影，也就可以从一个方面理解他的舞台人物画为什么能够构图优美、富有动态、富有节奏感了。

叶浅予是位好画家，却不是个好丈夫。他除了懂画，别的什么都不懂，家中里里外外的事全要我操心。如今我半身偏瘫，管不了那么多。你看看这家，搞得多脏多乱。嗨，还有好多好多让我恼火的事，也别说了。我只告诉你一句话：叶浅予是个过于沉浸在事业里的人，当这种人的妻子真不容易！

（原载于《叶浅予》人民美术出版社 1997 年版）

王人美的家事

朱嘉树

人美先是脑血栓偏瘫，去年摔了一跤，又脑溢血，卧床数月，终于不幸逝世。心血管病在王家是有家族史的，妯娌之谊三十多年，我对她的家庭比较了解。她的母亲就是患脑溢血去世的，她有兄弟姊妹七人，大哥王人旋、二哥王人路、大姊王雪华、二姊王明夏，20 年代大革命运动中的几位健将，毛泽东青年时代的同学和朋友，都在有为之年被心血管病夺去了生命。堂兄王人达，侨居苏联多年，叶落归根，50 年代初偕同苏联夫人和女儿归国，不久也因脑溢血去世，只有三哥王人艺例外，是患别的病去世的。

人美患高血压由来已久，高压常达二百。我们都为她捏一把汗，她却说：这点病算什么！照样骑着车子满城飞，从 50 年代到 80 年代，天天骑车上班，而且爱骑飞车，连棒小伙也被甩在后面。1980 年 5 月突患脑血栓，左半身偏瘫。从飞车到轮椅，天地变得如此狭小，斗室之中，一病六七年，苦闷、烦躁，她的性格和脾气都有些变异。朋友家人暗暗着急，可一点忙也帮不上。

旧话重提。1955 年春，浅予和人美组成新家庭，是吕恩和张家嫂嫂（张光宇夫人）保大媒。婚后他们来上海度蜜月，也是新媳妇拜见公婆。尽管《渔光曲》问世事隔二十年，银幕上的小猫和“云儿飘在海空、鱼儿藏在水中”的歌声仍然牵动人心，亲友邻里接踵而至，都想看看这位大明星。人美时正中年，风韵犹存，她见老人就扶，见娃娃就抱，没一点架子。若干年后，她又来上海，我们弄堂里的老影迷闻风而来，拜访她们心目中的偶像。有位白发苍苍的老太太，自告奋勇为人美演唱《渔光曲》。欢笑声中，大家好像回到了青年时代。多有意思的联欢！

唐山大地震那年，他们双双来沪避震，四个多月朝夕相处，发现人美有许多美德。她那双手从来没有闲过，刚打扫完卫生，又到厨房洗和烧，就连看书看报时，手还在不停地织毛衣。她心灵手巧，编织的小玩意儿特别逗人爱，孩子对大姆妈织的杯子套爱不释手，带到学校，小朋友一哄而上，有人拦路“抢劫”，干脆据为己有。记得婆母在世时，就爱穿人美织的毛衣。因为别人都不及她织的精致合身。她的烹调技术也高人一筹，南方菜、北方菜、家乡的湖南菜，样样出色，色香味之外还讲究营养。就连如何处理残羹剩饭，也有她独到的办法。真是里里外外一把好手！

人美叫浅予“倔老头”，她嘴里这么说，在实际生活中却是无微不至的体贴，衣食住行几乎全部包办。浅予在“秦城”蹲了七年，1975 年出狱，大动荡后的家连张画桌也摆不下，人美千方百计为他借到一间画室，就是画中落款常用的“借瓮居”。以后搬进甘雨胡同四合院，人美为房子奔波张罗，脑血栓病就是在房管所谈判时发作的。1976 年浅予心肌梗塞，几乎送了老命，1979 年因结肠肿瘤住院开刀，大病两场，多亏人美这位“总指挥”，忙前忙后，累得晕倒在地。当然，她心甘情愿，无半句怨言。

要说“倔老头”，也许真有点倔。在他心里只有画，掏出速写本，拿起画笔，就忘掉一切。人美常常感叹：“叶浅予是个好画家，却不是个好丈夫。做这种人的妻子真不容易！”这大概是她生命最后的一点遗憾，晚年性格变异，除了早年精神失常的残留因素，感情上的遗憾可能也是原因吧！

人美的回忆录《我的成名与不幸》最能表露她的坦率性格。她讲得好，解波记得好，不浮夸，不装饰，恰如其分地写出自己的真实来。她成名早，以后常常懊悔名不副实，并用“不幸”这个词来记述这种心情。湘女多情，我们这位湖南嫂子是很热情的。可惜病魔不仅夺去了她的生命，而且一度夺去了她的可亲性格。唉，这真是人生憾事！

（原载于《叶浅予》人民美术出版社 1997 年版）

父亲的故乡情

叶明明

亲爱的父亲永远地离开了人世，离开了我们。他走得如此匆匆，好久好久，我都难以接受这一事实。我依旧每天去收拾爸爸的画室卧房，在这空寂的房间里，总是情不自禁地会回顾爸爸的一生。

父亲的一生，在事业上是成功的，在生活上是坎坷的，在婚姻上是不幸的。他最幸运的是生长在那山清水秀的富春江畔桐庐县。他是在美丽的大自然的熏陶下、淳朴的家乡风情的哺育下长大的。直至他离开人间之时，仍苦苦眷恋不忘。我每每想到他去世之前，终日念叨着要回桐庐的那至深的乡情而终未成行，就禁不住热泪盈眶。

1922 年父亲为了求学和发展，离开了故乡。经历了几十年的艰苦奋斗，创作了大量为人们所喜爱的作品；但同时也历经沧桑和不幸，遭受了七年之久的冤狱。于 1975 年获得自由之后，他所最最思念的，便是离别多年的故乡。自此，从健康刚得到一些恢复后便开始了他每年必定的故乡行。

叶浅予在故乡写生

故乡啊，又见到你那清澈的富春江水，那满山遍野的青翠竹林、山花美景；那声声马达、新厂新房，更有那亲切悦耳的乡音。这一切都使他心旷神怡，流连忘返，一次次涌动要把家乡的风光描入画卷中去的激情。经历了四年的往返，三易其稿，最后终于完成了《富春山居新图》的长卷。在那长达六米六的画卷中，我们观赏到蜿蜒的富春江水，曲曲弯弯、忽隐忽现，穿流在起伏的山峦、村落、小桥、古塔、电厂、公路之间；从那画卷的四季景色中，又看到家乡人民采茶、收割、肩挑、车运、打鱼、捕猎等的劳动场面，真是一幅集时间、空间为一体的家乡风光写真图啊！父亲在此画卷的后记中写出了他的感情："是富春江水哺育了我，我要把它画出来，抒发我对祖国大地的感情。"

每当初春父亲期待着南行的日子，真像小孩盼过年一样。离行期还早哩，他就开始把画具一件件归整好，让我把它们放入行李袋中。我也赶紧把他所需的衣物等装进箱子，好使他安下心来等待上路。他从不觉旅途的疲劳，一踏上乡土就疾步迈上桐君山的石阶，奔向那白墙黑瓦的"富春画苑"院门。那种兴奋欣喜的情绪深深地感染着我，不禁放声呼唤："又回来啦！"

父亲每天早早即起，站在江边欣赏日出，观看那打鱼的小船满载而归。他更自由自在地在环绕桐君山的小路上漫步，有时竟穿过公路直至附近的小村落。我常常因起得稍晚，便要四处去寻他回来早餐。当然他也常常与我约好："明早我们去山沟看看那护林老头，还要带点东西去送他。"

父亲长年在外讲的是普通话，但一回到家乡不两天就能脱口而出地道的桐庐话。他常主动去和肩挑过路的村民、江边的渔民、背着书包上学的小学生拉呱聊天，为自己对答如流的家乡话说得好而得意！

父亲喜爱石头，更爱家乡的石头。富春江边就是他常去捡石头的好去处。他虽年老，还是不怕艰险劳累地爬下爬上像寻找宝物一样，带动得我们也成了一群"石头迷"。他那案头、书架几乎都被富春江的石头所占领了。一次戴爱莲来同游家乡，当她独自先回京时，父亲兴高采烈地对她说："我要送你一件好东西。"啊，原来他奔下楼来献出的是两块富春江石头。

对于故乡人们的要求，父亲总是有求必应，送画是常事，就连题款、写匾也样样照办，什么"老有所为，老有所乐"、

叶浅予、叶明明、戴爱莲（从左至右）1949 年于大佛寺家中

“桐庐图书馆”、“桐庐宾馆”，等等，随处可见。我曾问父亲：“你在北京对题字、写匾之类的要求向来是一概拒绝的，怎么一到这里就全变了呢？”他回答道：“这是我的家乡啊！”

他对家乡的老典故、新事物样样感兴趣，几乎跑遍了全县各处。对那些创业者更是跋涉登门，详问他们创业的艰苦历程，如养兔、养鸡、养鸭专业户、开山造林户、造纸场坊都一一拜访。对捕鱼为生的渔民也很关心，了解他们每天能捕多少鱼，现在在地面上是否也有住房等等。对因天灾而遭毁的村庄也要亲临了解，看到人们在奋力改造被洪水冲坏的庄稼、田埂，他的笔头便神速地记录下这些动人的场面。他的足迹遍及各处大小庙宇，集市也引起他的浓厚兴趣，常要兴致勃勃地参加到那热闹熙攘的人流中去，还一定要买点土特产才满足而归。爸爸特别爱吃家乡的特产，什么“鸡子烧饼”啦、“臭豆腐”啦、春笋和冬笋啦、桐庐馒头啦，吃起来津津有味，一面咀嚼，一面眉开眼笑，透出一副天真烂漫的儿时像。当我读着他写的《老笔忆童年》时，我更能深深理解那字字句句里所饱含的他对故乡的深情和怀念。

这些丰富的人文景观，又在他脑海中酝酿构思。他逐渐开始了《富春人物谱》的创作。1993 年最终完成了故乡人物、风情一百图的册页，每幅都附有风趣的打油诗。这部作品是父亲又一次献给家乡人民的一片深情。

父亲对家乡故土的感情更因家乡人民对他的诚挚亲情而日益加深。他最初的故乡行是住在亲戚家（老宅早已被日寇炸毁），或住县委招待所。由于县里的关怀，1985 年建造了一幢古色古香的二层楼院，它面向富春江，背靠桐君山，父亲为它取名“富春画苑”，这样便使得父亲在老家有了一个安乐窝。有时他约各地的亲人前去团聚、探望故乡；有时邀请好友、学生同游，共享他故乡的美景。由于县里给予了许多方便条件，使得客人们能畅游那“瑶琳仙境”、“严子陵钓台”、“芦茨湾”及千岛湖等名胜古迹。人们对他故乡的赞赏是父亲最为得意的事。他自己更是充满感情地写了十几首歌颂家乡的诗篇。

为了推动家乡的文化事业的发展，1987 年父亲把他多年收购及画友所赠的名作，以及个人的画作精品和藏书、画册都捐赠给了桐庐县，作为他八十寿辰对家乡的献礼。

我记得，从 1992 年起，父亲每次回到家乡后总要感慨地对我说：“明明，我不回北京了，我就在这里度晚年了，这里是我的安身之地。”作为经常侍奉在他身边的女儿，我是非常理解父亲对故乡的眷恋之情的。但我只得安慰他老人家说:“爸爸,你什么时候想来,我就一定会再陪你来的。”他年年盼,春盼秋也盼。1994 年春,他因心脏病多次发作住院未能成行而不安心,我劝慰他安心住院治疗,秋天去更好。但这年因病终未实现。到 1995 年初,他自觉身体好些了,为了回家乡,他每天坚持行步锻炼。一次他兴奋地对我说:“明明,我能走一千步了,能去桐庐了吧?”我说:“南方春雨寒,等 4 月再走吧。”直到我买好了 4 月 18 日的机票时,他才舒下心来。哪知这只是他回乡之情的一次短暂的精神满足,不几天他就急性胆囊炎发作,之后又查出多发性脑梗塞,最后导致呼吸循环衰竭。在父亲永远离去的那一刻,我也因无力支撑而瘫倒在地——父亲！亲爱的父亲竟就这样走了吗!?

父亲生前说过,故乡是他的安身之地。叶落归根,那是哺育他生命的根;是他身心欢乐的根;是他艺术源泉的根。他在人世间生活了 88 年,在事业上则是自强不息的一生,为祖国、为美术事业所作的贡献更是家乡人民的骄傲。1996 年 5 月是家乡人民迎接他的日子,他便永远回到他心爱故乡的怀抱,安眠在那魂牵梦萦的富春江畔。

(原载于《叶浅予》人民美术出版社 1997 年版)

婚姻辩证法

叶浅予

1987 年是我的八十寿辰，我开始动笔写回忆录。其中一个重要部分，是写我的家庭生活，从罗彩云、梁白波、戴爱莲到王人美，写这四个女性在我一生中所起的作用和影响。孙女说，这么公开写，岂不影响自己的社会声誉？我说，把真实生活写出来，反而能消除社会对我的怀疑。罗彩云，是明明和你父亲的亲生母亲，可惜是个文盲；我和她之间，除了生儿育女，无感情可言，是我抛弃了她。梁白波是个画家，才华横溢，与我一见钟情，可是她不能忍受情妇的地位，终于抛弃了我。戴爱莲是个真正的艺术家，我倾心于她对艺术事业的奋斗精神，她对我的艺术事业起到极大的鼓舞作用，当然我也在艺术上给了她很多帮助，可惜在相处十年之后，由于环境的变迁，她另有所爱，抛弃了我。在独居四年之后，由于朋友的推动，我和王人美结了婚。岂知我们之间，世界观、人生观和生活习惯如此不同，竟至在日常生活中缺少共同语言，貌合神离三十年，迫使我专心一意在事业上寄托感情。王人美是个心直口快的人，自尊心太强，由于在事业上力不从心，很苦闷，容不得别人触犯她的自尊心，特别是长期高血压形成脑血栓之后，她性情更加乖戾，使我难以忍受。但想到我们已到垂暮之年，不得不强迫自己克制和容忍，做一个通情达理的人。

在向孩子们叙述这段历史中，也提到另外几个插曲，表明自己在男女关系上是凭理智行事的。

1989 年夏季开始，我用了两个月时间，为四位女性立传。在这两个月执笔期间，我全神贯注在自我反省的过程中，认识到这四位女性在我身边的时候，都具备妇女固有的美德，处处照顾我的生活，抚慰我的性情，梁白波甚至不惜屈居于情妇地位，表现出自我牺牲的精神；而我，虽然也处于一种尴尬的

叶浅予与罗彩云(30 年代)

叶浅予与戴爱莲(40 年代)

叶浅予与王人美(50 年代)

地位，也有委屈情绪，但在男性占主导地位的社会中，总不自觉地暴露出某种优越感，忽视了对方的委屈，因而在叙述共同生活的细节中，常常指责对方的缺点大大多于指责自己。比如，当王人美指出我的大男子主义时，我不但不加以自省，反而反唇相讥，说什么有大女子主义的人才会看到对方有大男子主义，逼得她向我让步。写完后重新审读这一份原稿，看到自己某些观点很不实际，觉得有改写的必要，而且觉得《爱怨四人传》这个篇名也太露骨，曾经想把它改为《晴雨半边天》，似乎含蓄些，然而这仍然是在摆脱自己的困境，企图把责任推到“半边天”去。最后决定改变立场，以《婚姻辩证法》为篇名，分五个专题，以哲学的眼光来看我的婚姻观和家庭生活实践。这样，许多章节得重写，先后次序也得重新安排。这是一个沉重的负担，但我愿意担起这个重负，同时打破回忆录只写阳面不写阴面的先例，向读者全面、彻底、老实地暴露我个人在婚姻和家庭生活方面的真实情况。

一、纸上谈兵第一课

1922 年我 15 岁时，从浙江桐庐老家到杭州进私立盐务中学读书，开始接触新世界。我有个堂姐叶佩菁，比我早一年在省立女子师范读书。她接受新思想比我早，每逢星期天，我去看她，她总说我已长大成人，应该交个女朋友，还说下次看她时，她一定介绍个同学给我做朋友。我这时已近 17 岁，曾经从《红楼梦》中懂得了一点所谓男女之间的“爱”，但是分辨不出宝玉与黛玉之间的关系和宝玉与宝钗之间的关系，究竟何者对，何者不对。在此之前，还从伯父家看到一本流行的现代小说《玉梨魂》，是描写家庭教师和学生的母亲（寡妇）之间偷偷摸摸谈情说爱的，我把这和戏文中间公子小姐后花园私订终身的情节联系起来，以为这就叫爱情。至于男女学生之间如何交朋友，我不大懂，只知道可以写情书表达感情。我堂姐说给我介绍女朋友，对我有一种吸引力，促使我去探索一下男女之间之友谊究竟是怎么一回事。当时还流行一种思潮，认为男女之间至高无上的爱是精神的，不是肉体的。

1924 年某一个星期天，我坐在女子师范的会客室里，和那位刚介绍的女朋友王文英见了面。会客室就在进校门的大过厅一侧，进进出出的人个个能看见我们，迫使我们这两个男女学生老老实实坐着。本来可以细声细气说说话的，但两个都不满 17 岁的孩子，实在嘴上无话，心里也无话，假使坐在西湖边的长靠椅上，也许还能寻些有关课堂的话题谈上两句，现在却坐在众目睽睽的过厅里，大有如坐针毡之感。坐不多久，我只得告辞，也不懂说客气话，倒是女方开口，问下星期还见不见。我急忙回答："下星期在湖边公园见面吧。"说罢，匆匆走出校门，落荒而逃，可心里又惊又喜，我竟然有了一个女朋友！

回到自己的学校，同学们围了上来，问长问短。第一问那位女学生漂不漂亮。第二问我们说些什么话。第三问能不能给他们也介绍个女朋友。我说，第一，我们并排坐在会客室里，我只能斜眼从侧面看她几眼，正面什么样子始终没看清楚；第二，两人自始至终默默相对，临别时约定下星期在湖滨再见，没说别的；至于第三，我们才第一次见面，怎能提这种要求。结果，那位借给我一套毛料学生装的同学发话："别人不给介绍，我总得给介绍一个吧？"这话对我是一种威胁，我说，下次去见，不再借你那套衣服，别来神气！

见面以后，我和王文英之间开始写"情书"。对方国文水平比我高，逼得我想方设法借现代文学作品看，好从中得点灵感或抄点什么，写起来不至于干巴巴。每到星期天，我必到文具店买彩色的洋信纸、洋信封，下工夫写情书。

20年代，社会上虽有了新风气，旧风气还是固守阵地，男女防范很严，学校一律实行男女分校，学监有时要拆看学生的信，以防写情书，有时还监听电话，看有没有人私自和女学生通话。我们宿舍的电话间和学监卧室只隔一层纸窗，王文英打电话来问星期天是否在公园见面，我只能唯唯诺诺，说去，不敢多说，也没什么可说。她又问下星期杭州各中学开运动会，你参加什么项目。我说什么也不参加，却还要添上一句，说同学有参加一千码赛跑的，校队也参加足球赛，表示我校并不落后。从此，我就拼命在操场上练跳高，希望有一天能在田径场上出人头地。

春夏之交，是江南的黄梅天气，经常下雨。一到星期六下午，如果天气不好，我在课堂上就着急，两眼老望着窗外，盼老天爷行行好，别再和我过不去。心里不住地说：雨快停吧，雨快停吧，明天已约好女朋友在公园见面哩！

一来一回的情书，一星期可以写两次。淡绿或淡蓝色的信封，有时由门房交来，有时到学监房去领。开始有点心惊肉跳，几星期下来，也就没那么紧张了。每次读来信，虽然是些平平常常的语言，可人家就是词汇多，有些语言竟好像在某篇小说里见过。她投之以桃，我当然也得报之以李。这期间为了寻觅文学语言，我读的书真不少。几个星期下来，表达情意的话多了，偶尔在

字里行间流露爱慕之情，特别是经过几次游湖之后，西湖的山水乃至与西湖有关的风流韵事，竟然也在情书中反映出来，好像我们真成了世界上最幸福的人。情绪一激动，情书中的语言也热烈起来，几个月之后，竟然大谈人生的憧憬，直率表达出难舍难分的感情。女朋友似乎是天生的才女，信总是写得那么富于柔情，逼得我也故作多情，表现出戏文中的才子模样，竭力写上几句诗一般的甜言蜜语。这一下可不得了，对方亮出了“既然你那么对我好感，我就承认，永远做你的……了”。这不表明我们在情书中私订终身了吗？当时我的反应好像并不怎么强烈，把它当作写情书必然到达的高峰，犹如孩子们玩“过家家”，用积木垒起了一座房，坍了，可以再垒，并没看成是男女之间的感情爆发。现在回想起来，王文英情书上的这个誓言，在我这情书接受者心里并没有引起多大的反应，所以回信时也并未表示接受或不接受，竟然环顾左右而言他。

在这个阶段里，学监已经发现我在交女朋友，彩色的洋信封经常被学监截留，又经常有女声的电话叫我去接，再加上我在学期终了时，煽动同学向学监请愿，要求免考英语。种种因素加在一起，我这学期的“品行”被评了个“丙等”。至于学业，因为交女朋友，散了心，没好好学习，也被评了个“丙等”。我父亲那方面我倒不用担心，他是个开南货店的老板，只管拿钱送我上学，不管读书成绩如何，我把成绩报告单藏下了，下学期照升四年级没问题，可是见了老师同学总觉得太丢面子，心里直打鼓。

消息传来，厦门大学上学期闹过学潮，一部分师生脱离厦大，集中去上海办了个大夏大学，厦大则在上海大报登广告，招收江浙籍学生。碰巧“盐务中学”有个姓金的同学与“厦大”的一个助教是金华同乡，那位助教鼓励他跳级去考。金同学把这消息告诉了我，又鼓动另外两个想跳级的同学一齐去考。我把这个行动计划通知了我那个女朋友王文英，不知她中了什么邪，或许是要实行那个“永远做你的……”的诺言，竟决定和我一起行动。

我们四男一女，都是十七八岁的大孩子，从杭州坐火车到上海，再搭海轮去厦门。到了厦门大学，考期已过，怎么办？还是那位助教出主意，介绍我们五个浙江学生去见校长林文庆。林校长说，许多江浙籍教师学生闹风潮离开了“厦大”，你们远道而来投奔新厦大，我表示欢迎，决定给你们补考。若能及格，就留下；若不及格，可以办个补习班，明年再考。现下江苏督军齐燮元和浙江督军卢永祥在上海打仗，你们也回不去了，就安心在“厦大”住下吧。

补考结果，只那位姓金的同学一人被录取，其余四人进了补习班。混到寒假，我父亲打听到我和女朋友结伴去了厦门，也没考上大学，立即汇来旅费一百元，催我回去。其他两个同学也动摇了，于是我们四人结伴，搭了一条带客的货轮回到上海，转回杭州。此时江浙二省形势大变，福建督军孙传芳钻了浙江督军卢永祥的后门空档，一举占领杭州，进而占领南京，自称闽浙苏皖赣五省联军司令，成为奉直二系之外的独立大军阀。说也奇怪，孙军开进杭州之日，也是西湖雷峰塔倒坍之期。两年之后，广东的北伐军分两路进军，西路攻克武汉，东路攻克上海、南京。大军阀吴佩孚、孙传芳一败涂地，江南一带成了国民党蒋介石的天下。

我回到杭州，住在一个小旅馆里，迟迟不敢回桐庐老家。王文英是杭州人，回父母家去了，有时来看看我。我所苦恼的，是今后怎么办？和女朋友热了一阵，这时已经冷下来，为自己找出路要紧。父亲知道我没脸见他，见我一直不回去，急了，怕我在外面干出什么丑事，所以亲自到杭州来把我押了回去。我是他的大儿子，好不容易读了三年中学，只差一年就毕业了，忽然出花招，要跳级，白白在厦门浪费了半年，花了他一百多块钱，他实在痛心，非要我回盐务中学去补读不可。我是好马不吃回头草。

回到家里，父亲直骂，我一赌气，一个人跑到县学前的一口井栏上坐着，思前想后，心里直生气，但并不想死。母亲急了，派人四处寻找，竖拉横拉把我拉回家去。这一闹，父亲的骂声没了，母亲的劝慰多了，可我心里更烦。

母亲说："阿羊呀阿羊，你真糊涂，你阿爸的铺子蚀了本，关了门。从厦门赎你回来的那一百块大洋，是拿两亩田抵押借来的，以后读不起书了，你阿爸叫你回盐中是句空话，还是找个吃饭的地方，补贴补贴这个家吧。"

1954 年与父母于北京大佛寺家中

这一番话使我从梦中醒来，什么读大学，什么交女朋友，都成了泡影，唯一必须考虑的是，抛弃一切幻想，找个独立谋生之道。

那天我父亲闯进小旅馆，王文英也在场，她见形势不妙，便自动撤退。她也许和我一样，什么叫"恋"，什么叫"爱"，一概不清楚。小孩子“过家家”的日子结束了，从此我们之间断了联系。

二、父母之命第二课

天赐良机，1925 年，我在上海南京路三友实业社门市部谋到一个站柜台的职业，卖布之外，兼画广告。一年之后跳槽，到一家书店画教科书插图，再一年，混进画报出版界画起了漫画。一心钻事业，把 17 岁交女朋友之事忘得一干二净。此时已到 23 岁，父母急了，想抱孙子，不经我同意，在浙江老家给我订了一门亲，逼我回去成亲。

这一逼，逼得我想起当初交女朋友之事。谈情说爱虽无结果，婚姻自由的权利怎能放弃？但反复思考，又觉得婚姻自由无非是找个自己认为合适的终身伴侣，当时我并没有一个合适的女朋友，再一想，旧社会奉父母之命媒妁之言成婚的不见得个个家庭都是怨偶，何况父亲信里说女家门当户对，说不定还是一桩美满的婚姻呢。不如顺从了父母之命，既荣宗耀祖，又得个人实惠。当时我除了满脑子封建意识，还加上赌徒的侥幸心态，所以就让父母去决定自己的命运。此外，按古礼办婚事的排场，我也很感兴趣，想借此机会，像演戏一样尝一尝当新郎的乐趣。现在回想起来，这种想法和我的旅游猎奇心理是一致的。许多因素凑在一起，把终身大事当成儿戏，当成赌博，还美其名曰尊重父母之命，这不是自欺欺人吗！

旧社会，在男女关系上，把“始乱终弃”的男人看作歹徒，而我以父母之命为掩护，把罗彩云娶了来，最后以“文盲”、“好逸恶劳”、“只生不养”等借口遗弃之，不正是歹徒的行径吗？追根寻源，看一看我 17 岁的那一次不成熟的初恋，正是从那里走向反面，让父母为我建造一个幸福的天堂，说穿了，我的行为是逆反心理的表现。罗彩云最后被抛弃，成为封建婚姻的受害者，也是我逆反心理造成的恶果。

1930 年冬季，我在上海一家熟悉的绸缎庄置备了一身作新郎用的长袍马褂，还为父亲筹措了一笔钱，帮助他把喜事办得体面些，就这样回了老家。

叶家大厅和往常一样，由肖山县一家喜庆租赁行承包灯彩装潢，迎亲花轿和新娘穿戴的凤冠霞帔也由他们办。从亲族家借来了桌椅板凳、椅垫桌围，从轿行请来了轿帮和吹唱堂茗；又约好厨师一伙、十六回切艺人一伙；还特请族内权威一人，名为“账房”，实系全局总管；加上采购、担水、打杂、跑堂的班子，总计二十来人。迎娶吉期前三五天就把工作班子招齐，其中以厨师一伙任务最重，必须最先到位。我家二房、三房的长子，两三年前就在这大厅里操办喜事，现在轮到我第四房的长子办喜事，一切都按旧规办，缺哪一项也不行。所谓“旧规”，就是按富裕人家的惯例办事，其日程是：

第一日：起媒。请男女双方媒人吃一桌。

第二日：发嫁妆。由男家派人到女家抬嫁妆。高标准是四箱四柜、挂帐大床、四仙桌、绸面被八条，以及子孙桶（马桶）、衣橱、衣架等新房用具。

第三日：发轿迎新娘。鸣锣开道，迎新花轿在前，媒人陪同新郎在后，并以吹奏乐队相随，到女家迎亲。女家鸣鞭炮相迎，设筵宴媒人、轿客及迎亲队伍。宴毕，奏乐，催轿，新娘盛妆加头盖，由一长者抱进花轿，后堂发妇女哭声，表示惜别。

花轿到男家，新郎新娘先拜祖先，后拜公婆，然后对拜，送入洞房，抛喜果，饮交杯，礼成。是晚盛筵宴女家送亲者（新娘的父或兄），宴毕，众宾客持烛台送新郎入洞房。红烛高照，众宾退出，新人共入鸳帐。

第四日：专席宴新娘，俗称“请新娘子”。新娘盛装，凤冠霞帔，坐首席，四女傧相（俗称“照灯姑娘”）陪之。新娘不饮不食，俨若神明，意即为族中迎来传宗接代之人，或系女系社会之遗风。

第五日：行“三日入厨下”古风，新娘由婆母陪同到厨房，持葱切三刀，象征移交持家之职。是晚设筵宴请族外宾客，俗称“人情宴”。

第六日：宴请诸执事，俗称“洗厨宴”。宣告喜事办完。

第三日、四日、五日之宴，皆用十六回切古制。一席六人坐三面，空出一面，围以红毡桌围，桌沿燃红烛一对，标志喜庆。所谓“十六回切”，即坐席前已在桌面上摆好的十六样冷盆：四水果、四干果、四甜食、四冷荤。坐席时主人唱名，客人到位，主人敬酒。宴新娘那晚，一般由小姑子敬嫂子，交礼乐中两人互换位置，互相敬礼；女戏文中大宾宴客，交错走步，颇有乐舞意味，一般要事先在新房中排练，以免出错。

凤冠霞帔为贵妇礼服，沿用已数百年。

筵席十六回切，即今之冷盘，饮酒一巡毕上热菜，先是四热烩，继之为四大菜，四点心。上大菜时，须奏乐，表示宴会高峰。四点心之后是四饭菜，饭菜中双鱼一味，不许动筷，以示“吉庆有余”。整个筵席菜肴连十六回切，共计碗碟三十六味，所谓“饭菜”，不过象征性地扒一口饭，然后奏乐散席。

如此规模的喜庆场面，所费当然不少，而且夜以继日，前后七八天，许多

人忙来忙去，为着一对新婚夫妇。当时我一时冲动，要尝尝这兴师动众的古礼的滋味，使自己和罩上头盖的新娘如同戏文中的演员，又像提线戏中的木偶，任人摆弄。喜事办完，戏文散场，新郎仍在自己家，生活照常，而作为新娘，从娘家被人抬到男家，既是客又不是客，经过“三日入厨下”的表演，成了这家的主人，就得像主人一般行事。我母亲是个能干人，要求媳妇也得能干，可是新娘还处在似客非主的地位，那日子实在不好过，稍一不慎或一失手，就得看婆母和姑子的脸色，唯一可以依赖的就是和自己共床笫的所谓丈夫姑爷了。对着姑爷，不妨要要姑娘脾气，姑爷成了她唯一的保护人。

在我要回上海之际，新娘费尽口舌，非得跟我去不可。我以为大礼已成，她得乖乖地在老家当儿媳妇，所以不同意带她走。她口出怨言，甚至寻死觅活，闹到婆婆开口，站到媳妇一边说话。母亲有母亲的算盘——儿媳一走，可以避免许多口舌，保住当婆婆的名声。因此，我不得不接受母命，带着罗彩云到上海，过起小家庭生活。

那时，《上海漫画》编辑部从四马路麦家圈迁至南京路，我还兼着云裳公司的服装设计员，两处上班，薪水不低。小家庭租在爱文义路某弄堂里一个前楼，厨房在楼下灶披间，三家合用。房东是熟人，我每天去上班，把家务事托给房东太太照顾。新娘子罗彩云从未穿过皮鞋，嫁妆里有双新皮鞋，她一到上海就穿上了。进出厨房要走楼梯，头几天小心谨慎，不敢走快，过了几天，自以为走熟了，一不小心滑了脚，从半楼梯摔下来，幸亏房东太太把她扶上楼，躺在床上不敢动窝。我回家吃饭，刚进门，房东太太拦住我，把发生的事说了，告诉我不要紧，只闪了腰，贴上了止痛膏药，就会好的。我上楼一看，新娘子好像孩子见了妈，一副委屈相，差点流眼泪。我直道歉，表示不该把新娘子一人撂下不管。知道她还未吃饭，马上下楼请房东太太帮我下了两碗汤面，端上楼，把新娘扶起来，面对面吃了。新娘认为，这顿饭该是她做的，现在反而要我伺候她，她很抱歉。饭罢，我扶她躺下，又去上班。傍晚回来，发现她已在厨房里做晚饭，我突然感到一阵心酸，我这个老上海，怎么能把一个乡下姑娘撂在家里瞎摸瞎闯呢？回头一想，要是娶的是上海姑娘，经这么一摔，起码要要要小姐脾气，埋怨我一顿，躺上三天，逼我找个阿姨伺候她。罗彩云闪了腰，躺了半天就下楼做饭，到底是个贤妻，以后必然是个良母。这一意外事故，把老家吵吵闹闹的事洗刷得一干二净。为了讨好她，我特地在一天下午，陪她到三马路选购衣料鞋袜、胭脂花粉等妇女用品，使她感到她所嫁的是一个会体贴老婆的男人。

第二年春天罗彩云怀了孕，我送她回浙江老家去休养，我则算好她分娩的日子，按时赶回老家。也真巧，我回去第二天她就生了个儿子，小名申茀，族名善菉。四年后生了个女儿，小名明明。这一儿一女，都是请奶妈喂大的。生明明时，申茀已四岁，丢给我母亲抚养。罗彩云无事一身轻，早已学会了上海少奶奶的生活作风，每天不是打牌就是逛街，做饭有娘姨，喂奶有奶妈，一切家务不用操心，还学会克扣家庭开支，积攒私房钱。我那时正画《王先生》，稿费收入每月超过一百元，同时兼编《时代画报》，加上零星稿费，总共将近二百元，在漫画群体中，算是拔尖的，但工作也很辛苦。《王先生》局面已经打开，每周《晨报》一篇，每月《时代》一篇，每半月《北传》一篇，创作负担相当重，白天到时代图书公司上班，晚上绞尽脑汁画《王先生》，有时熬到深夜。这位罗氏夫人起初还亲自下厨，做几样好菜陪我吃顿饭，后来却逍遥自在，成天泡在朋友家的牌桌上，回来得很晚。因为她是文盲，和书无缘，精神世界非常狭小，为人之道懂得很少，我们两人之间无共同语言，总是话不投机。她的唯一美德，就是把家务安排好，但不和我多说一句话。我也乐得独自一人安安静静搞创作。久而久之，我们之间，除了所谓生物人的关系，毫无社会人的交流。我们之间，无所谓“貌合”，也无所谓“神离”；她的世界观是，男人挣钱养活女人，她对我经常说的一句话是：“钱用完了，拿钱来！”我经常对她说的一句话是：“辛苦钱来得不容易，省着点儿吧！”

生第一个孩子，罗彩云说自己没有奶，非雇奶妈不可。我不信，由我母亲验证，才雇了奶妈，那是在浙江老家；生第二个孩子，在上海，未生之前早已找好奶妈，孩子落地，奶妈进门。我很奇怪，罗家族内嫁到县里来的姑娘，几乎个个生而不育，都雇奶妈，难道这是她们罗家的遗传？生第二个孩子时，我故意问她，为什么没有奶？她虎起脸说，我当姑娘就束胸，我们结婚那晚，你把我那件小马甲撕破了，难道忘了！她这么回答，我还问什么？

每当交了画稿之后，或下班回家之时，总觉得精神空空荡荡的。这时，罗彩云即使在家，我也觉得毫无生气，宁愿独自一人到公园走走。看到游园的大人孩子们或成双成对的情人们，更感到自己孤独。有时碰到什么应酬场合，就喝点酒，听点唱，把时间混过去；有时干脆约朋友坐跳舞厅，抱着舞女跳几场，解解闷气。总而言之，家里放着个文盲夫人，像一部生孩子的机器，实在空虚寂寞。

我变了吗？变了。

罗彩云变了吗？也变了。

为什么？怎么变？

先说我们的客观环境。上海是中国沿海最大的城市，是个资本主义和封建主义交错的社会，居住条件、饮食条件、娱乐条件、生产条件、消费条件，千变万化。在这个交错复杂的大社会中，分出许许多多小社会，基本上分为两大系统，一边是生产系统，一边是消费系统，生产系统又分为物质生产和精神生产，物质生产占主导地位，各种工厂属之，工厂生产的成品，通过流通渠道，转到消费者手中，成为消费品。精神生产可复杂了，报社、书店、戏园、剧团、乐队、学校、游乐场、旅馆、饭店，甚至妓院、舞厅、杂技班等皆属之，只要走出门，走上马路，两旁商店大而如先施、永安百货大楼，小而如烟纸店、食担、摊贩，琳琅满目，应有尽有。这是个消费的大世界，一个乡下人到了这里，不管你是大地主或穷光蛋，都会目迷五色，身堕雾中，六神无主，好久好久才能清醒过来。

我自 1925 年从浙江一个小县来到上海谋生，决心要在漫画出版界混出个名堂，认清了自我奋斗、自我提高、自强不息的为人之道，养成了不计成败、全力以赴的精神。一天到晚除了吃饭睡觉，就是干活。我们的漫画群体，把我当成一个能吃苦耐劳敢于承担责任的好手。1928 年 4 月，这个群体联合出版《上海漫画》周报，我既当编辑又当校对，还外出跑腿，深得几位老前辈的信赖。有一时期，画报被租界当局工部局巡捕房控告，我挺身而出，代表画报出庭受审。幸亏请了一位好律师，又逢中国政府收回治外法权之际，在租界里设立了中国法院，我被宣判无罪。这一事件是对我的社会责任感的一场考验，增强了我办出版事业的信心。这种信心，推动我在漫画创作方面对自我提高的努力。我常常深感自己艺术修养不足，而提高艺术修养又得靠文化基础的提高。我认真读书，不管有用无用，见书就读，把有用的时间全部投入到自强不息之中，感觉这样才心里充实得多，对创作的信心也随之增强。要说变，这是我变化的一方面。

变的另一方面，属于我对家庭、社会、世界的认识。解剖自己从初恋到顺从母命和罗彩云结婚的过程，发现我在小学读书时，样样求上进；进中学以后，学习劲头一年不如一年，到了第三年，竟敢和女朋友一道跳级投考大学，投考落榜，父亲破产，绝了求学之路，无情地把女朋友忘得一干二净，以至于只求一条吃饭自立之路；等到上海站住了脚，却又向封建家庭投降，甘心做封建道德的孝子贤孙，这反反复复的变态心理，到底是什么思想根源？

应该说，从15岁到25岁的10年间，周围环境对我影响很大。“五四”运动后，崇尚西方文化，向往个性解放，交女朋友，学时髦，放任自己。父亲破产，受到挫折，要求在社会上找个立身之地，用以摆脱困境，表面看来，实事求是，实际是进一步放任自己。等到立稳脚跟，命运可以由自己掌握了，思想转了一个大弯，认为父母为我找对象，免去了自己交女朋友的麻烦。碰得巧，可以捡到一个美满家庭；碰得不巧，把责任推到父母身上，自己仍然可以逍遥自在，还是对我有利。回首当年，我真那么坏吗？真那么自私自利吗？追根溯源，不能不归根到新旧双重社会对我的挤轧，逼得我走上一条自私自利的道路。用现今的语言来评判自己，可以戴上一顶“机会主义”的帽子。

罗彩云之为人，最不可饶恕的是她的“文盲”地位，光这一点，就不能和我般配。那么，我事前怎么不做点调查呢？我曾想过，我的两个妹妹，一个初小毕业，一个高小毕业，小妹还当了几年家庭教师，至少都能读点通俗浅近的书。罗家是书香门第，罗彩云的祖父当过两任县太爷，父亲在浙江省省政府当秘书，哥哥是当地的小学教师，不用调查，这样的家庭出身，她怎么也不会是个文盲，可她偏偏是个刚进小学便告退学的半文盲，这是大出我意料的。为什么说半文盲？因为她还识得几个字，记得1935年我和梁白波谈恋爱时，她曾费了好大劲，写过一封似通非通的信给我，其中主要的一句话是：“家花哪有野花香，野花不久长。”此外，麻将牌里的“东南西北春夏秋冬中发”十个字，她不用看，手一摸就摸得出来，在娘家早就练成一身摸牌的本领。到了上海，左邻右舍，朋友眷属，没一个不摸牌的，因而她自然而然形成了自己的一个小社会圈子并乐在其中。这是环境给她造成的生活方式，无法抵抗。

碰上我这个机会主义分子，只要不给我制造太大的麻烦，我会随遇而安。在初到上海阶段，她人地生疏，我自认为对她有保护的责任，比如那次她从楼梯摔下来，我承认是我失职，事后陪她逛街买衣料鞋袜，弥补我的过失。记得我还陪她到一个朋友开的照相馆，经过特别设计，拍了两张婚后合影，两人相对微笑，看来相当融洽而富于情谊。直到今天，我还从旧相册中找到那两张照片，给我女儿和孙女看，表示我当年对罗彩云不是完全没有感情的。

由于时间的推移，历史的进程，我们两人各自所处的地位、所接触的世界各异，差距愈来愈大。到了1935年，我认识了那位女画家梁白波，吸引我走进

了另一个天地，个人的事业和个人的内心世界都获得某种程度的和谐，原来的这个不太协调的家庭就被破坏了。

这个家庭是被梁白波破坏的吗？不是！是我自己所积累的心理变态破坏的。上面提到，每当我感到寂寞空虚时，就会独自出去寻乐，寻觅垫补。白波的出现，真正填补了我心灵上的空虚，促使我下定决心改变我的生活环境，以求灵魂获得比较稳定的充实。但是，要改变处在夹缝中的生活环境是相当困难的，因为我脑子里还残留着封建道德对我的束缚。1935 年到 1937 年两年间，我和白波的同居生活就如同逃犯那样，时时处在颠沛流离之中，而罗彩云则如缉私的巡警，随时可以追踪袭击。记得 1936 年被袭击两次，一次在上海某处亭子间，由女儿的奶妈侦察追踪，把我们抓获，请到罗彩云的住处，优礼相待，罗氏俨然以大太太自居，把白波看成我的姨太太，我为白波的受辱而不知所措。罗氏大概请教过她的牌友，设此圈套，迫使白波听命于她，保持她的权力地位，与她分享同一个男人的利益。这个苦肉计理所当然被我拒绝，我和白波便躲到了南京。半年之后，罗氏又生一计，带了她的父亲，也就是我名分上的岳父大人，闯来南京廊东街我和白波的避难所，由其父作证，逼我定个名分，确定罗氏的正统地位。白波不得不躲在邻居家暂避，我则被牵着鼻子走——送罗氏父女回上海，由律师作证，立下字据，保证罗氏每月应得的生活费，才把我放回南京。经过这后一次袭击，白波如惊弓之鸟，表示要结束这种耻辱的浪漫主义生活。我把这次回上海立字据办分居手续的详情告诉了她，保证以后她再不会遭到袭击，她才回心转意，继续同享新才子佳人的生活。

我和罗彩云之间为什么不能办离婚？一是她本人不同意，她所恃的理由为她是明媒正娶，处于正统地位，照旧习惯，除非犯了族规家法，才能办离婚。另一方面，按当时上海习惯，要离婚就得付一笔终身赡养费，这是我力所不及的。但有个变通办法，叫做“变相离婚”，即由男方保证每月付给一定数目的生活费，保持女方的夫人地位，但二人分居。按照我当时的经济条件，只能接受这后一种变相离婚办法，以换取我的自由地位。当然，这里也还有一个我对罗彩云的同情心问题。我总觉得，她自幼未进学校，处于文盲地位，不能完全由她本人负责，归根结底，我不该凭一时冲动，甘心屈服于包办婚姻，以致铸成了大错。另外，我脑子里还有封建意识，认为罗彩云为叶家生儿育女，也是一种美德，我有保护的责任。总而言之，是我自己对半封建半开放的社会采取了妥协态度，造成了一个阴阳怪气的局面。

1937年，日寇大举侵略中国，8月13日进攻上海，我急忙从南京赶到上海，把罗彩云和刚断奶的女儿送上沪杭列车，平安回到浙江老家。抗战八年，我在大后方。罗彩云带了儿女在老家跟我父母一起生活。日寇投降次年，我曾回浙江探望过她们，当时儿子申蔀已进中学，女儿明明才上小学。

1946年我和戴爱莲去美国访问之前，把明明接出来寄养在嘉兴张乐平家。第二年我从美国回来，受聘到北平艺专任教，明明就在戴爱莲的照顾之下，进小学，升中学，最后进了戴爱莲的舞蹈学校，继承舞蹈事业。儿子申蔀于1949年进入中央美术学院，成了美术事业的后继者。1953年申蔀从美院毕业，分配到江苏艺术学院当教师。他结婚后，把母亲接到无锡一同生活。此前，由于儿子的劝导，罗彩云在浙江老家和我办了离婚手续。以后她一直和儿子、媳妇生活在一起。

"文化大革命"期间，我被打成牛鬼蛇神，住了3年牛棚、7年监狱，无力支付罗彩云的赡养费，全靠儿子、女儿供养她。有一个时期，明明曾接她母亲到北京住了一阵子。后来也许因为罗彩云是反革命分子叶浅予的老婆，被赶回南京，仍然依靠儿子生活。

1975年我从秦城监狱释放出来，女儿告诉我，她母亲已于1970年某晚吞服了过量安眠药离开了人间，最后一句遗言是向儿子说："你们叶家害得我好苦！"听了这个消息，我为之一震，立刻感到自己对此负有严重责任。这是她对生活完全绝望的控诉，我怎么能无动于衷呢！回首当年由于我的轻举妄动，应了"始乱终弃"的老话，我后来又被梁白波、戴爱莲所弃，可以说也应了一句"因果报应"的老话。

我真信什么"始乱终弃"和"因果报应"吗？不！自从和罗彩云办了离婚手续，我以为再也不欠她什么了。认真回忆1935年那时，我们生活在不同的两极。我要向上，她却拉我后腿；我在创造精神财富，她却在一百三十六块麻将牌上浪费时间；我要求灵魂解放，她却拼命往我身上捆绳索。我挣扎得好苦啊！所谓"你们叶家害得我好苦！"站在罗彩云的角度看是合乎情理的，然而，从叶浅予的角度看，不也是挣扎得好苦吗?!

1989年，我写婚姻生活的回忆录，首先想到的是罗彩云。是她，使我切身体验了男女之间爱的基础是什么；是她，使我明白包办婚姻本身就是罪恶，结婚双方本人不能负责。我之所谓同情或恻隐之心，是封建人道主义的迷药，

我曾被迷药迷住了心窍；我的一些忏悔语言，实际上是虚伪的。封建道德不知伤害过多少人，罗彩云被伤害了，我也被伤害了。个性解放是人的固有权利，谁也无权阻止。我完全肯定我和梁白波的结合是合乎情理的。至于罗彩云之处于文盲地位，她自己不能负责，她并没有错，错就错在我对这次婚姻的盲目性。后来一旦清醒，一旦觉悟，应该坚决纠正，不应该拖泥带水，阴阳怪气地拖累对方。我有内疚，也是实情，等到变成白发老翁再来暴露内疚，未免太虚伪了。在罗彩云问题上，我不怕人骂我害人，也不怕人骂我虚伪，我是徘徊在封建与开放夹缝中的一个怪胎。1954 年我儿子劝他母亲和我办离婚手续，是下一代人挽救上一代人的合理行动，我很感激他这一大胆的行动，使我卸下了一个沉重的包袱。

三、一见钟情第三课

1935 年，父母包办的结婚生活已经过了 5 年，罗彩云为我生了一子一女，儿子丢给了祖母，女儿还在襁褓之中。这位罗夫人是个文盲，并因束胸，自称乳房分泌不出喂孩子的母乳，所以两个孩子都是奶妈喂养的。当时我也曾想过，到底是天生没奶，还是学了上海一般少奶奶的作风，摆派头，不愿喂奶，把时间都消磨在麻将桌上。

无巧不成书，正在为雇奶妈烦心的时候，《时代漫画》编者鲁少飞座位旁，来了一位女画家，正给编者看她所画的一幅漫画：《母亲花枝招展，孩子嗷嗷待哺》。我抢过来一看，又用眼神在女画家身上从上到下溜了一转，思想上似有所动。动什么？当时捉摸不透，但有一点是清楚的：所有向《时代漫画》投稿的人都是男的，没见过一个女的，而这幅讽刺上海少奶奶的画，似乎也在讽刺我那位罗夫人，正合我的心意，它偏偏出自一位女画家之手。只这一幅画，就显示出这位女画家的才华和机灵。她名叫梁白波，作品只签一个英文笔名——BON，不知是何来源。

鬼使神差，我篡夺了《时代漫画》编者的权，和这位女画家打交道了。她住在离我家不远的一家女子公寓，以前在新华艺专和西湖艺专上过学，学的是油画，上一年曾在菲律宾一所华侨中学教过画，最近才从那儿回国，正处在失业当中，有人介绍她向画报投稿，试着靠拿稿费过日子。她问我她那幅讽刺现代妇女的画怎么样，我说编者已决定发下期封面了，至少可以拿稿费五元。我问她现下要用钱吗？她说身上还有点，不需要。经过这次接触，发现她似乎对我有好感，问我能不能陪她出去吃晚饭，我当然愿意。不知为什么，她似乎有一股强大的吸引力在把我吸过去。从此以后，我每天从出版社下班，就往女子公寓走，已经忘了自己还有个家，老婆孩子还在家等我吃晚饭呢。经过几次晚间的幽会，我和白波两个漫画细胞愈贴愈紧，彼此心里都以为是天作之合，无可抗拒。当然，她知道我是有老婆孩子的，但只要我能抛开那个家，她是无所谓的。这就是30年代的浪漫主义。

1935年春，我和白波受津浦铁路局邀请，参加他们的卫生宣传列车，从浦口去天津。每到一大站，停下来开群众大会，我们画的大幅宣传画在大会上悬挂，路局的技术人员则为站上的卧车车厢做封闭消毒。第一站浦口，第二站蚌埠，第三站徐州，第四站泰安，第五站济南，第六站沧州，第七站天津。上述例行活动做完，即游览名胜古迹。在蚌埠看了安徽的地方戏；在泰安登上了泰山；在济南游览了趵突泉；在沧州看了半身埋在土里的大铁狮。这一路长见识不少，增加了生活的乐趣。到了天津，任务完成，全体工作人员乘坐一辆卧车，挂上去北平的列车，畅游北平，算是慰劳宣传大军。在北平三天，路局的人回去了，我和白波却在金鱼胡同一家公寓住了下来，并畅游古老而神秘的古都。我以上海漫画家身份结识了北平许多画家，记者、摄影家；白波以我的女友身份和许多新相识相周旋，闯进了另一个社会。我们白天游故宫、天坛、天桥、颐和园，晚上看京剧名角演出，有时杨小楼和郝寿臣同台；有时荀慧生和言菊朋同台；有时杨宝森和程砚秋同台，有时王又宸和王瑶卿同台。我从小喜欢看戏，青年时迷上了京戏，自己也能哼两句，但在上海只能偶然看到北京名角的戏。到了北平，几乎每天晚上均可以看到不同名角的演出。那时“富连成”科班白天在前门大街广和楼上戏，盛字辈刚出科，元字辈刚接班，演出十分精彩。连看几个老式的剧场，我也增长了见识。白波平时不画速写，受了我的影响，也拿起速写本画起戏来。我是那几年受了墨西哥漫画家柯佛罗皮斯的影响，才开始画速写的，这次和白波畅游北平，每次出游似乎打足了气，出手飞快，画了几百张速写，后来在上海编印了一本《旅行漫画》。

北平之游，开阔了眼界，增进了我和白波的思想交流，在艺术创作和欣赏方面增进了切磋机会，彼此感情到了难舍难分的程度。回到上海，却不得不忍痛分手，因为我是一个有妇之夫。

不久以后，《上海时报》传出“王先生失踪”的消息，那是一个作家朋友从罗彩云那儿访到的“第一手”消息，说“《王先生》作者因感情突变，逃离家庭

出走”云云。想不到个人的家庭问题作为报社头条社会新闻捅向了社会，这对我和白波来说倒是有利的，因为从此以后，可以不用躲躲闪闪了。

罗彩云口口声声说她没有白吃叶家的饭，没有做对不起叶家的事，你叶浅予怎么可以变心！

说起来我也真是不应该。当年实在不该把婚姻大事当作儿戏而做了一次不负责任的冒险。本来，1930年以后，我完全有可能找到一个文化相称、志趣相投的对象，可我偏偏要像赌徒一样，把命运押在赌注上，这不能怪父母，只能怪自己。1935年以前我能忍受，1935年以后怎么不能忍受了呢？因为这一年遇到了文化相称、志趣相投的梁白波。早五年遇不到梁，要是遇到了梁，她没有成熟，我也没有成熟，热乎不起来。到了1935年，我极端苦闷，梁也曾经沧海，二人相见恨晚，星星之火一触即燃。奇怪的是，她明知道我有妻子儿女，还表示可以忍耐；我虽然还残存封建家教意识，此时此境，也只能孤注一掷。我决定避开上海那个家，和白波一起到南京找个窝，开始我们的新生活。同时，请上海一个律师朋友出面，向罗彩云提出离婚，离婚不成，达成了和罗氏分居的协议。这么一来，我获得了和白波另组家庭的条件。白波甘心在这样的条件下和我共同生活，表现出极大的勇气，证明她对我的真诚和热恋。

从此以后，我们三人的地位，如同飘浮在空中的气球。我抛弃了罗彩云，可她仍是我名分上的夫人；白波虽然和我同居，只能算是我的情妇。我是什么身份？有双重性，封建卫道者说叶浅予是弃旧恋新的负心汉，个性解放者则说叶浅予是个大胆的叛徒。

从1935年到1938年4年间，我跳出了混沌的封闭家庭，浮游在艺术的浪漫天堂，既不像初恋那样陌生，也不像结婚那样新鲜。我和白波既是异性的同类，又是艺术事业的搭档。我们一见钟情，相见恨晚，用不着互诉衷肠，迅速地合成自然的一双。我当时的处境，身上始终背着一个罗氏夫人的包袱，在追逐甜蜜的生活时，既甜又苦，因其苦，才更觉得甜。

在南京，我好像从笼子里逃出来的小鸟，找到了本属自己的天堂。对方怎么样？问过她有什么反应吗？没问。为什么不去了解对方的反应？我觉得即使有藏在心底的话，说出来也不如不说的好。不过我也能理解白波的心情。她比我大胆，因为她是自由的，可以摆脱世俗的议论，放开胆量，占有她所爱而本属于别人的男人。可以说她是无所畏惧的。

我们在南京的生活相当恬静而富于生气。我摆脱了上海的业务，以全部精力为南京《朝报》创作《小陈留京外史》，着重反映南京官场的丑态，曾经几次挖了官僚们的疮疤，报社老板顶不住了，不得已停画《小陈》，代之以《王先生到农村去》，以民不聊生的内容，间接反映国民党统治下的社会面貌。前后一年多，我大大开阔视野，不能不认为这和新生活所培养的精神世界大有关系。

白波是个很有才能的画家，在和我共同生活期间，受到我的启发，曾为上海《立报》画过一套《蜜蜂小姐》连环漫画，着重心理描写。主角是一个腰细得如蜜蜂一般的姑娘，以细腰显示其挺胸突臀的外形。这样的造型，打破了从外形出发的外观法，而用从人体本质特征出发的内观法，腰细到只剩胸臀之间的一个交点，夸张到近乎变形。故事情节也夸张到了荒唐的程度，例如，蜜蜂忌妒她的女朋友，恨不得一刀把她斩成两段，图画里真的把那女朋友斩成两段，把心理状态画成现实形象，看来不近情理，其实真合情理。“梦”是现实形象的思维反映，和现实生活相比，它就既是合理的，又是荒唐的。白波所创造的艺术形象，基本上属于意识形态的具体表现，这和她对生活追求的理想化是一致的。她平时所喜欢读的书，如王尔德的《陶林格莱画像》、郁达夫的浪漫派小说、殷夫的诗等，都同属一个类型。

白波在参加漫画群体之前是“决澜社”的成员，画的是油画。决澜社由以倪贻德、庞薰琴为首的一群青年油画家组成，首次画展在上海的中国科院大厦举行。他们的创作道路以表现现代生活为目的，庞薰琴《机器》一画可以代表决澜社的创作方向。白波在这次画展中，参加了一幅躺着的无头无脚的人体的作品，我当时认为这是概括人体美的一件杰作，好像吃鱼，斩头去尾，取其最最鲜美最富营养的部分，嚼而食之。有人说，没了头脚，人体还成什么美？我说，如果你是一个最重实际的欣赏家，女人体最富于性感的部分是否就在上自胸部下至大腿之间？出人意料的是，一个女画家把女人的性感美表现得如此露骨，比之男画家要高明得多，大胆得多。就这一幅画的构思，反映了梁白波过人的才智和超群的胆识。回头看看她那幅《母亲花枝招展，孩子嗷嗷待哺》的讽刺画，对上海少奶奶的批评有多辛辣。

从事漫画创作以后的梁白波，思维逻辑和那幅女人体画一样，表现了对事物透彻的洞察力。那位挺胸突臀的蜜蜂小姐有多泼辣，可惜由于它不合一般读者的口味，被报社“腰斩”了。

据我后来了解，白波曾给殷夫的诗画过插图。从我自己的艺术实践体会

到，给诗画插图，除了必须具有诗人的气质，还必须具有特殊的头脑，将意识形态翻译为抽象图像。白波的绘画才能，正好长于这方面的思维与技巧。我和她生活在一起的时候，就常感到是和诗人相叙在一起，她在这方面的吸引力，推动我在创作《王先生》漫画时，获得了新的想象力。比如《王先生到农村去》那套画，我的思维活动不是局限在固有的生活观察中，而能够延伸到地方政府压迫和剥削农民的现实；有时灵机一动，揣摩农民为保护自己所发挥的幻想，进而扩大到社会多方面人物和农民的依存关系。这对社会的深层发掘，使我的想象力长起了翅膀，说得形象一点，也许是白波的灵魂里的某些素质移植到我的灵魂之中，催化和异化了我漫画创作的思维能力。

1937 年 7 月卢沟桥事件爆发，8 月，日寇大举进攻上海，目的在推翻南京政府。我和白波回到上海，联合上海漫画家张乐平、胡考、特伟、陆志庠、宣文杰等组织了漫画宣传队，奔走于抗日宣传战线。白波是这条战线上一员勇敢的女将，和画队战友一起过着艰苦的生活，除了画大幅布画外，在武汉时，每期还为《抗战漫画》月刊供稿，构思造型独具风格的作品。通过战时生活的锻炼，我们的共同生活本应该过得更有生气、更有活力，没有想到战争对每个人也是一个考验。尽管我已摆脱了旧家庭的牵累，白波却在考虑个人的前景。以往她无所畏惧，在这战争的环境里，却似乎恢复了理智。她在想，难道一辈子做叶浅予的情人吗？我发现她的精神状态有些异常，我也在反复考虑这个问题。在这个大动乱时期，每人的物质和精神生活都在不同程度地发生变化，我自己由于全神贯注在“漫宣队”的工作里，很少和白波交流这方面的想法。事实上在武汉后期，她对“漫宣队”的工作已开始消极，我却没有觉察。

1938 年的武汉，是抗日战争的神经中枢，各色各样的人集中在这里，白天为抗日工作，各干各的，到了晚间，就可能交错位置，交流情怀，发挥人的本能。思想有负担的人，在这样的环境下，不免要寻找发泄的机会。白波就在此时和当时最受崇拜的空军英雄有了交往。她虽不是美人，却有妇女的魅力，何况她是个才气横溢的画家呢。在一段时间内，她渐渐和我疏远，“漫宣队”的人已有所觉察。这年夏季，政治部第三厅派我到香港去监印《日寇暴行实录》一书，我颇想让白波同去香港过几天舒心的日子。想不到，她婉转地拒绝了我的建议。我这才明白，客观形势已经变了，主观愿望再好也无济于事。不过，在受到打击的同时，我也感到一点聊以自慰的心情——我不再对梁白波负欠什么了。

回忆在南京的生活，那是我们最美好的日子。我充分享受了一个才女的一切赐予，充分感受到她在艺术上对我的启发。尽管这几年也有许多磨难，但所收获的比失去的多得多。白波不是一个寻常的女性，她有不吝施舍的精神，也有大胆占有一切的勇气。在那个年代，虽然有社会风气的熏陶，她内心的叛逆因素却起了主导作用。像我这样一个屈从于封建家庭的人，居然敢于挣脱束缚手脚的绳索，关键在于白波的大胆与勇敢，支持我竖起反叛的旗帜，和她一道去探索新的人生道路和艺术前景。

白波告诉我，30 年代初，她曾参加过地下党领导的南京路上的飞行集会，还谈起过她曾经和一个男朋友睡在一起，却不让他贴近自己的身体。这充分表明她是一个叛逆的女性，在我的世俗眼光中，简直像一个星外来客。她的一切生活方式、艺术思维、人生观念，对我来说都是新鲜的、诱人的，我无法抗拒。

1938 年我和白波在武昌县华林话别，她终于脱离漫画群体，去追求世俗的家庭幸福。于是，漫画战线失去了一颗发光的彗星。

四、妇唱夫随第四课

1938 年，我怀着凄楚的心情独自去香港，监印《日寇暴行实录》。任务完成之后，回到武汉，武汉已处在日寇的包围之中。我随机关撤退到长沙，又在长沙大火之夜走出长沙，撤到桂林。随后，我再次受命去香港，筹办对外宣传画刊《今日中国》。这时广州已沦于敌手，我只能取道越南去香港。同路有两个话剧女演员和我做伴，我与其中一个发生了感情，初到香港时颇有点神魂颠倒，时相往来，得以解除我的寂寞感。然而，我思想深处总潜伏着那位才女画家的倩影，无法抵抗。最后不得不割断这一段鲜为人知的感情联系。

在驻港各方的支持下，《今日中国》顺利出版。我作为主编，和香港有关各方联系广泛。广州沦陷，香港成为孤岛，英国殖民当局由于和中国政府有特殊关系，对于中国的对外经济文化活动，采取同情和保护的态度，日寇对我们在香港的抗日活动也无可奈何。

有一天，以宋庆龄为首的“保卫中国同盟”派秘书廖梦醒大姐来找我，说孙夫人要为延安的国际医院筹措一笔购置医疗器材的基金，特邀请一位从英国来港的华侨舞蹈家戴爱莲举办一次表演会，要我在宣传方面给予支援，并替我约定和戴氏见面。见面的地方是我常去的一家跳舞厅，这舞厅晚上营

业，白天闲着，戴氏每天上午在此练舞编舞。我与她结识后即在一旁观看，有时画点速写，准备为她设计一张舞蹈晚会的海报。这位舞蹈家身材矮小，舞技娴熟，可是说一口英语，我的英语只有中学程度，如何对付得了！彼此之间交流思想只好打手势，有时还用图画。一星期之后，我们成了熟朋友。通过我，她结识了好几个文艺界人士，我还带她到香港湾仔、筲箕湾等渔港去玩，接触城市以外的天地。经过几次活动，我的英文口语渐渐可以和她对起话来，我们之间去了一层障碍。她说她初到香港，只能和英语阶层交往，我是她所认识的唯一来自抗战大后方的中国人，所以她对我有特殊的亲切感。我告诉她，我在和她认识以前，从未和土生华侨有过交往，更没有和一个华侨艺术家接触过。大概经过半个月光景，我们之间便由社会人的关系升华到生物人的关系，速度相当快，主动权在女方，男方没法抗拒。

通过接触我了解了戴爱莲的身世。她1916年出生在西印度群岛千里达岛（现称特立尼达）一个三代华侨的家庭中。祖籍广东鹤山（现新会县），祖父小名阿大，年龄很小就被作为华工招募，因广东话中“大”与“戴”同音，人们叫他“阿戴”，并认定他姓戴，究竟本来姓什么，他自己也说不清了。父亲名艾石克，母亲姓刘，也是侨生。爱莲姐妹三人，她最小。因母亲爱好音乐，她自幼受到熏陶，常常在母亲的琴声中翩翩起舞，父母便把她送进岛上唯一的一所舞蹈学校习舞。15岁那年，她随母亲去伦敦定居，就在那儿继续学习舞蹈。不想好景不长，因父亲破产，家境贫困，她不得不勤工俭学，自己设法谋生。由于学习勤奋，她很快具备了担任舞剧角色的条件，但她的黄皮肤、黑头发和过于矮小的身材，使许多芭蕾舞团兴趣骤减，她只能到处打零工，有时甚至因交不起学费而辍学。幸好她的老师——伦敦一位著名芭蕾舞教授对她很赏识，愿意免费教她，她才坚持学习下去。在伦敦学舞9年，打下了扎实的基础，随后又进入莱斯里·伯·方森办的现代舞工作室学习。在艺术实践中她把芭蕾舞和现代舞彼此取长补短，创造出十分完美的舞蹈，技艺大进。1936年至1938年，她有机会随几个著名的现代舞蹈团工作、学习，并经过严格考试，成了欧洲现代舞权威拉班的学生尤斯所办舞校的学生。靠着努力得来的奖学金刻苦学习，她终于成为一名既精通芭蕾又掌握现代舞的年轻舞蹈家。抗日战争爆发后，她返回祖国，第一站到香港，除了因为她姨母在香港外，更主要的原因是她十分敬仰宋庆龄。在伦敦她就为“保卫中国同盟”作过募捐，如今，她怀着一颗火热的心亲自参加抗战，决心和祖国人民同呼吸、共命运。我是她回到祖国后最亲密的朋友，我俩的心很快便相通了。

在我们快速的谈情说爱过程中，九龙半岛酒店那场舞蹈表演会是一个重要契机。我为这次演出尽了最大努力，既是舞台监督，又是服装管理，还请了一位话剧团的朋友管灯光。廖梦醒是前台经理。我们三个义务劳动者，帮助戴爱莲为祖国的抗日神圣事业献了艺，筹了款，为保卫中国同盟完成了一个政治任务。

演出之后，戴告诉我，她想去延安，为中国共产党的革命事业献身。我说，我为《今日中国》的继续出版问题也要去重庆向政府请示，我俩可以结伴同行，但要先确定我们之间的关系，先结婚，后上路。爱莲高兴得像孩子似的把我抱住，连连亲我，我的反应，当然是欣喜若狂，暗暗自慰。我在地上失去了一个梁白波，从天上又掉下来一个戴爱莲，丢去了的艺术家庭又可以重建了。

为组织这个家庭，爱莲十分主动积极。我们在一个印度人家里租到一间房，作为短期的窝。宋庆龄亲自当我们的主婚人。她在自己住处为我们举行了一个宴会，宣布我们结成夫妇。参加宴会的有“同盟”成员爱泼斯坦、廖梦醒、柳无垢、巧茉莱和《今日中国》的丁聪、刘邦琛。宴毕，新郎新娘乘船到香港澳门之间的渔岛“长洲”去度“蜜月”，三天后回香港，在新居又举行了一次茶会，招待双方的亲友。戴家到了姨母李夫人和她的一子一女；叶家到了驻港的文艺界朋友，其中有夏衍、马国亮、张光宇、张正宇、郁风、黄苗子、盛舜、丁聪、刘邦琛和冯亦代等。

一周后，1940 年春天，我们踏上回大陆的征途。先搭船到广州湾的赤坎镇，然后赶早步行，我为爱莲雇了乘凉轿，一路连宿遂溪、廉江、陆川三站，然后换乘单车尾（自行车）奔玉林、贵县。在贵县换拖渡走水路到柳州，在柳州坐上湘桂铁路的火车到达桂林。这一路，自贵县以下的公路因战略关系早已被破坏，所以只能步行或乘单车尾，走了五天；三天乘拖渡在西江和柳江中行驶，待到柳州，才有条件享受现代化的交通工具——火车。这一切在我看来司空见惯，爱莲却觉得特别新鲜。在桂林，我们受到广西艺术馆欧阳予倩的接待，看了广西地方戏桂戏的演出。爱莲初次接触到中国戏曲中的舞蹈身段，爱不忍释，当即下定了学习祖国舞蹈的决心。

三天后离桂林赴重庆，先乘火车到广西的荷池，湘桂铁路到此为止；再换乘去贵阳的长途汽车，到贵阳又换乘去重庆的汽车。这一路，颠颠簸簸走了五天，若从广州湾赤坎算起，已经走了十五天了。旅途极其劳累，幸好那时我们都还年轻，我三十三岁，她二十四岁，要是现在，我们的骨骼早散架了。可是那时，当朋友们从重庆北岸到南岸来接我们时，我俩依然精神抖擞。

到了重庆，老朋友包围住我们，要看看叶浅予凭什么魅力骗来一个华侨舞蹈家。爱莲不懂中国话，见了他们目瞪口呆，只顾问我朋友们议论些什么。我把实话告诉她，说朋友怀疑我使了骗术把你骗来重庆的。她急了，用英语回答说："不！不！是我甘心情愿嫁给他的，他是个好人！"朋友都哈哈大笑。事后，爱莲悄悄对我说，在香港时，我只认为你是个有才华的画家，到了重庆，看见你有那么多艺术界的朋友，我才知道你是中国有名的画家。我问，你看的东西太多了，路也走得够多了，可知道你只走了中国西南的一角？她大惑不解，问，若去延安，是否还要走这么远？我说，岂止是远，路还不好走，说不定半路上被截住，送你回重庆哩。她似信非信，催着我赶快去找周恩来，她说她有一封宋庆龄写给周恩来的信，介绍她想去延安的意愿。

武汉时期，国民党履行和共产党联合抗日的诺言，在大本营成立了政治部，部长是蒋介石的亲信陈诚，周恩来代表共产党担任副部长，负责指导郭沫若第三厅的文化宣传工作。我是三厅成员，被派往香港工作。武汉撤退后，大本营移驻重庆，蒋介石翻了脸，把共产党撇在一边，周恩来、郭沫若下了台，政治部成了清一色国民党的天下。我一到重庆，新任厅长就把我召去，问这问那，还问我是不是国民党员。我说不是，他说这可不行，《今日中国》将另派别人接办，你应回去办移交。我顺水推舟，立刻送上辞职书，不久就被批准了。在这个过程中，我陪爱莲去见了周恩来。周在化龙桥八路军办事处接见我们，他非常诚恳地告诉我们，大后方更需要我们，希望我们留在重庆开展工作。我觉得此说有理，因为我这条鱼适合在大后方的水域里游泳，爱莲的工作又离不开我的帮助，于是决定暂时不去延安，就在重庆打开局面。

正在此时，日寇向重庆发动连续一周的疲劳大轰炸，二十四小时内夜以继日向重庆倾泻炸弹。这样继续了一星期，一切生活都被搅乱。起初我们寄住在张家花园一个朋友家里，第一批炸弹就毁了那座房，只得另找别处。第二批炸弹又毁了我们寄住的小旅馆，我们一星期搬了三次家。重庆人也真经得起考验，炸毁了旧房，第三天就能盖起新房住进人。整整一星期的疲劳轰炸，日寇以为中国人会挺不住，可以乘机逼迫蒋介石投降，岂知中国人就有这股子宁死不屈的硬劲，倒是日本人挺不住了，疲劳轰炸宣告破产。

爱莲经过这一番战火的洗礼，渐渐能适应战时重庆的生活了。她说，这次轰炸，比之希特勒夜袭伦敦厉害得多。重庆房屋一片片倒坍，伦敦房屋可结实得多；希特勒逼丘吉尔投降，英国人硬是挺得住，日本人逼蒋介石投降，重庆人虽然付出了重大代价，可是也挺住了。她觉得这次下决心回祖国来，和重庆人一道接受战争的考验，心里特别痛快。

轰炸过后不久，在抗建堂举行了一次戴爱莲舞蹈表演会，演出的节目和香港那次基本相同，使重庆人第一次认识了这位把芭蕾和现代舞蹈糅合在一起的华裔艺术家。演出后，戴爱莲结识了音乐家马思聪，把马的两个小提琴曲《思乡曲》和《新疆舞曲》编成两个独舞节目，在重庆交响乐团的演奏会上搬上舞台。

这年秋末，我们回到香港，我把这次大后方之行所见所闻的材料画成《重庆行》漫画八十幅，在香港展出。原拟不久与爱莲一同去新加坡作一次旅行，她表演舞蹈，我举行画展，然后回香港定居。不料这年年尾太平洋战争爆发，日寇进攻香港，我们被困在九龙山尾村一个农民家中，历时将近一月。后来乘日寇疏散人口之机，和几个朋友混在难民队伍里，通过澳门、石岐、新会日寇占领区，在江门买了良民证，走到自由区，在肇庆搭上西江拖渡，回到桂林。在桂林期间，我画成《逃出香港》二十三幅，记录这次被困受难的经历。爱莲则拜桂剧名演员小飞燕为师，学得《哑子背疯》一折，成为以后的保留节目。当时适逢田汉在此组织话剧会演，集中了南方几个演剧队表演节目，广西艺术馆乘机请爱莲办了一次短期舞蹈班，指导话剧演员作形体训练。第一课教演员们练习肌肉放松，爱莲只知英语“relex”这个词，不知中国话该怎么讲，幸亏丁聪在场，充当了临时翻译。

香港沦陷后，文艺界朋友先后集中到桂林，保卫中国同盟的爱泼斯坦和邱茉莱夫妇也从日本集中营逃出，偷渡到了桂林，和我们同住一处民房，后来他们和美联社取得联系，先期去了重庆。经朋友们的督促和支持，爱莲和艺术馆的一位钢琴家组织了一次音乐舞蹈表演会。我和香港那两次一样，在后台管服装。说实在的，除了我，谁也弄不清什么节目该穿什么服装，该用什么道具；也只有我，能适应爱莲在换服装时的紧张节奏。一些熟识朋友笑话我，说我是戴爱莲的“跟包”。跟包者，京剧“角儿”的专任管事打杂者是也。可我这个跟包，除了在后台为戴爱莲管事打杂外，还得做饭，当翻译，必要时甚至兼任演出经理和舞台监督。1949 年重庆那次“边疆乐舞大会”，戴爱莲是主演

者，我则既是节目组织者又是海报设计者和公共关系联络者。

1945 年，爱莲为育才学校创办舞蹈组，成立了一个民间舞蹈采访组，决定到川西北和西康去采访藏族乐舞资料。我们两人先期到成都，寻求去西康的关系，同时我托人卖画，筹集旅费。最后，我们通过西康省政府和康藏贸易公司的双重关系到了康定。在康定住了一个月，爱莲采集到大量藏族乐舞资料，编成了《春游》和《巴安弦子》两个节目，我写成了《打箭炉日记》4 万字，两人双双获得丰收。

1946 年我受美国国务院之聘，赴美访问，戴爱莲反过来成为我的跟包，当我的对外联络员、翻译和画展招待员。但她开表演会，我仍然是她的跟包，而且是乐队成员，《哑子背疯》的锣鼓点子，就由我来打锣控制节奏。

1943 年我们住在重庆北温泉时，爱莲是电化教育训练班的舞蹈教师，我作为家属住在学院的松林宿舍里，因生活艰苦，用不起做饭的阿姨，我们有时在小饭馆包饭，有时则由我掌灶管两人的饭。这次在纽约期间，因跑唐人街饭馆花钱太多，住处又有厨房，就仍由我来掌灶。我每星期跑一次唐人街，把一星期副食品买齐。那时老舍也在纽约，我们经常请他来共享我做的美味佳肴，一同解馋。

爱莲 15 岁离开千里达老家，随母亲在伦敦学舞，1939 年母亲去世，她独自跑到香港，和我结了婚。1947 年，我 40 岁，她 31 岁，她思家心切，决定从美国回老家去探望父亲和二姐，也让他们见见她从祖国带来的这个老大不小的女婿。这女婿和她一样有一手吃饭本领，必要时还能做一顿祖国的美味孝敬老岳父和二姨哪！可惜，千里达的华侨全是两三代的华裔，祖籍广东，自己老家是哪县哪乡都弄不清。戴家连自己的姓都没了。平常说的英语，满带乡土口音。他们引以为自豪的是出了一个陈友仁，当过北伐时代武汉政府的外交部长。戴爱莲是回过祖国的唯一舞蹈艺术家，千里达人民特别欢迎她，不久前她在纽约表演两场节目，千里达报纸一片赞扬，盼望她回来为故乡表演一场精彩节目。为了表演《春游》和《巴安弦子》，我们特地从纽约请来一位男伴舞，名叫乔治。演出那天，我照例只能躲在后台管服装，但为了显示戴家女婿不是一个平凡的人，我们把我在纽约展览过的画全部带来，在爱莲的表演会前几天展出。岳父虽穷，还搜索钱柜，买下了我的一幅画。

回纽约时，海关检查行李，发现爱莲衣箱里装的都是花花绿绿奇形怪状的服装，以为我们是服装贩卖商，要上税，经再三说明她是舞蹈演员，是表演节目用的舞台服装，才免税通过了关卡。

1949年春北平解放，7月举行全国文学艺术界代表大会，解放区和国统区两支队伍会师，成立了文学艺术联合会和各协会，我当了美协副主席，爱莲参加华北大学文工团，当了舞蹈组的领导。1950年文化部聘请爱莲任北京舞蹈学校校长。秋末，我受命参加民族访问团去新疆，冬天回来，冷不防戴爱莲向我提出离婚，这真像晴天霹雳，使我大吃一惊。我问为什么，她说，她已爱上别人了。我问是谁，她说是一个在我家住过的青年舞蹈家。我明白了，我这个高级跟包，在新的历史条件下，已不再符合她的需要。掐指一算，从1940年到1950年，我们在一起生活整整10年。

翻阅画箧，发现1944年在四川北温泉松林宿舍画的一幅题为《松林人物志》的画，其中有一对走江湖的夫妇，女的跳舞，男的击鼓，那就是我们两人生活的写照。

五、磕磕碰碰第五课

在我一生的四次婚姻中，王人美是和我共同生活时间最长的，但是由于我们在世界观、人生观和生活习惯等方面差异很大，三十多年来始终磕磕碰碰，貌合神离，两人都不幸福。

王人美出版过一本回忆录，书名《我的成名与不幸》，最后一章写的是《我的丈夫——倔老头叶浅予》。（原文见本书第225－229页）

这部回忆录由王人美口述，作家解波执笔写成。她在最后一段中说“叶浅予是个好画家，却不是一个好丈夫。他除了懂画，别的什么也不懂。”这是王人美对我的真实看法。我应该根据这个观点，回忆我和王人美的共同生活。

王人美，原籍湖南浏阳。父亲王正权，是长沙第一师范学校的数学教师，桃李满天下，毛泽东也是他的学生。人美从小在长沙长大，原名庶熙。兄弟姐妹七人，她最小。7岁时，母亲因脑溢血突然逝世，那时她已进小学。1926年考入省立第一女子师范学校，对数学特别有兴趣，满以为将来会像她父亲那样当个数学教师，没想到这年夏天，父亲被黄蜂螫了一下，化脓成疾，竟至危及生命。

父亲去世后，人美随哥姐到武汉，哥姐都在汪精卫的政府机关工作。不久汪精卫和蒋介石合流，实行反共，许多左派人物被杀或逃亡，王氏诸人星

散。人美和三哥王人艺随二哥王人路到了上海，进入黎锦晖的美美女校学歌舞。

1928 年 5 月，黎锦晖组织的中华歌舞团乘船离开上海，用了 10 个月时间，在新加坡、吉隆坡、槟榔屿、曼谷、马六甲、雅加达、苏门答腊等城市表演。次年，中华歌舞团解散，王人美回到上海，进南洋招商附属英文专科学校读了一年英语。不久，黎锦晖重整旗鼓，组织明月歌舞团到北平、天津演出，接着又远征东北。王人美、黎莉莉、薛玲仙和胡笳被称为明月团的“四大天王”。电影导演孙瑜慧眼识英雄，把王人美由明月歌舞团的“四大天王”之一一变而为联华影片公司新片《野玫瑰》的女主角。影片获得很大成功，王人美演得自然而真实。为什么会这样？导演说，因为她自己演自己。待到《渔光曲》出现，小猫那个人物，实际是王人美自己演自己又升华了一步。《渔光曲》是导演蔡楚生的成功作，是王人美电影演技一个高峰，也是中国电影艺术走上新路的一座里程碑：它获得了莫斯科国际电影节的荣誉奖；《渔光曲》的主题歌曾经风靡一时，人们提到《渔光曲》便会想到王人美，见到王人美，便会想到《渔光曲》。那以后，王人美又主演了一些影片。新中国成立后，她成为上海长江电影制片厂的演员。1957 年“反右”运动之后，她忽然神经错乱，我把她送进北医的精神病院。在治疗过程中，逐渐知道 1950 年她从香港回上海之际，正赶上文艺“整风”，有人向她身上泼脏水，诬蔑她和国民党军统特务头子戴笠有来往，她受到极大刺激，曾经被送进疯人院。幸亏她二姐王明霞把她接到北京，住在她大哥王人璇家，她神经获得松弛，病才好起来。从此以后，人美进了北京电影制片厂。

我和人美的婚姻是 1955 年由朋友们有意撮合的。那时人美和金焰已经分离 10 年，据她的回忆说：

> 抗战爆发后，金焰和我缺少共同生活，他认为丈夫应该养活妻子，不赞成我独自参加大鹏剧社，更反对我报考美军打字员，他不了解我经历流亡生活后的思想变化，我怎么能安心当一只家猫。他不理解我，认为我伤害了他的自尊心。我们的离异既没有吵闹，也没有眼泪……我觉得夫妻之间即使爱情已经消失，友情仍然可以存在。爱情有时是自私的占有，友情却是无私的依存。

我呢，1951 年通过官方手续，和戴爱莲离婚。说实话，我是流过眼泪的。到 1955 年，我已独居 5 年。

王人美当年在上海当歌舞演员时，我曾在丁悚家里见过她，这次经朋友介绍，目的明确，希望我们合组家庭，解除寂寞。应该说，我们彼此对性情脾气都不甚了解，但两人都是社会知名人士，有一定透明度，所以经过几个月交往，我便直率地提出要求结婚。人美倒有点犹豫，当时她正在长春拍片，在一封信里她这么写道：

> ……想到北京的春天，我们的郊游，的确使人怀念呢。虽然当我们单独相处时，我总是沉默寡言，然而想你能感觉到我的紧张不安和激动，否则你也不至于那么快地直接就提出问题。我的答复可能令你不满意，但是希望你能了解我是真诚和坦率的。的确，我不否认我有优点，但缺点更多，尤其是我的幼稚无知，它将带给你苦痛呢！你想到么？当然，这样说并不是让你提出任何保证，将来不能嫌厌我，而是更深了解，事先考虑、准备如何克服困难，以期达到更好的合作。
>
> 过去的环境、生活，养成了我某方面的依赖性，1952 年病后更造成了过分自卑的心理。我也曾想到如果有个知心的人，能够在事业上帮助我，生活上关怀我够多好呢。因此形成了目前的恐慌，这是我的心情，也许你要批评我吧，我愿意接受。

信中反映的谨慎态度，也许是一个女性的常态。这里面可能隐藏着第一次结婚的幸与不幸；也许是对我的警告，语气中软中带硬。

事实证明她的考虑是有预见的。我们按照世俗传统习惯，在北京西单一家饭馆订了两桌席，请朋友吃了一顿，就算结婚了。人美从北影宿舍搬到大佛寺西街四十七号叶宅来住。我开始发现她的性格急躁，又好强。硬要摆出当主妇的身份，因此在家务上开始发生矛盾。结婚才一个月左右，某一天，不记得为了什么事，我们两人顶撞起来。她一本正经提出要和我离婚。结婚才一个月便要离婚，简直荒唐！

我问："这到底是为什么？"

她说："你有大男子主义，我受不了。"

乍一听,这顶帽子新鲜,但也可以理解,可能冒犯了她什么。

我说:“咱们都四十多岁了,能像小孩子过家家那样,一赌气便散伙吗?”

她说:“就是因为四十多岁了,这日子过下去将难以收拾,所以还是走开好。”

我说:“你认为我有大男子主义,这帽子我可以戴。不过,若是你头脑里没有大女子主义,怎能感到我有大男子主义呢?”

给我这么一反驳,她好像有所醒悟,口气变了说:“那么,再试试吧,看我们能不能平平安安生活下去。”

从此以后,我们之间除了作为生物的人,特别注意如何做一个社会的人。我逐渐摸到王人美的脾性,凡属于内掌柜职权范围内的事,外掌柜不得插手。对我来说,这本来是丈夫的幸福。但是,这内外之间,界限很难分清。例如,她对甘雨胡同的住房总不满意,老是要找房管所修这修那,房管所总给她“拖”,拖得不耐烦,便要外掌柜出面打交道。外掌柜懒得管,有时采取“顶”的办法,也就是“倔老头”那篇文章所说,反过来站到房管所的立场,替房管所说话。内掌柜火了,拿出她的杀手锏,说要搬到北影去住。她是北影的演员,有权向北影要住房,但北影的领导却认为王人美和叶浅予结了婚,住了叶浅予那七间房的小院子,怎能再占北影的宿舍楼呢?王人美屡次碰钉子,便屡次和我闹别扭。闹的中心内容是不该和我结婚,以致丧失了她在本单位应得的权利。

在我们第一次闹离婚之后,为了保证内掌柜的职权,人美借故辞退了跟我好几年的北京老阿姨,换了她的老乡湖南阿姨。干了没多久,不知犯了什么错误,得罪了她,她又把湖南阿姨辞了。对这件事,外掌柜不以为然,内掌柜却板起面孔说:“别啰唆,这是我的事,你别管!保证不亏待你就是!”

这样吵吵闹闹,人美也感到有点过火,在一次信里她写道:

> 关于求同存异适不适用于夫妇之间,我没有很好研究过,不敢作肯定的回答,感觉上不认为能行。因为如果像目前情况,我们分居两地,所要求者是赶快见面,别的一切都可以不顾及到对方,当然会过得很好。可是两人每天在一起,还有说舌头碰不到牙的吗?只顾着求同,现实生活还过不过呢?总之,让我们经过实践再改进吧。

在一次通信里，我写到希望在生活中有点幽默感，不要老是那么紧张和严肃。她回答道：

生活中带点幽默当然能使人轻松愉快，问题在于幽默和讽刺的界限很难划分。如果过了那个“度”，是会使人难堪的。我虽然一般地说对事物比较认真，但不至于到完全不懂幽默。可能是在我的印象中，你不是富于幽默感类型的，因此常引起误会。

我本来就是不好说话的人，拼命在培养自己多说，然而经常都感到话似乎都是多余的。就拿你举的例子来说吧，你的结论还是“废话”。其实我倒同意你后来的一句话：“谁都没有知道谁肚子里在想什么。”这出戏按我的舞台指示是这样的：

人物：我（对事情比较认真，想得很周到，这在某些方面来说是好的，然而常得到相反效果）

你（有意识地在改造自己的大男子主义，然而仍不免经常流露）

时间地点：文登路，早餐进行中

我：（吃完要去冲茶，想着糖盒应该带回去，你尚未吃完，可以让你带）你吃完把糖带回去吧！

你：（责问地）为什么你不拿呢？

我：（心想我也不吃糖，不爱喝茶，凭什么这点事你都不肯做，有点生气，直率地）你就不能拿一下吗？

…………

根据你我两人对同一件事的态度，完全说明我们之间是不够了解。我确实希望通过我们这次的通信，比较冷静地把该说的都说个明白（哪怕过头一点），摸清楚毛病在那里，以便纠正，如何？

从这封信里可以看出人美如何在抓我的“小辫子”，用以证实大男子主义的症结所在。而我呢，仍然我行我素，大大咧咧，不以为然，认为小事情无关大局。这可把她惹急了。在另一封信里，她非常严肃地提出：

我不知道应该怎么样开头来写这封信，但是我觉得有必要给你

谈点儿什么。我们结婚虽然近五年,然而我觉得我们之间并没有感情,我可以承认我和你结婚只是为着摆脱某种不正常的关系;你呢,当然也是由于需要一个家庭主妇。因此,在双方认为适合的条件下,我们结了婚,而实际上你爱的是戴爱莲,我爱的是金焰,这也就是为什么我会犯神经病(关于这病,你是不能理解的)。但是毕竟是我们已同处了五年,双方的感情也在逐渐增长,然而通过一系列的生活片断都可以看到,如果只有我们俩在一起时,那就该沉默寡言。记得我们也曾同去过北海公园等处,那不就是这种情况吗?所以以后咱们也不用试图同出同入,而应采取各自为政的办法。总之,在我这方面来说是不愿意沾你叶浅予的光的,所以在有一次我托吕恩买票,她使用了你的名义,你听了不高兴地说:“不要乱使用我的名义”时,我是非常生气的。从那次以后,我就更是离你远了。很多问题,我精神上得不到解脱,工作也不顺心,而客观上和主观愿望又要求自己成为一个真正的人,因此在这次特定的写申请入党的材料时就又犯了病。对于病,我是有信心使它痊愈的,但是我们之间的问题不彻底解决,我认为我还是会犯的。

昨晚我又梦见了金焰,他现在的情况也不比我好,身体糟透啦!那还是次要问题,我相信他精神上的痛苦更厉害(这当然是我主观猜测)。不过,这些我觉得我是不应负很多责任的,也许是他罪有应得。我只有一句话评他:本质是好的,以后受环境影响太厉害。我现在要告诉你的是,从现在起,我决定将与他千丝万缕的情绪割断,好好做你的爱人、主妇、同志,并使我们共同的事业更迈进一步。

1962 年我外出旅行,收到人美同样内容的一封信,但口气比较缓和:

关于这一次临走前的别扭,其主要原因是我们婚后从来都没有好好谈过话,因此相互不够了解,各人都抱着对对方持成见的看法,一个矛盾没有解决,又加上一个,越发展距离越大。末了,我们之间的对白,完全是各人思想的结论,话说出来就像枪子儿一样,使听话的人实在受不了。不知你能否同意我这种看法?今天没有时间,过一天我希望着能将思路整理一下,好好交交心。望你也能在闲暇时冷静地想想，谈出你的看法，或者形成这种情况的原因，让我们沟通一下思想，以便改造这种家庭没有温暖的现状。我相信我们双方还是有这样愿望的吧？

收到这样的信，心里很受冲击，难免要在回信上说几句，必要时还得解释几句。可我的待人之道，有时总要替对方多想想。我了解人美思想偏狭，最怕别人小看她，而我对事的态度总认为自己宽宏大量，不计较对方的粗言碎语。在家里我忙着自己的事，不关心身边还有个人，只知道王人美是个管家务的能手，不注意她是个女人，需要男人去抚慰，去关心。回想起来，也许这就叫大男子主义，所以嘴上尽管说要改，实际上不认识大男子主义表现在什么地方，何况我对她的大女子主义也有成见。因而，我们之间的距离愈扩愈大。幸而我们之间的关系不是政治运动中革命与反革命之间的关系，不论矛盾如何尖锐，也不至于搞到你死我活的地步。我们有时语言过火，难免伤了对方心灵，等到冲击停止，心情平静下来，谁都会想到我们之间是一家人，总有个与人为善的好心，不管怎么样，和平的日子多于战争的日子。人美在信里刺痛了我，说什么我爱的是戴爱莲，她却不知道戴爱莲现在在别人的怀抱里，她把金焰那位电影皇帝的宝座看得如此神圣，也刺伤了自己。最后还得抚慰自己，割断千丝万缕的情丝。

整个50年代，谁都在政治运动的枪尖上生活，平常说话或者写起信来，人人都不免有一套政治术语。人美在1957年前后，一心要入党，不知写了多少次申请书，当然得有一副自我标榜和自我批评的面孔。我这个被讥为“自由主义者”的民主人士，处在政治运动中，也得有保护自己的本领，因而，在给主妇写信的时候，也总得有副好看的面孔。可巧，在回收抄家物资的文件中，发现了几页我致王人美的信稿：

（一）

老实说，青岛的日子过于舒服了。我是带工作来的，可没有完成。第一星期写了五千字，劲头还有，第二周就放松了。一算，时间反正不够，玩了再说吧。况且，青岛原是个休养的地方，大家都“松”着，我“紧”什么呢？临走时还有些恋恋不舍，回家空荡荡，怎么受得了？上车的时候有些无可奈何的情绪。……

1956年王人美参加文化部青岛哲学学习班，我以家属身份去玩了几天。回家后写了这么一段颇带感情的信给她。

（二）

……大佛寺很安静，但是门铃和电话的响声对我威胁很大。据说海涛在香港发表文章，其中有谈到大佛寺的一节，题目叫“人美的家”。很荣幸，这回我做了你的配角。

这几句话，略带幽默感，是漫画细胞的表现。

（三）

接到你的信，难过了半天。生活里许多任性和主观的表现，过去曾经害我不浅，自问已经改了许多。但是这一年来伤害你的地方还是很多。我不预备作检讨，只希望时时提醒我。不过，有一点是我的优点，就是，尽管我们之间有点小小别扭，我从来不耿耿于怀，因此我对你不存在什么戒心，希望你也不要对我存什么戒心。都是四五十岁的人了，让互相容忍代替互相戒备吧！我想，两个都有点小脾气的人凑在一块，是天作之合，来个“相克相生”，岂不更加丰富了我们的艺术生活？

（四）

今天接到17日来信，非常高兴。好不容易送来这么一句很有分寸的问话：“很奇怪，为什么你不给我来信呢？”其实，你刚发出这封信的时候，答案就马上到了你的手上了。

全身心投入学习哲学的日子里，匀出一点点时间来谈谈恋爱，是极为必要的。我觉得我们结婚结得太快，应该补一补恋爱的课程。上回你信里有些牢骚，逼得我想起去年刚结婚不久和我赌气的那几天，那股子别扭劲儿，真使我有些害怕。我想那时候我们的确还不是很了解的，可是彼此都以为很了解对方似的，这是因为彼此自尊心很强。老实说，那就是自欺。等到开始互相真正了解时，不免要发现一些不很如意的情况。这时候我们的自信心便受了打击,感觉有些委屈。如果积极一点,勇敢一点,把这种委屈解剖一下,看看那里面到底是些什么情由,那么对促进彼此的认识和培养彼此的感情有极大的作用。你曾对我下过警告,在我说起来也是一种委屈,虽然我在口头上不大满意这种压力,可是我认真地考虑过你为什么会表示这样的态度。我的结论是,责任在我!因为我没有真正了解你。现在我认识到:由于历史的原因,做一个妻子是不简单的,尽管历史改变了,人们的意识还远没有改变,所以做妻子的还背着包袱。

(五)

昨天下午从天津回来,接到你的信。文登路六号早餐的一个小镜头有了发展。我同意你的进一步分析,以及对我的批评,可是不太同意对你自己的估计,好像一切都为了我,而往往吃力不讨好。为什么那么容易抱怨呢?因此,我懂得你的沉默就是抗议。我仍然希望你对我不要有成见,杀大男子主义不要杀得太激烈,太激烈,老头子吃勿消。

五号到天津那晚,写过一封信给你,感情比较冲动。那晚我的确想得很苦,因为在这次通信中,我们似乎真接近了。

我们两个生活习惯和个人爱好有许多不同之处,过去我们或许觉得遗憾,但这回却觉得应该有“存异”的必要。夫妇的和平共处原则,也不外乎求同存异吧。

以上的几封信,估计都是1956年青岛之行和人美重度蜜月之后写的。为什么叫“重度蜜月”?这是因为自1955年以来在共同生活的一年中发生过多次矛盾冲突,彼此之间积压了许多成见,一时不易解开。青岛之行,她是主,我是宾,周围都是朋友,加上最美好的自然环境,没有家庭琐事干扰,心情舒畅,胸襟开阔,比较能容纳对方的意见。所以在信里强调恋爱补课的必要,这是在感情上有了交流的收获。

1980年为了大佛寺换房的事,人美骑车跑房管所多次。5月12日那天上午又骑车上房管所,下了车忽然跌倒,待要开口,却说不出话来,急送协和医院,住进神经外科病房,确诊为脑血栓。治了一个来月,左身偏瘫,上下肢关节僵化,幸声带恢复机能,消化系统完好无损。出协和后,移三〇九部队医院继续治疗,又经三个月,能下床拄拐杖行动,才出院回家。这时大佛寺西街四

十七号的房子已换成甘雨胡同二十四号，北房三间，西房三间，相当宽敞。但家庭主妇的心情怎么也平静不下来，嫌地板破旧，大门腐朽，和房管所闹个没完。她可能在想，自己送了半条命，换来这破房，实在倒霉。同时又四处张罗，托人寻找治偏瘫的神医，恨不得立刻把僵化了的左手左脚治活过来。可是事与愿违，愈性急，愈难治，愈难治，愈性急。我怕她精神分裂症的老毛病会再犯，说也怪，自从患偏瘫症以来，患了十多年的高血压似乎不治自愈，精神分裂症也被脑血栓吓退了。人美的急躁脾气却愈演愈烈。稍不称心，就对专职侍候她的保姆和做饭的阿姨破口大骂，或借故把人家撵走。保姆阿姨像走马灯似的换了又换，邻居们窃窃私议，连居委会都出面为保姆们撑腰，甘雨胡同二十四号成为众矢之的。有时这位家庭主妇矛头指向家主公，我只好忍气吞声，好言相慰，避免大吵大闹，惊动四邻。几年过去，人美自知这病难以彻底解除，情绪渐渐稳定下来，甘雨胡同二十四号终于有过一段平静的时期。

1986 年春，派出所通知甘雨胡同路南段居民，这一带已划归台湾饭店建造新楼，一年之内要准备搬迁。搬迁条件将由台湾饭店和各家协商。不久，拆迁协议确定：叶浅予在西三环北路 22 号中国画研究院租画室二间，王人美在北影招待所租住房二间，各暂住一年，应付房租由台湾饭店担负，台湾饭店在北总布胡同为拆迁户建新楼两幢，限一年内建成。

我们于 1986 年秋季迁出旧居，从此分居两处。我每周末到北影招待所看望人美，她有时也到研究院来看望我，两人互相来往，像走亲戚似的，倒也别有情趣。不料好事多磨，这年 12 月 4 日，传来电话，说人美在从医务所走回招待所的路上，突然摔倒在地，神志不清，现躺在积水潭医院急救病房。我赶去看时，她双眼紧闭，右颊碰破，肿了一大块，全身瘫痪，口不能言。医生确诊是脑溢血，说还可能变成“植物人”，无知无觉地长期躺在病床上；也可能形势突变，永离人间。

1987 年 3 月，我在全国政协开会，由于会开得紧张，又为人美的病情忧心，忽然感到心脏隐痛，经医务室做了心电图，立刻把我送到空军总医院。和 1976 年那次“心肌梗塞”一样，叫我躺在床上，不许动，输液，输氧，我心里有数，大概心脏老毛病又犯了。此时我还惦记着老伴，不知她最近情况怎么样了。幸亏有个好女儿叶明明，忙着两边跑。待到 4 月 12 日早晨，明明来电话，说昨晚守了妈妈一夜，到凌晨 2 时，妈妈呼吸停止。女儿劝我不要难过，说这样也好，假使长期做“植物人”，妈妈自己痛苦，别人也痛苦。这 4 个月，她的消化系统已逐渐丧失机能，全靠输氧灌奶维持生命。到了最后，生命濒临绝境，一切人工救治都已失效，只好与世长辞了。这时我也躺在医院病床上，只能默默祝愿她的灵魂获得解脱。

1987年4月23日，人美遗体在八宝山火化。火化前，生前好友向她遗体告别，而作为她三十多年的家庭伴侣，我却只能从空军总医院窗口向空中遥祭。我口中念着下面一首悼亡诗：

急讯传来：
人美跌了一跤。
神志不清，
昏迷不醒，
快去积水潭医院探明！

急诊病床：
手背连着葡萄糖瓶，
鼻孔塞着氧气胶管，
右颊肿起一个大包。
闭眼，喘气，僵身，平躺，
床沿站着小于，
那个黑龙江姑娘。

一阵心酸：
倔老头儿默默盘算。
为什么只顾画思呀文思呀，
不分点心思给半身瘫痪的人呀，
一代大演员不是在埋怨吗？

三十年代：
赫赫名声，闪闪明星，
《渔光曲》激荡人心。
五十年代遭到突然袭击，

要你交代什么见不得人的经历，
逼得你精神分裂，
有口难辩，声嘶力竭。

一九八〇：
血压升高，阻塞了脑血管，
四方求医，不幸成了左偏瘫。
活蹦乱跳飞车手，
莫奈何，支着拐杖，扶着姑娘。

回首“文革”：
你那儿，嬉笑怒骂公堂闹，
我这里，七条罪状三顶帽；
你那儿，装聋作哑蹲干校，
我这里，三年牛棚七年牢；
多少人，妻离子散，家破人亡，
我两口，家破人散，政治平反。

各有千秋：
平反冤假错案，补发工资三万，
难煞老翁穷汉，捐讫浑身舒畅，
老伴生性好强，搜出多年积攒，
五千一架钢琴，送进小学课堂。

吵吵嚷嚷：
你说，宁可撑破肚子，也不占个盘儿，
我说，宁可占个盘儿，也不撑破肚子。
你说，菜么，就得讲究色、香、味，
我说，不开饭馆，讲什么色、香、味。
你懂得治家、养生；我信的玩世、活命，
你的细胞是“儒”命，我的细胞是“道”命。

一代名优：

早已写下遗言，

一反常态，暗暗自叹自贬；

共产党员，怎可心急气粗！

家庭主妇，何必絮絮叨叨！

老汉八十：

多么想老伴你为我做一顿生日美餐，

政协会议正酣，老汉心脏查出异状，

急忙送进医院，和你一样躺在病床。

“四·一二”噩耗传来，

生离死别是什么滋味？

八宝山最后一面，无缘赶上，

遗憾呀，遗憾！

（原载于《细叙沧桑记流年》群言出版社 1992 年版）